민주주의를 걷다

민주주의를 걷다

3·1부터 6·10까지, 함께 걷는 민주올레길

한종수 지음

자유문고

민주올레란?

'올레'는 원래 제주도 말로 '놀멍, 쉬멍, 걸으멍' 하면서 자연풍광을 즐기는 걷기 행사이며, 자발성, 개방성, 다양성을 특징으로 합니다. 이를 모범 삼아 '민주올레'는 도심의 민주주의의 역사 현장을 함께 걸으면서 자유롭고 여유로운 올레의 기본정신과 특징을 살리며 진행합니다.

민주올레는 2010년 시민주권이라는 시민단체에서 3.1, 4.19, 6.10 등 우리나라 역사에 큰 영향을 미친 기념일에 그 흔적을 찾아 기념하자는 취지로 시작하였고, 2013년 4.19 민주올레는 서울시교육청이 주관하여 대규모 행사로 열리기도 했습니다. 이렇게 3년 정도 활발한 활동을 보였지만 주최 측의 여러 사정으로 인해 중단되었습니다. 그러다가 이 책의 대표 저자 한종수와 올레길 기획자 강욱천을 중심으로 '역사민주올레'라는 이름으로 2016년부터 다시 활동을 시작하였고, 현재 70여 명이 함께하고 있습니다. 지금도 취지에 공감하는 이는 누구나 환영하며, 함께 걸을 수 있습니다.

민주올레 모임은 순수 민간단체이지만, 남산~남영동 코스는 민주화운동기념사업회, 관악 민주올레는 관악구청과 함께 진행하였습니다.

이 책은 역사책이기도 하지만 인물이 주인공이 아니라 공간이 주인공인 가이드북에 가깝습니다. 따라서 한 인물이 여러 올레길에 등장하기도 합니다. 예를 들면 박종철 열사는 남산~남영, 부산, 6.10, 관악 민주올레까지 네 번이나 등장합니다. 공간 역시 그런 경우가 적지 않은데, 예를 들면 옛 미문화원은 4.19와 6.10 민주올레에 나오며, 서대문형무소는 3.1과 4.19에 모두 등장합니다. 이 책의 이런 구조는 다소 혼란을 줄 수도 있지만, 다양한 각도로 볼 수 있는 장점도 있으니 독자 여러분의 양해를 구합니다.

민주올레 모임에서는 계속적으로 올레길을 개발하여, 올레에 참가하는 올레꾼들이 친구나 가족들과 함께 즐거운 마음으로 함께 걸으며 역사적 의미도 되새길 수 있도록 노력할 것이며, 향후 두 번째 책으로 독자 여러분들과 다시 만날 것을 약속드립니다.

4.19 민주올레

4.19 민주올레길

혜화동-을지로 코스 / 111

옛 서울대학교 의대 본관 | 옛 서울대 문리대: 현 서울대 마로니에 공원 | 옛 동대문경찰서 터: 현 혜화경찰서, 경찰공제회 | 고대생 테러 현장: 옛 청계4가 천일백화점 앞 | 옛 내무부 앞: 현 KEB하나은행 본점 | 옛 미대사관: 옛 미문화원 | 시청 앞 | 옛 서울신문사: 현 프레스센터 | 옛 민의원(국회의사당): 현 서울시의회 | 옛 대법원: 현 서울시립미술관 | 옛 동양극장 터: 현 문화일보사 | 옛 이기붕 집터: 현 4.19 기념관

혜화동-고려대 코스 / 138

옛 서울대 문리대: 현 서울대 마로니에공원 | 이화장 | 김수영 시인 옛 집터: 종로6가 116번지 | 동대문 | 신설동로터리 | 대광고등학교 | 고려대 본관 앞 | 4.18 기념비 | 고려대 강당

부산 민주올레

부산 민주올레길   /255

5.18 민주올레

6.10 민주올레

민주주의를 걷다

3.1 민주올레

함께 걷는 민주올레길

3.1 민주올레 코스

중앙고보
기숙사

만해 한용운
거처

경복궁

손병희 집터

서대문형무소
역사 박물관

천도교 중앙총부 터

딜쿠샤 가옥

이종일 집 터

비각

승동교회

탑골공원

명월관 분점
태화관 터

독립문

YMCA회관

청계광장

경교장

경성지방법원
옛 터

종로경찰서 터

정동제일교회

서울시청

유관순
우물터

덕수궁 뒷 길
(미대사관 길)

대한문

3.1 혁명, 민주공화국의 초석

3.1 혁명은 말 그대로 전국 방방곡곡에서 각계각층이 대중적으로 참여하여 벌인 민족해방운동이다. 1919년 3월 1일, 서울의 탑골공원에서 시작된 만세운동은 4월 말까지 전국으로 퍼지며 이어졌다. 서울, 평양 등 주요 도시는 물론이고 시골의 장터들도 주요 무대가 되었다. 노동자는 파업으로, 상인들은 철시로 항거했고, 농촌에서는 산에 올라 횃불을 밝히는 '횃불 시위'를 감행하였는데, 여성들도 많이 참여하였다. 한반도만이 아니라 만주와 간도, 일본, 연해주, 미국 등 해외에서도 조국독립을 위해 만세를 불렀다. 이 과정에서 만세 시위를 다른 지역으로 전달하고 새로운 시위를 조직하는, 유관순 열사와 같은 '만세꾼'들이 큰 역할을 했다.

　3.1 혁명은 독립운동의 큰 분수령이기도 하지만 또 한편으로는 우리 민주주의 역사의 중요한 기점이기도 하다. 3.1 혁명의 열기를 발판 삼아 각지에 흩어져 있던 독립운동 지사들이 상해에 모여 임시정부를 수립하였고, 처음으로 국민이 주권을 가진 나라, 즉 민주공화국이 천명되었던 것이다. 최근 혁명으로 격상하고자 하는 움직임도 여기서 기인한다. 3.1을 혁명으로 불러야 하느냐 아니냐의 논쟁은 지금도 치열하지만, 최소한 '3.1 이후, 이제 다시 그 전으로

돌아갈 수는 없었다'라는 사실 하나만은 확실하다. 따라서 이 책에서도 기본적으로 혁명이라고 명명했다. 고종 황제의 승하라는 봉건시대의 마지막을 알리는 시점을 빌려 거족적인 독립운동이 일어났고, 이를 토대로 민족해방운동의 방향으로서 민주주의국가 수립운동이 시작된 셈이다.

그래서 제헌 이래 우리 헌법의 전문, 심지어 유신헌법의 전문에도 3.1의 정신을 계승한다는 문구가 한 번도 빠지지 않고 들어갔다. 또한 4.19 혁명에서도 참가자들이 여러 번 3.1 혁명의 기억을 되살리는 모습을 보였고, 이후 군사독재 정권에 항거하는 민주화운동 세력도 수없이 3.1의 정신을 소환하였다. 그런 점에서 3.1 혁명은 여전히 우리에게 살아 있는 현재의 역사일 수밖에 없는 것이다.

3.1 혁명 전 시대 상황

'한일병합조약(경술국치, 1910년 8월 22일)' 이래 우리 민족은 일제의 헌병과 경찰이 모든 행정과 사법을 담당하는 강압적 지배하에 놓여 있었는데, 아무리 그 때가 제국주의 시대였다고 해도 유례가 없는 통치방식이었다. 사실 일본은 대한제국을 놓고 러시아와 자웅을 겨룬 러일전쟁에서 승리했지만. 무려 8만 4천 명의 전사자와 14만 3천 명의 부상자를 대가로 치렀는데, 이는 청일전쟁 때의 6배가 넘는 사상자였다. 물론 사상자의 대부분은 육군이었다. 이 때문인지 일본은 전쟁의 최대 성과물인 조선을 사실상 '일본 육군의 땅'

이라고 여겼다. 역대 조선 총독은 8명이었는데, 그중 3.1 혁명 직후 부임한 해군 대장 출신 사이토 마코토(齋藤實, 3, 5대 두 번 역임)를 제외한 전원이 육군 대장 출신이라는 점이 이를 반증한다.

언론·출판·집회·결사의 자유 등과 같은 기본권은 철저히 박탈되었고, 민족교육은 억압받았다. 토지조사사업으로 침탈된 토지가 일본인들의 소유로 넘어갔고, 광대한 토지가 총독부 소유로 편입되면서 농민들이 몰락하여 일제의 소작농으로 전락했다. 그 과정에서 도시로 흘러든 사람들은 빈민 노동자로서 가혹한 노동조건을 감내해야 했다. 극소수의 매국노를 제외한 거의 모든 계급과 계층에서 일제에 대한 저항의식이 고조되고 있었다. 이를 바탕으로 해외에 독립군 기지를 건설하기 위한 운동, 국내에서의 비밀결사 운동, 교육문화운동이 벌어지면서 독립운동의 역량은 강화되고 있었다.

이런 가운데 1918년 1월, 미국의 윌슨 대통령이 제1차 세계대전의 강화조건으로 민족자결주의를 주장하고 나섰다. 국내외 독립운동 지사들은 이 원칙에 조선도 포함되어야 한다고 생각하고, 1919년 1월로 예정된 파리강화회의에 대표단을 파견하여 세계 열강에게 조선의 독립 의지를 알리고자 했다. 상해에서 여운형이 중심이 된 신한청년단이 김규식을 대표로 파리에 보낼 수 있었다. 한편 강화회의를 앞두고 조선인의 자주독립 의지를 밝히고 세계에 알리기 위하여 각지에서 독립선언이 발표되었다. 먼저 1918년 12월에 북만주와 중국, 연해주, 미주 등지에서 활동하던 독립지사 39명의 이름으로 무오독립선언이 발표되었고, 도쿄 유학생들을 중심으로

2.8 독립선언이 이어졌다. 앞서 이야기했듯이, 우리 민족에게는 정당은 물론 결사의 자유조차 없었기에 국내에서 조직력을 갖춘 집단은 종교계와 학생뿐이었다.[*]

국내에서 3.1 혁명을 준비하는 과정에서 천도교와 개신교는 입장 차이를 보였다. 천도교는 민족대표가 독립선언을 하고 대중적인 독립선언운동을 함으로써 독립 의지를 만방에 알리는 동시에 일본 의회와 조선총독부, 파리강화회의에 참석한 각국 대표 및 미국 대통령 윌슨에게 조선독립에 관한 요구와 의견을 제출하자는 입장이었다. 반면 개신교는 비교적 온건한 입장이어서 일본 정부에 독립청원서를 제출하자고 하였으며, 이를 위해 독립청원 서명운동을 비밀리에 펼치자고 주장했다. 2월 24일에 두 가지를 병행하자는 방식에 합의가 이루어졌다.

이후 천도교, 개신교, 학생, 이 세 갈래의 흐름이 통합되어 거사 준비는 급물살을 타게 되었다. 고종 황제의 인산일인 3월 3일에 거사를 하자는 의견도 있었으나 예의에 어긋난다 해서 3월 1일로 결정되었다. 이 과정에서 천도교의 최린(친일파로 변절), 기독교의 이승훈과 함태영, 불교의 한용운, 학생계의 박희도(친일파로 변절)가 큰 활약을 했다.

---

[*] 종교계와 학생이 중심이 되는 이런 '전통'은 해방 후 민주화 운동까지 이어진다. 그래서 이 책에서도 교회와 성당, 학교라는 공간이 많은 비중을 차지한다.

서울의 3.1 혁명과 '민주올레'

서울은 독립만세운동이 처음부터 준비되어 3월 1일 당일에 대규모 시위가 시작된 곳이다. 그래서 서울의 3.1 혁명 올레길은 만세 시위가 계획되어 실행되기까지의 과정을 되새겨 볼 수 있는 코스로 구성했다. 민족대표들이 모여 운동을 준비한 곳, 학생대표들이 만세 시위를 준비한 주요한 장소들, 독립선언서가 인쇄되고 뿌려진 곳, 만세 시위가 벌어진 주요 장소, 당시 민족지도자들이 투옥된 감옥 등을 둘러볼 수 있다. 북촌 한옥마을 일대, 인사동과 종로의 대로와 뒷골목, 덕수궁 돌담길, 서울역 광장 등이 3.1 혁명의 발자취가 남아 있는 공간들이다. 또한 3.1 혁명과는 직접적인 관계가 없어도, 독립운동과 관련이 있는 장소도 포함되었다.

총독부 기관지 「매일신보」는 3월 1일 오후 2시 30분에 탑골공원에서 행진을 시작한 만세 시위대는 대한문 앞에서 고종의 문상행렬과 합세하여 대규모 행렬이 되었다고 전한다. 만세 시위대는 여러 갈래로 나뉘었는데 한 대열은 소공로를 따라 남대문과 서울역을 거쳐 충정로 프랑스 영사관에 이르렀고, 다른 대열은 종로를 거쳐 창덕궁 앞으로, 또 다른 대열은 태평로와 세종로를 지나 광화문 앞으로 진출하였다.

또 한 대열은 덕수궁 안으로 들어가 덕수궁 후문을 빠져나와 정동으로 진출했다. 다른 대열은 소공로를 통해 충무로를 거쳐 남산자락에 있던 조선총독부로 향하였다.

일제는 광화문과 조선은행(현 한국은행) 앞 로터리에서 강력한 진압에 나서자, 시위대들은 외곽으로 빠져나가 마포의 전차 종점과 신촌 연희전문(현 연세대학) 앞에서 시위를 벌였고, 밤이 깊어 자정이 넘은 시간에는 다시 종각 앞에 모여 독립 만세를 외쳤다. 당시 서울 시가지 전역이 만세 소리로 가득했으니, 당시 서울 전역이 3.1 혁명 유적지라고 해도 과언이 아니다. 하지만 전부 소개하는 것은 지면 관계상 어렵고, 중요한 장소만을 선정하여 대규모 만세 시위가 어떻게 가능하게 되었는지, 그 준비과정부터 따라가 보는 방식으로 코스를 만들었다.

3.1 올레 코스는 안국역에서 시작하여 서대문형무소 역사관에서 끝나는데, 역사관 관람까지 합치면 6시간 정도 걸리는 긴 코스로 체력적으로나 시간적으로 부담이 될 수 있다. 따라서 북촌, 종로, 정동~서대문 세 단계로 나누었으니 하나하나 나누어서 여유 있게 가보는 방식도 좋을 듯하다.

3.1 민주올레길

북촌 코스

📍 여운형 옛집

지하철 3호선 안국역 3번 출구로 나와 정면의 현대건설 본사를 끼고 계동길로 들어서 다시 현대건설 건물이 끝나는 지점에서 우회전을 하여 가파르지 않은 언덕길을 약간 올라가면 안동 손칼국수집이 보이는데, 그곳이 바로 비운의 독립운동가이자, 일제강점기 시절 '미스터 코리아'라는 별명이 붙을 정도로 문무를 다 갖춘 몽양 여운형(呂運亨, 1886~1947)의 집터이다. 그는 1918년 11월, 상해에서 윌슨 미 대통령의 중국 특사인 클레인(Charles Clain)을 만나, 파리강화회의에서 약소민족의 독립을 돕겠다는 언질을 받고 신한청년당을 결성하였고, 독립청원서를 장덕수와 함께 작성하였다. 언더

현재는 칼국수 가게와 점포로 바뀌어 있다. 뒤에 보이는 빌딩은 현대 건설 본사이다.

우드(Horace Grant Underwood)의 비서였던 김규식을 대표로 선정하여 파리로 보내고, 장덕수는 국내로 들어가 손병희와 이상재 등 각계의 지도자를 만나 독립운동을 펼치도록 하였다.

그리고 자신은 블라디보스톡과 간도를 오가며 이동녕, 박은식, 강우규, 조완구, 이동휘, 김약연 등과 만나 독립운동을 전개하였다. 그는 1929년 7월 상해에서 체포되어 국내에 압송되었으며, 징역 3년을 선고받았다. 1930년 6월 서대문형무소에 투옥되어 1932년 12월에 석방되었는데, 체중이 20킬로그램이나 빠질 정도로 큰 고생을 했다. 이후에는 주로 언론인으로 활동했는데, 그 이야기는 뒤에 나오는 「조선중앙일보」사 건물 편에서 다루기로 하겠다. 이 집터는 해방 당시 여운형이 거주했던 공간이며, 바로 옆의 현대건설 본사는 당시 휘문고등학교로 해방 후 첫 대중집회가 열리고, 여운형이 주 연사를 맡아 건국준비위원회를 시작한 장소이다.

📍 만해 한용운 옛집: 천도교, 기독교, 불교계 통합 모임이 이루어진 곳

만해는 1918년 9월 우리나라 최초의 불교 교양 잡지 「유심惟心」을 창간하였다. 서울 계동 43번지에 유심사라는 간판을 걸고 최남선이 운영하는 신문사에서 인쇄했다. 1918년 10월에 2호, 12월에 3호까지 발간되고 종간되었다. 1919년 2월 24일 천도교와 기독교의 합작교섭을 마무리한 최린은 만해 한용운을 찾아가 불교계의 민족 대표 참여를 내락 받았다. 세 종교 지도자들로 이루어진 민족대표의 골격이 비로소 완성되는 순간이었지만, 한용운은 불교 측 민족 대표로 해인사의 백용성만을 참여시킬 수 있었다.

유림에 대한 교섭도 그의 몫이어서, 거창으로 내려가 영남의 거유 곽종석을 만나 승낙을 얻었지만, 그는 3월 1일 직전 급환이 나 아들 편에 인장을 주어 만해를 찾아가도록 하였으나 3.1 전야여서 만나지 못하였다. 이렇게 곽종석은 민족대표로서 서명할 기회를 놓쳤고, 이를 너무 분하고 아쉽게 여겨 훗날 파리장서(1919년 유림들이 파리강화회의에 한국의 독립을 호소하는 장문의 서한을 보낸 사건)를 주도한다. 불교계에 대한 '독립선언서' 배포 책임을 맡은 만해는 2월 28일, 선언서 3,000매를 인수하여 그날 밤 자신의 거처로 중앙학림 학생 10여 명을 불러 독립운동에 대한 소신을 알리고 학생들이 담당할 역할을 알려주었다.

지금 한용운 옛집은 유심장이라는 게스트 하우스로 변신했다가 다시 주택으로 바뀌었다. 물론 원형은 아니지만 그나마 한옥 형태를 유지하고 있는 것이 불행 중 다행이라 할 것이다. 3.1 혁명의 현

한용운과 관련된 공간이라면 누구나 심우장을 생각하겠지만, 북촌에도 그의 숨결이 남은 공간이 있다. 더구나 3.1 혁명과 직접 관련된 공간이라면 더욱 소중할 것이다.

___

장이 많이 사라진 현재, 이 작은 집이 주는 의미는 결코 작지 않다. 만해 한용운이 이곳에서 쓴 「전가前家의 오동梧桐」이란 에세이가 이 장소가 주는 의미를 느끼게 해준다. 당시에는 이 집 앞에 오동나무가 있었다. 첫 구절은 다음과 같다.

나의 우거寓居는 계동 막바지의 여두소옥如斗小屋이라, 지면이나 건물로 말하면 심히 협소하여 매우 갑갑할 듯하다. 그러나 그렇게 몹시 갑갑하지 아니한 이유는 지형이 초고稍高하여 비교적 일광을 많이 받고, 공기가 청신하여 청풍이 시래時來하며, 주위에 수목이 있어서 그 양음적취凉陰積翠가 족히 고염苦炎의 번민을 소각銷却하는 까닭이라. 그러므로 협착狹窄한 소옥에서 성하盛夏를 지냈으되 그다지 염열炎熱의 고를 감각치 못하였도다.

1919년 중앙고보 숙직실 모습

📍 계동 중앙고보 숙직실 : 3.1 혁명이 처음 논의된 장소

3.1 혁명의 거사 준비는 1919년 1월 하순, 도쿄 유학생 송계백이
계동 중앙고보 숙직실로 중앙고보 교사인 현상윤玄相允을 찾아가
면서 시작된다. 송계백은 사각모 안에 비단에 쓴 '독립선언서' 초안
을 숨겨 들여와 현상윤에게 도쿄 유학생들의 거사 계획을 알렸다.
유학생들의 계획을 듣고 크게 감동한 현상윤은 이를 중앙학교 교
장인 송진우와 친구인 최남선崔南善에게 보여주었다. 그리고 다시
선생과 함께 은사인 최린을 찾아가 보여주고, 그를 통해 손병희에
게도 전달하였다.

　이를 본 손병희는 "젊은 학생들이 저렇게 운동을 한다고 하니 우
리 선배들로서도 좌시할 수 없다"고 하면서 지금까지의 독립운동
추진계획의 속도를 높이고, 나아가 다른 종교계와 접촉하여 거족
적인 독립운동을 모색하도록 하였다. 아울러 독립운동의 구체적

방법과 진행을 권동진, 오세창, 최린 등에게 일임하면서 권동진과 오세창은 천도교 내부의 일을 담당하게 하고, 최린은 외부와의 관계를 맡도록 하였다. 그리하여 최린을 매개로 개신교, 불교계와의 접촉이 이루어져 종교계의 연합전선이 구축되었고, 여기에 학생층이 참여하여 민족대연합전선이 형성됨에 따라 계획은 일원화되면서 빠르게 추진되었다.

중앙고보 숙직실은 1917년 완공된 중앙고보 본관 동남쪽 언덕에 세워져 있었다. 1937년 9월 신본관이 완공될 때 같이 지어진 강당 자리가 중앙고보 숙직실 자리였다. 중앙고보 숙직실은 다른 곳으로 옮겨가 있다가 강당 북쪽에 3.1기념관으로 복원되었다. 의열단 단장 김원봉이 3.1 혁명 전 이 학교에 다녔고, 45년 귀국 후인 12월 26일, 이 학교 강당에서 열린 전국군사준비위원회 결성식에 참석하였다.

최근의 숙직실 전경

2.8 도쿄 유학생 독립선언

역사적 배경

2.8 독립선언을 직접적으로 자극하고 촉발시킨 계기는 당시 재미 동포들의 움직임이었다. 1919년 1월 18일부터 열리는 파리강화회의에 재미 한국인 이승만李承晩·민찬호閔贊鎬·정한경鄭翰景이 윌슨 대통령이 선언한 민족자결주의 원칙에 입각하여 조선 문제를 해결해 달라고 호소하기 위해 1918년 12월에 대표로 선출되었다.* 이 사실이 영국인이 고베(神戶)에서 발간하는 신문 「저팬 애드버타이저(The Japan Advertiser)」에 보도되었고, 자연스럽게 유학생들에게 알려졌다. 보도를 접한 재일 유학생들 사이에서는 일제의 식민지 지배 반대와 민족자결의 요구를 파리강화회의에 반영시키기 위한 거족적인 민족독립운동의 선구적 역할을 해야 한다는 여론이 비등해졌다. 또한 당시 일본을 풍미하고 있던 민주주의 열기, 즉 다이쇼 데모크라시도 일정한 영향을 미쳤다. 이에 일본 유학생을 총괄하던 도쿄 조선유학생학우회는 1918년 12월 29일, 메이지(明治)회관에서 송년회를 통해, 그리고 1919년 1월 6일에는 도쿄 기독교청년회관(YMCA)에서 웅변대회를 통해 이러한 여론을 가시화시켜 갔다. 특히 웅변대회에서 연사로 나선 윤창석·서춘徐椿·이종근李鍾根·

---

* 하지만 미국에서 여권을 내주지 않아 파리에는 가지 못했다. 참고로 이승만이 프린스턴 대학에서 박사학위를 받았을 당시 총장이 윌슨이었다.

최근우崔謹愚·김상덕金尚德·안승한安承漢·전영택田榮澤 등은 "현재의 정세는 우리 민족의 독립운동에 있어 가장 적당한 시기이며, 해외동포들도 이미 각각 실행운동을 시작하고 있다. 우리도 마땅히 구체적으로 움직여야 한다"라고 주장했다.

웅변대회에서 독립운동의 방법을 둘러싸고 급진론과 신중론으로 나누어져 토론이 전개되었으나, 실천 방법은 임시실행위원을 선출하여 일임하기로 결정했다. 최팔용崔八鏞, 전영택, 서춘, 김도연金度演, 백관수白寬洙, 윤창석, 이종근, 송계백宋繼白, 김상덕, 최근우 등이 임시실행위원으로 선출되었으나 전영택이 병으로 사임하고 이광수李光洙, 김철수金喆洙가 보충되어 모두 11명으로 구성되었다.

독립선언서·결의문 및 일본 국회에 보낼 민족대회소집청원서는 이광수가 기초했으며, 송계백이 귀국하여 한글 활자와 인쇄기 및 운동자금을 구하고, 현상윤 등과 만나 재일 유학생의 거사에 호응하여 국내에서의 궐기를 요청했다. 송계백에게 일본 유학생들의 거사계획을 들은 정노식鄭魯湜은 전답을 팔아 도쿄에서 사용할 운동자금으로 희사했다. 그리고 상하이에 망명해 있는 독립운동가들과 연계를 맺고 2.8 독립선언의 취지를 전 세계에 선전하기 위해 이광수를 상하이로 파견했다.

이광수는 2월 5일 영국·미국·프랑스에 영문으로 된 독립선언을 타전하고, 도쿄에서의 2.8 독립선언과 보조를 맞추어 2월 8일 「차이나 프레스(The China Press)」·「노스 차이나 데일리 뉴스(The North China Daily News)」에 독립선언서 게재를 부탁해, 9일과 10일

2.8독립선언 기념비   조선기독교청년회관의 현재 모습(東京都
千代田區 西神田町 3丁目 3番地)

에 각각 실렸다. 장덕수張德秀는 상하이, 여운형의 동생 여운홍呂運
弘은 미국으로부터 도쿄에 잠입하여 중국과 미국에 있는 동포들의
동향을 설명하고, 본국과 해외동포들이 일치해서 도쿄에서의 독립
선언에 호응할 것이라고 격려했다.

경과

1919년 2월 8일 오전 10시경 임시실행위원들은 독립선언서와 결
의문, 민족대회소집청원서를 각국 대사관 및 공사관과 일본 국회
의원, 조선총독부, 그리고 도쿄 및 각지의 신문사와 잡지사, 학자들
에게 우편으로 발송한 다음, 오후 2시부터 조선 기독교청년회관에
서 학우회 임원선거를 명분으로 하여 유학생대회를 개최했다. 도
쿄 유학생의 거의 전부라고 할 수 있는 400여 명이 참가했다.

   회장 백남규白南奎가 개회를 선언한 다음 최팔용의 사회로 대회
명칭을 '조선독립청년단대회'로 바꾸고 열띤 분위기 속에서 역사
적인 독립선언식을 거행했다. 식순에 따라 백관수가 독립선언문,

김도연이 결의문을 낭독하자 장내는 독립 만세 소리로 가득 찼다. 이날 유학생들은 독립 실행 방법을 토의하려 했으나, 니시간다(西神田)경찰서의 일경이 대회의 해산을 요구하면서 송계백을 비롯한 학생 대표들을 체포하려 하자, 참여 학생 전부가 육탄으로 저항하면서 현장은 아수라장으로 변하고 27명이 체포되면서 끝이 났다. 체포된 27명 중 임시실행위원 10명은 출판법 제27조 위반으로 2월 10일 도쿄 지방재판소 검사국에 송치되고 나머지는 석방되었다.

새로운 지도부를 구성하고 일본 국회에 독립을 청원하기 위하여 2월 12일 100여 명의 유학생들이 히비야 공원(日比谷公園)*에 모여 이달李達을 회장으로 하여 독립선언서를 다시 발표하려 했으나, 이달 등 13명이 붙잡히면서 해산되고 말았다.

유학생들은 지도부의 체포에도 포기하지 않고 2월 23일 변희용卞熙鎔, 최재우崔在宇, 장인환張仁煥 등 5명이 조선청년독립단민족대회 촉진부 취지서를 인쇄하여 역시 히비야 공원에서 배포하고 시위 운동을 벌이려 했으나 도중에 붙잡히고 말았다.

조선본토에서 3.1 혁명이 일어나자, 도쿄 유학생들은 3월 9일 재도쿄조선청년독립단동맹휴교촉진부를 결성해 유학생들에게 휴학

---

* 도쿄의 가장 중심가에 위치한 히비야 공원은 1909년 11월 4일 안중근 의사에 의해 세상을 떠난 이토 히로부미의 장례식이 국장으로 열린 곳이기도 하며, 1919년 3월 1일에는 묘하게도 보통선거권을 요구하는 일본 시민들의 대규모 시위가 벌어지기도 했다. 이를 두고 누군가는 '내선일체'라고 농담을 하기도 했다. 1970, 80년대 한국의 민주화를 지지하는 교포들과 일본 양심세력이 참가한 수많은 시위가 열린 공간이기도 하다.

2.8 독립선언 이후 2월 12일 독립선언대회와 만세운동이 벌어진 히비야 공원의 모습. (東京都 千代田區 日比谷公園)

하고 귀국하여 본국의 만세 시위 운동에의 합류를 호소하는 격문을 띄웠다. 또 3월 10~11일에 변치덕卞致德, 정근모鄭根模, 이재훈李載勳 등은 태극기 130여 개를 만들어 최팔용 등의 공판일에 모인 유학생들에게 배포하여 만세 시위 운동을 계획했으나, 사전에 계획이 누설되어 실패했다. 일제 당국의 조사에 따르면, 당시 3.1 혁명에 참가하기 위해 귀국한 한국인은 총 491명이고, 그중 유학생이 절대다수인 359명이었다고 한다.

2.8 독립선언서의 내용과 역사적 의의

2.8 독립선언의 골자는 다음과 같다.

① 한민족은 유구한 역사를 가지고 이민족의 실질적 지배를 받은 바가 없는 민족이라고 자부하고 있다. 한국이 '중국의 정삭正朔**을 봉한 일'을 가지고 일제 학자들은 한국을 중국의 '종속국'으로 간

** 옛날 중국에서 제왕이 새로 나라를 세우면 세수를 고쳐 새로운 역을 천하에 반포하고 실시했던 역법의 하나.

주하나, 그것은 '양국 왕실의 형식적 외교관계에 불과'하다고 비판했다.

②'사기와 폭력'의 방법에 의한 일제의 국권 강탈과 침략정책을 고발하고 있다. 즉 청일전쟁까지는 '한국의 독립'을 인정했던 일본이 러일전쟁 이후에는 표변하여 '사기와 폭력'의 방법으로 한국을 병합했으며, 특히 일제의 한국 침략을 승인한 미국과 영국은 '구약을 속贖할 의무'가 있다고 그 책임을 추궁하고 있다.

③한일합병 후 10년간의 식민지 통치가 보여준 것은 '오족(吾族: 우리 민족)과 일본과의 이해는 상호 배치'된다는 사실과 우리 민족은 생존권을 위하여 독립을 주장할 수밖에 없다고 강조했다.

④일제 침략과 국권 찬탈을 사기와 폭력에 의한 수치스러운 역사였다고 전제하고, 왜 한민족이 그동안 수십만 명의 희생자를 내면서 독립운동을 전개하여야 했는가 하는 이유를 밝혔다.

⑤일본이 한국에 대한 식민지 통치를 계속한다면 '우리 민족은 일본에 대하여 영원히 혈전'할 것이니 이는 '동양평화의 화근'이 될 것이라고 일제에 경고했다.

⑥한민족의 독립운동으로 건립될 국가는 민주주의에 입각한 신국가임을 명시하고, 세계평화와 인류문화의 발전에 기여할 것이라고 약속했다.

마지막에는 ㉠한일합병조약의 폐기와 조선의 독립을 선언하고, ㉡민족대회의 소집을 요구하며, ㉢만국평화회의에 민족대표를 파견할 것이며, ㉣이 목적이 이루어질 때까지 영원한 혈전을 벌일 것을 선언하는 4개 항을 부기하고 있다.

2.8 독립선언문은 변화하는 세계사 속에서 새로운 국가 건설의 현실적 요구와 필요를 담아냈으며, 자신들이 추구하고자 하는 독립이념을 천명하였다. 또한 이 선언문은 우리 민족이 유구한 역사를 갖고 있으며 다른 민족의 실질적 지배를 받은 경우가 없었음을 강조하고, 침략의 부당성과 합방 후 10년간의 식민통치를 비판한 후 조선독립의 당위성을 피력하였다는 점에서 돋보인다.

인물열전 청춘을 조국에 바친 송계백 선생

송계백(1896~1920) 선생은 3.1 운동에서 핵심적인 역할을 했으면서도 이름이 많이 알려져 있지 않다. 선생은 1896년 평안남도 평원군에서 출생하여 성장하였다. 당시는 한반도의 주도권을 놓고 러시아와 일제가 각축을 벌이던 시기였다. 망국의 상황을 목격하면서 성장한 선생은 강렬한 애국심과 민족애를 함께 키워 나갔다.

선생은 1911년 보성중학에 입학하였으며, 재학 중에 독립운동을 함께 전개할 선배와 동지들을 만나게 되었다. 그중에는 일본 유학을 마치고 귀국하여 천도교에 입교한 뒤 보성중학의 교장이 된 최린, 1기 선배인 현상윤과 1기 후배인 최승만 등이 있었다. 이들은 모두 선생과 함께 2.8 독립운동, 그리고 3.1 운동의 계획과 추진 과정에서 서로 연락을 취하며 중요한 역할을 수행하였는데, 그 기반이 이때 이루어진 것으로 여겨진다.

선생은 보성중학 졸업 후 곧 서울 YMCA 학관 영어과에 편입하

송계백 선생

여 수학하였다. 그리고 1916년 3월 이 학관을 수료한 선생은 대부분의 재일 한국 유학생들이 그러했듯이, 적을 이기려면 적을 알아야 하기에 일본 유학을 단행한 것으로 보인다. 그리하여 도쿄의 와세다[早稲田]대학 정치과에 입학한 선생은 한편으로는 선진 학문을 배우면서, 다른 한편으로는 유학생회의 활동에도 적극적으로 참여하면서 민족의식을 고취해 나갔다.

특히 재일 유학생 사회에서 와세다대학의 한국인 학생들은 반일 민족의식이 강하기로 정평이 나 있었는데, 그것은 1907년 모의 국회 사건을 경험했기 때문이다. 이 사건은 1907년 3월 매년 봄철마다 열리는 와세다대학 정치과 학생들의 모의국회 행사에서 다부치(田淵豊吉)라는 일본인 학생이 '한국 황제를 일본의 화족(華族: 일본 귀족)으로 대우하는 것'을 의제로 제안함으로써 비롯되었다. 한국 황실과 민족을 모욕하는 이 같은 의제는 당연히 한국인 재학생들의 분노를 폭발시켰다. 한국인 재학생들은 학교 당국에 이 의제를 제안한 다부치의 퇴학 처분과 학장의 사과를 강력하게 요구하였다. 그리고 그것이 이루어지지 않자 전원 자퇴를 결의하고, 동맹 퇴학원을 제출하는 등 항의 투쟁을 전개해 나갔다. 당시 유학생들의 친목 및 권익단체인 대한유학생회도 적극적으로 지원함에 따라 한국인 재학생들은 학교 당국의 사죄와 다부치의 퇴학 처분이라는 가시적 성과를 거둘 수 있었다. 결국 이러한 모의국회 사건의 경험과 성과는 유학생들의 자긍심이 되었고, 또 전통으로 계승되었기에 유학생들 가운데서도 와세다대학 재학생들의 반일 민족의식은 누구보다도 강했던 것이다.

당시 한국 유학생들은 조선유학생학우회, 도쿄 조선기독교청년회, 조선학회, 그리고 교토(京都) 조선유학생친목회 등의 조직을 만들어 상호간의 친목을 도모하고 정보를 교류하면서 민족운동의 길을 모색하고 있었다. 그중에서도 조선유학생학우회가 전체 유학생들을 통할하는 중추적인 조직이었다. 조선유학생학우회는 한말 대한유학생회와 그 후계 조직인 대한흥학회를 계승하여 1912년 10월에 조직되었는데, 재일 한국 유학생의 구심체이자 1910년대 민족운동의 발원지로서 역할을 수행했다. 선생은 이 같은 조선유학생학우회의 활동에 적극적으로 참여하였다.

1918년 여름 조선유학생학우회 간행물 「학지광」의 편집장으로 있던 와세다 유학생 최팔용은 "윌슨이 민족자결론을 내세운 지금, 우리가 조국 광복을 부르짖기에 가장 좋은 기회이니 우리도 이 기회에 일어나자!"라고 제의하고, 비밀리에 유학생들의 의사를 타진하면서 동지들을 규합해 나갔다. 앞서 이야기한 재미교포들의 움직임은 재일 유학생들에게 큰 자극제가 되었다. 그리하여 이들은 비밀리에 소식을 전하며 조선유학생학우회를 중심으로 독립운동을 본격적으로 추진하였다.

송계백은 10인 실행위원의 일원이자 국내 특사로 선임되었다. 그리고 상해에 파견하여 유학생들의 독립운동을 세계에 전할 인물로는 이광수를 선발하였다. 송계백은 보성중학교 출신으로 교장

최린과는 사제지간이었기 때문에, 그를 통해 손병희에게 유학생들의 독립선언 계획을 전해 천도교의 독립운동 참여를 촉구하는 데 있어 그만한 적임자가 없었기 때문이었다. 또한 그는 당시 중앙학교 교사인 현상윤과는 보성학교 선후배 사이로 긴밀한 관계에 있었기 때문에 그를 통해 신진 지도급 인사들에게도 독립선언 계획을 알리고 독립운동 참여를 촉구하기 위한 목적도 있었다.

앞서 말했지만 손병희에게 전달된 독립선언서 초안은 3.1 혁명의 직접적인 도화선이 되었다. 그리고 선생은 일본에서의 거사를 위해 1월 30일 다시 도쿄로 돌아가 다른 실행위원들과 함께 2.8 독립선언 준비에 박차를 가했다. 독립선언서와 결의문은 국문·일문·영문 등 3개 국어로 백관수의 지도 아래 최원순, 정광호 등 10여 명의 학생들이 등사판으로 만들었고, 민족대회소집청원서는 일문 활자로 1,000매 인쇄하는 등의 준비를 하였다.

1919년 2월 8일, 선언식장에서 일경에 체포된 선생은 출판법 위반으로 기소되어 같은 해 2월 15일 도쿄지방재판소에서 금고 7개월 15일을 언도받았다. 선생은 항소하였으나 원심 형량을 그대로 언도받았으며, 다시 상고하였으나 기각되어 원심 형량이 확정되었다. 선생은 도쿄 감옥에서 학대를 받으며 옥고를 치르다가, 결국 다음해 24세의 젊은 나이로 순국하고 말았다. 정부에서는 선생의 공훈을 기리어 1962년 건국훈장 독립장을 추서하였다.

(참고: 다음카페 최철상의 역사 교실 외)

1880년, 후세 다츠지(布施辰治)는 미야기현
(宮城縣) 동부 이시노마키(石卷)에서 태어났
다. 1902년 메이지 법률학교를 졸업하고,
이듬해 판사·검사 등용시험에 합격했지만
사회주의자로서 판사의 길을 포기하고 변
호사의 길을 걷게 된다. 경술국치 이듬해
인 1911년 조선의 의병운동을 다룬 논문
「조선독립운동에 대하여 경의를 표함」을
발표하여 일본 경찰의 취조를 받은 뒤부터

후세 다츠지

조선의 독립운동과 조선인의 인권을 보호하는 데 앞장섰다.

　1919년 2.8 독립선언으로 인해 체포된 최팔용과 백관수 등 조선
유학생들의 변론을 맡은 뒤, 3.1 운동에 참여한 조선 민중들에 대
해 경의를 표했다. 1920년에는 조선 민중의 해방운동에 노력할 것
을 공개적으로 밝혔다. 1923년, 천황 암살을 시도했던 박열朴烈과
가네코 후미코(金子文子) 부부의 변론도 맡았다. 1924년에 일어난
김지섭金祉燮의 일본 궁성 폭탄 투척 사건을 변론하는 등 일본 내
조선인과 관련된 대부분의 법률사건을 변론하였다.

　1923년 관동대학살關東大虐殺 때는 조선인 학살에 대한 사죄와
책임을 통감한다는 내용의 사죄문을 작성해 동아일보와 조선일보
에 우송하였다. 1923년, 1926년, 1927년 세 차례에 걸쳐 한국을 방

문하여 의열단원 김시현金始顯의 조선총독부 요인 암살기도 사건과 제1·2차 조선공산당 사건 등의 무료 변론을 맡기도 했다.

이로 인해 1930년대에만 세 번이나 변호사 자격을 박탈당하였고, 두 번이나 투옥되었다. 광복 후에도 한신阪神 교육투쟁 사건, 도쿄 조선고등학교 사건 등 재일본 한국인과 관련된 사건의 변론을 도맡았고, 1946년에는 광복된 한국을 위해「조선건국 헌법초안」을 저술하였으며, 억울하게 전범이 된 조선인들의 변론도 맡았다. 또한 박열의 전기『운명의 승리자 박열』을 저술하기도 했다.

후세 다츠지의 장례식 때 재일 조선인이 낭독한 조사에도 나오듯이, 후세는 "우리 조선인에게 있어 정말로 아버지와 형 같은 존재"였던 것이다. 후세는 자신의 좌우명이자 묘비명이었던 "살아야 한다면 민중과 함께, 죽어야 한다면 민중을 위해"를 이 세상을 떠날 때까지 실천한 사람이었다. 후세가 함께 살고 함께 죽고자 했던 민중, 그중에서도 재일 조선인은 항상 큰 자리를 차지하고 있었던 것이다.

일본인 최초로 2004년 '건국훈장 애족장'이 수여되었는데, 그가 변론을 맡았던 가네코 후미코는 사후 92년 만인 2018년 11월 건국훈장 애국장을 수여받아 두 번째 일본인 독립 서훈자가 되었다.

2002년 2월 29일, 3.1절 기념 프로그램으로 MBC에서 〈일본인 쉰들러 – 후세 다츠지〉가 방송되었다. 2010년 8월에는『조선을 위해 일생을 바친 후세 다츠시』란 제목의 전기가 출판되었다. 2017년 개봉된 영화「박열」에서도 비중 있는 조연으로 등장한다. 그의 무덤은 도쿄 이케부쿠로〔池袋〕의 죠자이지〔常在寺〕에 있다.

📍 가회동 손병희 옛집 터: 민족대표 33인이 처음 서로 얼굴을 마주한 곳

2월 28일 저녁, 민족대표 33인 가운데 양전백, 길선주, 이명룡, 김병조, 정춘수, 나인협, 홍기조, 양한묵, 백상규를 제외한 23인이 서로 얼굴을 익히고 독립선언식의 절차를 협의하기 위해 손병희의 집에서 회합을 가졌다. 일제의 감시가 항상 미치는 손병희 집에서 이런 모임이 가능했던 것은 손병희 집이 워낙 넓었고, 당시 천도교 쪽의 고종 문상 인파가 지방에서 많이 올라와서 그 집에 손

1919.3.7. 매일신보에 실린 손병희 선생의 사진

님 수백 명이 넘게 들락거리는 상황이었기 때문이다. 그런데 이 자리에서 박희도가 공개적인 장소에서의 독립선언식이 가져올 만일의 사태, 즉 폭력행사를 우려하는 의견을 제기하였다. 그 결과 독립선언 장소가 당초 예정했던 탑골공원에서 평소 손병희가 자주 찾던 요리점인 인사동의 태화관으로 급작스럽게 변경되었다.

📍 조선어학회 옛터

조선어학회는 각 학교에서 조선어를 가르치던 주시경(周時經, 1876~1914)의 제자들이 1921년 "조선어의 정확한 법리를 연구"할 목적으로 설립한 조선어연구회의 후신이다. 조선어연구회는 주로

한글 철자법을 연구하였고, 동인지『한글』을 중심으로 활동하였다. 1926년에는 훈민정음 반포 480주년을 맞아 훈민정음 반포일을 '가갸날' 혹은 '한글날'로 명명하고 기념식을 개최하는 등 한글 보급을 위해 활발한 활동을 벌였다.

조선어연구회는 '조선어 사전 편찬회'를 조직하였는데, 이는 정확한 한글 사전 편찬을 통해 우리말과 우리글의 의미를 정리하고 체계화시키며, 민족의 글과 정신을 일깨워 궁극적으로는 민족의 부활을 꾀하려는 목적이었다. 그런데 사전 편찬을 위해서는 통일된 표준어와 맞춤법 등이 필요하였다. 이에 1930년 12월 조선어연구회는 한글 맞춤법 통일안을 제정하기로 결의하였다. 그리고 1931년 1월, 조선어연구회를 "조선어문의 연구와 통일"을 위한 기관인 조선어학회로 개편하여 더 적극적으로 한글 사전 편찬 사업을 추진하였다. 조선어학회는 1933년 '한글 맞춤법 통일안'을 시작으로 '조선어 표준어 사정안', '외래어 표기법 통일안'을 차례로 확정하였다. 1940년에는 그동안의 성과를 바탕으로 '한글 맞춤법 통

조선어학회 터

일안'을 수정 발간하였으며, 본격적으로 한글 사전 편찬에 노력을 기울였다.

한글 사전은 1940년 조선총독부에 『조선어 대사전』 출판을 허가받았고, 1942년 원고를 출판사에 넘겨 간행할 예정이었다. 하지만 1942년 10월에 발생한 이른바 조선어학회 사건으로 사전 편찬은 중단되었고, 원고와 서적은 전부 압수되었다. 조선어학회 사건은 일제가 사전 편찬에 참여하던 교사 정태진丁泰鎭에게서 강제로 조선어학회가 민족주의 단체로서 독립운동을 하고 있다는 자백을 받아내면서 시작되었다. 일제는 1942년 10월부터 1943년 4월까지 조선어학회 핵심 회원과 사전 편찬을 후원하는 찬조 회원을 대거 검거하였다. 이들에게는 치안유지법의 내란죄가 적용되었고, 재판 과정에서 이윤재李允宰와 한징韓澄은 옥사하였으며, 이극로李克魯, 최현배崔鉉培, 이희승李熙昇, 정인승鄭寅承, 정태진 5명은 실형을 선고받았다. 이 사건으로 조선어학회의 활동은 사실상 중단되었다.

또한 최현배, 김승기 등 주요 교수진을 잃은 연희전문은 큰 타격을 입었고, 결국은 일시적이었지만 폐교까지 당하고 말았다. 이 때문인지 연희전문의 후신 연세대학에는 일문학과가 없다.

해방 후 석방된 회원들은 학회를 재건하고, 한글날 행사를 부활시켰다. 그리고 일제의 탄압으로 결실을 맺지 못한 한글 사전 편찬은 1945년 10월 서울역 창고에서 압수되었던 사전 원고를 되찾으며 다시 추진되었다. 이 사건은 2018년 개봉한 영화 「말모이」로 세상에 다시 알려졌다.

조선어학회는 1947년 한글날을 기해 『조선말 큰사전』 1권을 간행하였으며, 이후 1957년 6권 발간을 마지막으로 한글 사전 편찬을 마무리하였다. 조선어학회의 한글 운동은 일제에 맞선 문화적 민족운동인 동시에 사상적 독립운동이기도 했다.

📍 옛 천도교 중앙총부 터 : 현 덕성여중

천도교계와 기독교계 사이에는 독립운동의 방식을 놓고 상당한 의견 차이가 있었다. 1919년 2월 21일, 최남선이 이승훈의 숙소로 찾아가 이승훈과 최린의 회담을 전격적으로 성사시켰다. 이 회합으로 기독교 측과 천도교 측의 합작교섭은 다시 급물살을 탔다. 이승훈과 함태영은 2월 24일 최린과 함께 송현동 34번지(현 덕성여중 자리)에 있던 천도교 중앙총부로 손병희를 방문하여 양측의 독립운동 일원화 방침을 최종 확정하였다. 당시의 중앙총부 건물은 현재 우이동으로 이전한 상태다.

옛 천도교 중앙총부

봉황각은 건물도 멋지지만, 배경은 더 훌륭하다. 거기에다 역사까지 깃든 공간이니 더욱 가 볼 만한 곳이다.

우이동 중앙총부 건물 뒤에는 북한산을 배경으로 한 봉황각이 멋들어지게 서 있으며, 손병희 선생의 묘역도 가까운 곳에 있다. 봉황각은 손병희 선생이 교역자 양성을 위해 1912년 6월에 세웠는데, 3년간 493명이 배출되었다. 전국에 퍼져 있던 이 교역자들은 3.1 혁명의 최전선에서 맹렬하게 활동하였다.

📍 보성사 옛터 : 3.1 독립선언문 인쇄 장소, 현 수송공원

3.1 독립선언문의 인쇄 과정을 당시의 재판 판결문에 의거해서 재구성하면 다음과 같다. 최남선은 자신이 직접 경영하는 인쇄소인 신문관 직공에게 활자를 짜게 해서 완성한 활자판을 최린의 집으로 보냈다. 보성사 사장 이종일은 공장 감독 김홍규에게 지시를 내려 그것을 가져오게 했다. 김홍규는 다시 보성사 인쇄 직공 신영구

옥파 선생 동상

에게 명하여 독립선언서 2만 1천 매를 27일 밤 11시경에 인쇄 완료하였다. 3월 1일 당일 아침에는 천도교 월보 편집인인 이종린이 편집한 「독립신문」이 보성사에서 인쇄되어 오후 2시에 파고다공원에서 배포되기도 했다. 이 「독립신문」 인쇄도 이종일이 김홍규에게 지시해서 이루어진 것이다. 이 터에는 현재 작지만 수송공원이 조성되어 있으며, 선생의 동상도 건립되어 있다.

1919. 불에 탄 보성사 모습

인물열전 독립선언서를 인쇄, 배포한 이종일 선생

이종일(李種一, 1858~1925) 선생은 3.1 운동 민족대표 33인의 한 사람으로 고향은 서산瑞山, 본관은 성주星州. 호는 옥파沃坡, 도호道號는 천연자天然子이다. 15세에 상경하여 한학을 공부했으며, 김윤식金允植·이도재李道宰·이상재李商在 등으로부터 개화사상을 전수받았다. 1873년(고종 10) 문과에 급제한 뒤 1882년 2월 박영효朴泳孝를 따라 수신사의 일원으로 일본에 다녀왔으며, 같은 해 중추원의관中樞院議官에 임명되었던 당대 최고의 엘리트였다.

1894년 보성보통학교普成普通學校 교장이 되었으며, 이후 경성시내 7개 학교 교장을 역임했다. 1896년 독립협회가 발족되자 여기에 참가하여 활동했고, 1898년에는 청년애국회에 관여하는 한편, 2월에는 유영석柳永錫 등과 함께 대한제국민력회大韓帝國民力會

를 조직하고 회장이 되었다. 대한제국민력회는 독립협회가 해산되면서 그 이념과 사상을 계승했으며, 주말마다 실학사상·동학사상·동학교리 등을 강의하였다. 러시아 세력의 침투 배격과 이권 수호를 주제로 만민공동회가 열리자, 회원 40여 명을 이끌고 여기에 참가하여 국권 수호와 이권 양도 반대를 주장했다.

1898년 3월에는 이승만 등과 함께 「경성신문」을 창간했으며, 8월에는 순 한글 신문인 「제국신문」을 창간하고 사장으로 취임했다. 「제국신문」은 독립협회 여성회원들의 홍보지로서 민권운동과 여성의 사회참여를 강력하게 주장했다. 그 밖에 「황성신문」·「만세보」와 대한협회의 기관지인 「대한민보」 등에도 관여했으며, 필화사건으로 여러 차례 투옥되었다. 1905년 12월 최학래崔鶴來의 권유로 천도교에 입교했는데, 손병희와는 이미 1898년부터 긴밀한 관계를 맺고 있었다.

천도교 입교 후에도 「천도교회월보」의 월보과장 겸 천도교 직영 인쇄소인 보성사普成社 사장으로 계몽활동을 계속했으며, 이때에도 순 한글로 논설을 썼다. 1906년 9월 대한자강회大韓自强會에 가입하여 평의원으로 계몽운동을 하다가, 이 회가 일제에 의해 강제 해산되자 1907년 그 후신으로 조직된 대한협회에서는 회보의 편집과 발행을 담당했으며, 기호흥학회畿湖興學會에서도 활동했다.

1912년에는 천도교를 중심으로 1914년(갑인년)에 대대적인 민중운동을 펼칠 것을 계획하기도 했다. 1919년 3.1 운동의 민족대표 33인의 한 사람으로서 보성사에서 독립선언서를 인쇄·배포했으며, 천도교의 지하신문인 「조선독립신문」을 창간했다. 3년형을 선고발았으나 2년 6개월 만에 가출옥했다. 1922년 3월 1일 다시 천도교 단독으로 제2의 3.1 운동을 계획했으나 발각되어 실패하고 말았다. 이후 조선국문연구회朝鮮國文硏究會 회장으로 한글 맞춤법을 연구하는 한편, 3년간 '한국독립비사'를 집필했으나 일본 경찰에게 압수되었다. 1925년 8월 31일, 단식으로 일제에 항거하다가 순국하였다.

1960년 8월, 망우리 공동묘지에 모셔져 있던 선생의 유해는 동작동 국립묘지(현 국립현충원)에 이장되었다. 태안의 생가는 복원되었으며, 동상도 세워졌다. 1962년에 건국훈장 대통령장이 추서되었다.

◉ 옛 조선중앙일보사: 현 농협 종로 금융 센터

종로구 우정국로 38번지에는 여운형이 사장으로 있던 「조선중앙일보」의 사옥이 지금도 건재하다. 특권층 비리 보도와 반일적 보도로 유명했으며, 스포츠를 좋아하는 여운형의 영향 때문에 국내 최초로 스포츠면을 내기도 했다. 당시 「동아일보」, 「조선일보」와 함께 조선의 3대 일간지였던 「조선중앙일보」는 유명한 손기정 선수의 일장기 말소 사건을 「동아일보」와 함께하다가 폐간되고 말았다.* 해방 후 「동아일보」는 복간되었지만 「조선중앙일보」는 되살아

---

* 동아일보 일장기 말소 사건의 주역 중 한 명은 당시 「동아일보」에 근무했던 청전 이상범 화백이었다. 이런 그도 1940년대에는 일제에 협력하는 과오를 저질렀다.

이 건물은 현재 몽양기념관으로의 개조가 논의되고 있다.

나지 못하고 맥이 끊겨버린 데다가 여운형 선생이 암살당하고 '빨갱이' 취급을 당하면서, 일장기 말소 사건은 「동아일보」가 독점하게 되었으며, 만리동에 있는 손기정 기념관에도 「조선중앙일보」와 여운형 선생에 대한 내용은 전혀 없는 실정이다. 해방 후 이 건물은 자유당 당사로 사용되다가 시민들의 공격을 받아 크게 파손되기도 했지만 복구되어 농협에 인수되었고, 현재에 이르고 있다.

◉ 인사동 태화관 옛터 : 민족대표들이 독립선언식을 거행한 장소. 현 태화빌딩

1919년 3월 1일 오후 2시, 민족대표 33인 가운데 29인이 참석한 가운데 독립선언식을 거행한 장소이다. 원래 그들은 학생들과 같은 공간, 즉 인접한 탑골공원에서 독립선언식을 거행하고자 하였으나, 시위가 과격해질까 염려하여 태화관에서 별도로 선언서를 발포하였다고 한다. 독립선언식은 불교 측 민족대표인 한용운이 일어나 한국이 독립국임과 한국민이 자주민임을 선언하고, 그의 선창으로 일동이 '대한독립 만세'를 일제히 부르는 방식으로 아주 간소하게 거행되었다.

이곳은 본래 인조가 어린 시절을 보낸 곳인데, 이후 세도가인 안동김씨 김홍근의 저택이었다가 헌종의 후궁 김 씨의 순화궁으로 그 주인이 바뀌었다. 1907년에는 매국노 이완용의 소유가 되었다. 이완용은 이곳에서 5년간 살다가 요리집 명월관에 빌려주면서 명월관 지점이 되었다. 태화관은 명월관 지점으로 3.1 혁명을 맞았는데, 민족대표들이 이 장소를 선택한 이유는 두 가지였다. 하나는 매국노들이 모였던 장소에서 독립을 선언함으로써 1910년 8월의 국치를 상징적으로나마 무효화하려는 것이었고, 또 하나는 일제의 감시를 어느 정도 피할 수 있다는 실리적인 이유였다.

3.1 혁명 이후 이완용은 이 건물을 감리교단에 팔았고, 감리교는 1921년 태화여자관으로 개조했다가 다시 1938년에 그 건물을 헐고 그 자리에 태화기독교사회관이라는 3층 석조 건물을 1939년 7월에 준공하였다.

하지만 이 건물도 1979년 8월, 재개발 열풍에 헐려버리고 말았다. 지금 태화관 자리에는 3.1 독립선언 유적비가 서 있고, 1층 로비에는 커다란 기록화가 걸려 있으며, 최근에 산뜻한 3.1 독립선언 광장이 조성되었지만 이 장소가 주는 역사성을 느낄 수 있는 유적은 없다. 만해 한용운이 3.1 운동이 일어난 지 13년이 지난 1932년 1월에 쓴 「평생 못 잊을 상처」란 글을 보면 태화관 옛터가 주는 의미가 달리 다가온다.

지금은 벌써 옛날이야기로 돌아갔습니다마는, 기미운동이 폭발할 때에 온 장안은 '대한독립 만세' 소리로 요란하고 인심은 물 끓듯 할 때에 우리는 지금의 태화관에서 독립선언 연설을 하다가 경찰부에 포위되어 한쪽에서는 연설을 계속하고, 한쪽에서는 체포되어 자동차로 호송되어 가게 되었습니다. 나도 신체의 자유를 잃어버리고 마포경찰부로 가게 되었습니다. 그때입니다. 열두 서넛 되어 보이는 소학생 두 명이 내가 탄 차를 향하여 만세를 부르고 또 손을 들어 또 부르다가 일경의 제지로 개천에 떨어지면서도 부르다가 마침내는 잡히게 되는데, 한 학생이 잡히는 것을 보고는 옆의 학생은 그래도 또 부르는 것을 차창으로 보았습니다. 그때 그 학생들이 누구이며, 왜 그같이 지극히 불렀는지는 알 수 없으나, 그것을 보고 그 소리를 듣던 나의 눈에서는 알지 못하는 사이에 눈물이 비 오듯 하였습니다. 나는 그때 소년들의 그림자와 소리로 맺힌 나의 눈물이 일생을 잊지 못하는 상처입니다.

이 빌딩 바로 옆 SM 면세점 앞은 충정공 민영환의 자결지인데, 그를 기리는 조형물이 세워져 있다.

1915년 승동교회

📍 인사동 승동교회 : 3.1 혁명 학생지도부를 구성한 곳

현재의 승동교회 건물은 1902년 11월에 준공되어 1958년 12월에 증개축하였다. 승동교회는 3.1 혁명의 현장이 거의 그대로 보전되고 있다는 점에서 가치를 더한다. 승동교회는 대갓집 소실로 있던 여인네들과 백정·장인이 많이 다닌다고 해서 '첩장妾匠교회'로 불렸던, 피맛골 사람들의 이른바 '민중교회'였다. 대표적인 인물이 백정 출신의 초대 장로 박성춘이다. 그는 1898년 10월 독립협회 만민공동회의 연사로 나서서, 양반만이 아니라 사농공상 모두를 합하여 나라의 기둥으로 삼을 때 나라의 힘이 더욱 공고해질 수 있다는 요지의 연설을 하여 세인의 주목을 받았다.

승동교회는 3.1 혁명 당시 전문학교 학생대표단 거사의 거점으로도 유명한 곳이다. 당시 이 교회에 다니던 연희전문의 김원벽, 보성전문의 강기덕, 경성의전의 한위건을 비롯한 시내 전문학교 학생대표들은 1919년 2월 20일 여기서 첫 모임을 갖고 독립운동을 이끌어갈 학생지도부를 구성하였다. 그리고 3.1 운동 전야인 2월 28일 다시 모여 학생 동원을 마지막으로 점검하고 독립선언서 배포 등의 역할을 분담함으로써 이어지는 탑골공원에서의 독립선언식과 만세 시위의 발판을 마련하였다.

📍 탑골공원 : 3.1 혁명의 발화지

탑골공원(당시에는 파고다공원)에는 고려시대부터 흥복사興福寺라는 절이 있었다고 한다. 1464년(세조 10) 불교신앙이 깊었던 세조가 원각사로 이름을 고치고 큰 규모로 중건하였다. 연산군 때는 기생방으로 전락하기도 했지만 사찰 건물은 그대로 있었다. 하지만 중종 9년 사림의 원각사 철거 주장이 받아들여져 10층 석탑과 비만 남고 사찰 건물은 다 사라졌고 그 터에 민가들이 들어선 채 조선 후기까지 유지되었다.

손병희 동상

이 터에 근대식 공원을 조성하자고 제안한 인물은 개항 이후 5대 총세무사를 역임했던 존 브라운(John Mcleavy Brown)이었다. 1897년 고종이 러시아영사관에서 경운궁으로 돌아오면서 공원으로 조성한 것으로 추정된다. 처음 이름은 파고다공원으로 서울에서는 첫 번째로 조성된 근대식 공원이다.

1910년 강제합병 이후 일제는 이 자리에 정자, 의자, 화단, 연못, 산책길, 전등, 수도 등을 설치했다. 이 공원이 우리 역사에 의미가 있게 된 것은 3.1 독립선언식 거행 장소이기 때문이다. 이날 새벽 이미 독립선언식을 예고하는 전단이 집집마다 뿌려졌고, 주요한 장소에는 벽보가 나붙었으며, 지하신문인 「조선독립신문」 창간호가 '독립선언서'와 함께 배달되었다.

학생대표 강기덕, 김원벽, 한위건 3인은 태화관에 가서 민족대표들을 모셔 오고자 하였으나 뜻을 이루지 못하였다. 민족대표들이 계획을 변경하여 여기에 나타나지 않자, 결국 군중 속에서 정재용(경신학교 졸업생)이 자진하여 팔각정으로 올라가 독립선언서를 낭독하였다.

낭독이 끝나자 3~4천 명의 학생들을 포함하는 수많은 군중들은 자기들끼리 독립선언서를 다시 낭독하고, "조선독립 만세"나 "대한독립 만세", "왜놈 물러가라!"를 외치며 길거리로 나섰다. 이때 함께했던 학생들 중에는 훗날 프롤레타리아 문학의 선구자가 되는 김기진(배재고보 재학), 『압록강을 흐른다』의 저자 이미륵과 풍자문학의 대가 채만식, 『상록수』의 저자 심훈도 있었다. 3.1 혁명 이후 공원은 일제에 의해 의도적으로 방치되어, 해방 전에는 공원이 아니라 쓰레기장에 가까웠다고 한다. 유명한 팔각정은 대한제국을 선포한 장소인 황궁우, 즉 원구단을 모방한 것인데, 팔각형은 하늘을 상징하는 원과 땅을 상징하는 사각 사이의 도형으로 하늘과 땅을 잇는 상징물이었다. 따라서 중국 황제를 사대하는 조선시대에는 지을 수 없는 건물이었고, 대한제국을 선포한 이후에나 건설이 가능했다. 이런 팔각정에서 대한제국 멸망 후 10년 만에 일반 시민들이 올라 독립선언서를 낭독하였다는 것은 단순히 일제로부터의 독립뿐 아니라 한국인 개개인이 직접 하늘과 소통하는 정치적 주체로 발돋움하겠다는 행동이기도 했다. 즉 그 자체가 혁명적 요소를 지니고 있었던 셈이다. 또한 당시 지식인들과 민중들이 독립을 '요구'하지 않고 '선언'했다는 것도 아주 중요하다. 노예의 삶에서 주인의 삶으로의 대전환이었던 것이다.

📍 종로 중앙기독교청년회 : 3.1 혁명 전 학생대표자 모임 장소

중앙기독교청년회(YMCA) 회관은 1908년 12월 준공되어 옆에 있던 한미전기회사와 더불어 1900년대 초기 종로의 전통적인 경관을 근대적인 경관으로 바꾸는 데 결정적인 역할을 하였다. YMCA 강당에서는 시국강연회는 물론 신문물을 소개하는 행사도 자주 열려 자연스럽게 많은 청년들이 모이는 장소가 되었다. 종로의 대표적인 근대 경관이었던 YMCA 건물은 안타깝게도 1950년 한국전쟁 와중에 소실되었다.

중앙기독교청년회가 3.1 운동에서 했던 역할은 1919년 1월 27일 종로구 관수동에 있던 중국음식점 대관원 모임을 주도했던 것이다. 중앙기독교청년회 간사 박희도의 주도로 모인 이 모임에는 강기덕, 주종의, 윤자영, 한위건, 김원벽, 한창식 등이 참여했다. 이 모임에서 '지금이 조선독립운동을 할 좋은 시기가 아닌가?'에 대해서 협의를 했다. 이 모임을 계기로 학생단지도부가 태동되었다. 2

월 17일경에 박희도는 천
도교와 기독교의 독립운
동 계획 과정에 대해 학
생지도부에 전달했다. 이
에 강기덕과 한위건은 2
월 20일 승동교회에서 김
형기, 김대우, 김원벽 등
과 함께 모임을 가지고
천도교와 기독교에서 진
행시키고 있는 독립운동

1920년대 말 기독교청년회

에 참가하는 문제를 논의했다.

해방 후인 1946년 2월 15일에는 좌익계열인 민주주의민족전선
결성대회가 열렸고, 김원봉, 이여성, 이태준, 김성숙 등이 참가하였
다. 현 YMCA 회관은 1960년부터 1967년에 걸쳐 완공된 건물인데,
이 건물 역시 민주화운동 시기에 중요한 역할을 했다. 대표적인 사
례가 1974년 12월 24일 장준하, 계훈제, 백기완 등이 주도한 '개헌
청원 백만인 서명운동'이었다. 2층 강당에서 이 선언이 발표되면
서 반유신 운동이 불이 붙었고, 결국 다음해 1월 8일 긴급조치 1, 2
호가 발포되었다. 1986년 5월 17일 민청련* 소속 회원들이 이 건물
에서 광주학살 원흉을 처단하라는 유인물을 뿌리고 현수막을 거는

---

*   민주화운동청년연합의 약자. 1983년 9월, 김근태를 의장으로 하여 민족통
일, 부정부패 특권정치의 청산, 냉전체제 해소 등을 목표로 하여 1970년대
학생운동을 주도했던 청년들이 중심이 되어 설립한 민중운동단체.

기습 시위를 벌인 적도 있었다.

📍 옛 종로경찰서 터: 독립투사들이 고문을 당한 장소. 현 장안빌딩

1900년 한미전기주식회사의 사옥으로 준공되었다. 이 건물은 1915년 회사가 일본인 경성전기회사로 넘어간 이후 1915년부터 1929년 8월까지 종로경찰서로 사용되었다. 이 건물이 종로경찰서로 쓰일 때인 1923년 1월 12일에 김상옥 의사가 폭탄을 투척하기도 했다. 당시 종로경찰서에는 '염라대왕'이라 불리는 고등계 주임 미와 와사부로(三輪 和三郞)가 악명을 떨치고 있었다. 미와는 수많은 조선인 독립운동가들을 체포, 악랄한 고문을 자행해 독립운동가들은 치를 떨었다. 경찰서가 이전한 이후에는 장안빌딩이 들어섰는데, 해방 후에는 이승엽을 비롯한 조선공산당 분파가 이곳에서 모였으므로 이들을 '장안파'라고 부르게 되었다.

종로경찰서 전경

일기당천의 열혈남아 김상옥

3.1 혁명이 낳은 독립운동 영웅 김상옥 (金相玉, 1890~1923) 의사는 서울 어의동 (지금의 효제동)에서 출생했으며 아버지 는 구한말 군인이었다. 일찍 아버지를 여의고 불우한 환경 속에서 자라났는데, 14세부터 낮에는 철공장에서 일하고 밤 에는 동흥야학을 설립하기도 했다. 그 러던 중 기독교 신자가 되었다. 23세 부

김상옥 의사

터 큰 물상회를 운영하면서 생계가 안정되자 3.1 혁명을 계기로 본 격적으로 독립운동에 뛰어들었다. 당시 여학생을 찌르려는 일경을 맨손으로 공격하여 칼을 빼앗았다는 일화도 남겼다.

1919년 4월 동대문교회 안의 영국인 피어슨 여사 집에서 혁신 단이라는 비밀결사를 조직하고 「혁신공보」를 발간하며 독립사상 을 계몽, 고취하였다가 일경에 체포되어 40여 일간 감옥에서 고초 를 겪기도 했다. 3.1 운동의 열기가 가라앉자 1919년 12월 민족반 역자 처단 암살단을 조직했다. 1920년 4월에는 친일민족반역자 여 러 명을 처형하고, 오성 헌병대분소를 습격하여 장총 3정 등을 탈 취하였다. 1920년 8월 미국의원단이 동양 각국을 시찰하는 길에 내한한다는 소식을 접하고 환영 나오는 사이토 총독을 암살하려는 계획을 세웠지만 일본 경찰에게 사전 탐지되어 동지들이 붙잡히고

말았다. 단독 거사를 추진했으나 여의치 않아 1920년 10월에 상해로 망명했다. 상해에 도착한 직후인 1920년 11월 의열단에 가입했다. 1921년 7월에는 독립운동자금 마련을 위해 국내로 들어와 충청도, 전라도 등지에서 자금을 마련해서 다시 상해로 들어갔다.

1923년 1월 사이토 총독이 일본제국의회 참석차 도쿄 행을 하는 것을 기회로 암살하려는 계획을 세우고 국내로 잠입했다. 상해를 떠나면서 의사는 "실패하면 자결해 뜻을 지킬지언정 포로가 되지 않겠다"라는 말을 남겼는데 의사는 이 말을 그대로 실천했다. 의사의 이 "유언"은 그가 다녔던 효제초등학교 교정에 비석으로 남아 있고, 이 학교의 체육관에는 그의 이름이 붙어 있으며, 학교 앞길의 이름 역시 의사의 이름을 사용하고 있다.

압록강 철교를 건너면서 경비 경관을 사살하고, 신의주에서는 세관검문소 보초를 권총으로 때려눕혔다. 상해 주재 일본 경찰의 통보로 서울은 이미 삼엄한 경비에 들어가 사이토 총독 암살은 실행에 옮겨지지 못했다. 그러는 중 1923년 1월 12일 밤 종로경찰서에 김상옥 의사가 던진 폭탄이 터졌다. 건물 일부와 행인 7명이 중경상을 입는 소동이 일어났다. 일본 경찰은 처음에는 폭탄 투척자가 누구인지조차 몰랐다. 하지만 은신하고 있던 후암동 매부 고봉근 집*의 행랑채에 살던 여자가 종로경찰서에 근무하던 친정 오빠에게 밀고를 해버렸다.

---

* 후암동 302번지이다. 최근 김상옥 의사 항거터임을 설명하는 안내판이 설치되었다.

1923년 1월 17일 새벽 3시에 종로경찰서 우메다, 이마세 두 경부의 지휘 아래 20여 명의 경찰이 은신처를 포위했다. 김상옥 의사는 단신으로 두 손에 권총을 들고 총격전을 벌여 형사부장 다무라 조시치(田村長七)를 사살하고 수 명에게 중상을 입힌 뒤 추격하는 일본 경찰에게 사격을 가하면서 눈 덮인 남산을 넘어 금호동에 있는 안장사에 이르렀다. 여기서 승복과 짚신을 빌려 변장하고 산을 내려왔는데, 짚신을 거꾸로 신어 일경들을 교란시키고 포위망을 돌파했다. 1월 18일 수유리 이모 집에서 유숙하고, 19일 자신의 고향 마을인 효제동의 교회 친구 이혜수의 집에 은신, 동상도 치료하면서 거사계획을 새로 구상하고 있었다. 하지만 1월 22일 효제동 은신처마저 종로경찰서 미와 형사에게 탐지되고 말았다.

일본 경찰당국은 4개 경찰서 총비상령을 내려 기마대와 무장경관 수백 명으로 은신처를 겹겹이 포위했다. 김상옥 열사는 이번에도 단신으로 두 손에 권총을 쥐고 다섯 채의 집 지붕을 뛰어넘으며 초인적인 시가전을 3시간 반에 걸쳐 전개했다. 항일운동 사상 전무후무한 경성 시내에서의 일인 전투에서 의사는 일경 10여 명을 사상했으나 탄환마저 다하여 마지막 남은 권총 한 발로 벽에 기댄 채 대한독립 만세를 부르면서 자결, 순국하였다. 순국 당시 의사의 몸에는 11군데의 총상이 나 있었다. 유해는 이문동에 묻혔다가 현재는 국립현충원 애국지사 묘역에 안장되어 있다.

1924년 상해임시정부 외교부장 조소앙趙素昻 선생이 의사의 전기를 지었고, 1962년 건국훈장 대통령장이 추서되었으며, 그의 순국지와 인접한 마로니에 공원에 의사의 동상이 서 있다. 그의 죽음

은 독립운동사에서 가장 장렬하고 극적인 것이었는데, 어쩌면 의
사에게 행복한 죽음이었는지도 모른다. 의열단원 중 제대로 거사
를 해보지도 못하고 죽어간 동지들과 해방 후 남북분단의 비극 속
에서 희생된 동지들에 비하면 말이다.

♀ 옛 경성지방법원 터 : 독립투사들이 재판을 받던 장소. 현 SC제일 은행 본점

1920년 7월 정동에 본격적인 법원 청사가 세워지기 전에 있던 경
성지방법원 자리이다. 그전에는 의금부가 있었다. 통감부가 1907
년 헤이그 특사 사건 이후 고종을 강제 퇴위시키고 '정미7조약'으
로 사법권을 강탈한 후 1908년에 재판소 건물을 이곳에 지었고, 병

105인 사건 당시의 사진

탄 후에는 경성지방법원과 복심법원으로 변경해 사용했다. 정동 이전 후에는 종로경찰서가 이전해 사용했고, 해방 이후에도 1957년까지 계속 종로경찰서로 사용되었다. 하지만 화신백화점 사장으로 유명한 박흥식朴興植이 신신백화점을 현 제일은행본점 자리에 지으면서 헐렸다. 옛 경성지방법원 건물은 1911년 105인 사건, 3.1 운동 독립투사들이 재판을 받았던 곳이다. 6.25 때도 살아남은 중요한 역사유적이 1957년 재개발 과정에서 파괴되어 버렸다.

📍 염상섭 동상: 오사카 독립선언의 주역

도쿄 유학생들의 2.8 독립선언 이후 일본에서는 한동안 항일 활동이 중단됐다. 2.8 선언 때 많은 학생이 구속되고, 많이 귀국했기 때문이다. 당시 일본 경찰에 따르면 도쿄 유학생 지도부가 본국 운동에 합류를 독려하면서 359명이나 귀국했다고 한다. 2.8 선언 당시 도쿄 유학생이 642명이었으니 절반 이상이 떠난 셈이었다.

　이런 상황에서 한인 노동자들이 몰려 살던 오사카(大阪)에서 항일 투쟁이 다시 시작되었다. 당시 게이오(慶應)대 유학생이던 염상섭(廉想涉, 1897~1963)이 주도한 '3.19 오사카 독립선언'이다. 훗날 리얼리즘 소설『표본실의 청개구리』,『만세전』,『삼대』등을 발표하며 문명을 날린 염상섭은 오사카 독립선언서에서 민족자결주의를 내세우는 한편, 일제가 조선을 동화시키기 위해 만든 '동조동근론(同祖同根論: 한국과 일본이 조상과 뿌리가 같다는 논리)'을 강력하게 비판했다. 당시「오사카아사히신문」은 '시내 조선인 검거, 불온

한 비밀 출판을 배포하고 시위 운동용 깃발 은닉'이라는 제목의 3월 21일자 기사에서 "19일 오사카 시내 덴노지[天王寺] 공원 음악당(공회당)에 집결한 조선인 24명이 체포됐다"고 보도했고, 같은 날「오사카마이니치신문」도 이 사건을 대서특필했다.

게이오대 동창생 변희용은 오사카 거주 노동자를 대상으로 한 독립운동을 권유했다. 당시 오사카 거주 한국인 3천여 명은 대부분 노동자였고, 학생은 얼마 되지 않았다. 변희용은 35원을 주면서, 시위 관련 문건을 작성하면서 출판법을 고려하여 등사 대신 골필(먹지를 대고 쓰는 필기도구) 사용을 조언했다. 염상섭은 오사카로 돌아가다가 기후岐阜 역에 내려 여관에서 자신이 쓴 독립선언서를 수십 장 만들고 16일 오사카에 도착했다. 이후 이경근 등을 만나 시위계획을 설명하고 독립선언서 서명을 요청했다. 이들은 학생 신분으로 나서기 어렵다며 거부했지만 대신 물적 지원을 약속했다.

염상섭은 두 사람과 격문 및 독립선언서를 각각 수십, 수백 통을 준비했다. 격문에는 19일 오후 7시 덴노지 공원에 모이라는 내용을 담았다. 18일 밤에는 오사카 공장지대를 돌며 한인 노동자들에게 격문과 붉은색 완장을 나눠주었다.

약속된 시간에 염상섭은 독립선언서 230장, 격문 1장, '대한독립' 깃발 하나, 일본어로 된 독립선언서 13장을 몸에 지니고 공원에 들어섰다. 원래 계획은 선언서 낭독과 만세 삼창을 한 뒤 시가행진을 하는 것이었다. 하지만 공원에 모인 노동자들에게 선언서를 나눠주고 낭독하자마자 현장에 잠복해 있던 일경들에게 붙잡혔다. 체포된 이는 그를 포함해 모두 24명이었다. 당시 체포된 노동자 중

좌공림左公林은 1926년 조선공산당에 입당해 2년 뒤 경기도책에 선출되었다. 그는 사회주의를 전파하다 일제 경찰에 체포돼 1929년 징역 2년형을 선고받았다.

독립운동 확산으로 신경이 날카로워진 일경은 염상섭을 엄벌에 처하려 했지만 시가행진이나 경찰과의 충돌이 일어나지 않아 내란죄는 적용할 수 없었다. 결국 주동자인 염상섭과 시위 준비를 도운 이경근, 백봉제만 출판법 위반 혐의로 기소하고 나머지는 석방했다. 일본 법원은 1심에서 염상섭에게 금고 10개월, 이경근과 백봉제에게 금고 3개월 15일을 선고했으나 그해 6월 열린 2심 재판에서는 무죄 판결을 내렸다. 염상섭은 감옥에 갇혀 있던 기간에도 일본 신문·잡지 지면을 활용한 선전전을 활발하게 펼쳤다. 「오사카아사히신문」과 「오사카마이니치 신문」은 염상섭이 거사하고 석방되기까지의 과정을 각각 6차례나 보도했다. 염상섭이 생전에 회고했듯이 자신이 체포되더라도 보도만 되면 효과는 날 것이라는 예상이 적중한 것이다. 석방된 뒤 염상섭은 그해 11월 노동운동을 지향하며 요코하마의 한 인쇄소에 노동자로 취업했다가, 1920년 「동아일보」 창간에 맞춰 정경부 기자가 되어 귀국했다.

사실상 염상섭의 단독 거사로 추진된 오사카 3.19 선언은 망국의 한을 품고 살아가던 오사카 한인 노동자들에게 민족의식을 불어넣어 주었다. 노동자들은 이를 통해 2.8 독립선언과 연이은 본국의 3.1 만세운동 사실을 뒤늦게 알게 되었고, 힘을 모아야 한다는 의식도 점차 생겨났다. 이러한 각성은 1920년대 오사카에서 벌어진 노동운동과 항일운동으로 이어졌다. 1925년에는 오사카의 한인 노

덴노지 공원

동자가 3만 4,311명으로 늘어나, 일본 전체 한인 노동자(13만 6,709명)의 25퍼센트를 차지했다. 물론 그들의 환경은 매우 열악했다. 1930년대 한인 노동자의 임금은 하루 평균 1엔 22전으로 일본인 노동자(2엔 5전)의 절반 수준이었다. 거사지인 덴노지 공원은 이후 4대 기념일 투쟁(3.1 운동 기념일, 국치일, 관동지진 조선인 학살일, 노동절)은 물론이고 조선총독 폭압정치 반대 투쟁 등이 열리면서 오사카 지역 한인들의 항일집회 거점 장소로 자리매김했다. 특히 1927년 6월 1일 덴노지 공원에서 열린 총독 폭압정치 규탄대회(4,000여 명 참가)는 도쿄 등 다른 지역으로 항일투쟁이 확산되는 도화선 역할을 했다.

염상섭은 1996년 '문학의 해'에 문인들에 의해 한국근대문학을 대표할 만한 인물로 선정되어 그의 동상이 종묘공원에 건립되었다. 2009년 종묘광장 정비사업의 하나로 작가의 생애나 작품과 무관한 삼청공원 약수터로 이전됐다. 이후 문화계와 시민사회는 '염

염상섭 동상은 가장 접근성이 좋은 동상이기도 하다.

상섭 동상'이 작가와도 연관이 있고 시민들이 쉽게 찾을 수 있는 장소에 자리해야 한다고 계속해서 주장하였고, 2014년 4월 1일 광화문 교보문고 앞으로 옮겨졌다. 이 동상은 누구나 앉아 휴식을 취할 수 있는 벤치 형태의 조각품이어서 그 가치를 더하고 있다. 염상섭은 4.19 혁명을 적극적으로 지지한 인물이기도 하다. (「동아일보」, 2019. 2. 9 기사 참조)

◉ 비전: 3.1 혁명 독립 만세 시위 현장

'대한제국대황제보령망육순어극사십년칭경기념비大韓帝國大皇帝寶齡望六旬御極四十年稱慶紀念碑'라는 긴 이름을 가진 비가 이 전각 안에 있다. 고종은 1852년생으로 1863년 12세에 왕위에 올랐다. 1902년은 고종의 나이가 망육순, 곧 육순을 바라보는 나이, 다시 말하자면 51세가 되는 해이자 어극, 곧 왕위에 오른 지 40년이 되는 해였다. 1901년 12월부터 황태자가 중심이 되어 이를 기념하는 존호를 올린 다음 잔치를 베풀자는 상소를 올려 이듬해에 축하 행사를 벌였다.

1902년(광무 6) 5월 4일에는 고종이 기로소耆老所에 들었다. 기로소는 정2품 이상 되는 고위 관원으로서 나이가 일흔이 넘은 인물들에게 예우를 갖추기 위해 설치한 관청이었다. 임금도 나이가 많으면 특별히 기로소에 드는 경우가 있었는데 태조가 60세, 숙종이 59세, 영조가 51세에 기로소에 든 전례가 있었다. 1902년에도 영조의 예에 따라 고종을 기로소에 들도록 한 것이다. 기로소는 육조거리의 동쪽 끝, 바로 오늘날의 광화문 네거리 교보빌딩 자리에 있었다. 그 기로소 한 모퉁이에 이 사실을 기념하기 위한 비석을 세우고 보호하기 위한 보호각으로 세운 전각이 오늘날의 '비전碑殿'이다.

이 건물은 왕이 아닌 황제로서 고종의 장수와 오랜 재위를 기념하기 위한 목적에 걸맞은 치장을 갖추고 있다. 지면에서 이중으로 기단을 쌓고 그 위에 정면 3칸, 측면 3칸의 다포식 건물을 지었다. 그 둘레에는 돌난간을 두르고 난간 기둥에 돌로 상서로운 짐승을 만들어 앉혔으며, 남쪽 정면에는 홍예문을 세우고 그 가운데 '만세문'이라는 이름을 새겨 넣었으며, 문짝은 철로 격자문을 해서 달고 가운데에 태극 문양을 넣었다.

비석을 보호하기 위해 지은 건물을 예전에는 '비각'이라고 불렀는데, 지금은 비각이 아닌 '기념비전紀念碑展'이라는 편액이 붙어 있다. 건물에 붙는 이름 가운데 '전殿'자는 왕이나 왕에 버금가는 인물과 관련된 건물에만 붙인 호칭이다. '비각'이라는 명칭 자체에 일

원 안의 인물이 훗날의 남로당수 박헌영. 옆 사진은 일제에 수감당한 박헌영의 사진

제의 조선왕조 비하 정책이 숨어 있는 것이다. 이 비전에 3.1 만세운동 당시 육조대로를 질러 광화문 앞까지 진출한 시위대를 구경하기 위해 군중들이 모여들었다. 그 장면이 사진으로 남아 3.1 당시 상황을 오늘날에까지 생생하게 전하고 있다. 어처구니없게도 만세문은 어떤 일본인이 떼어다가 충무로에 있는 자기 집 문으로 사용하였다. 한국전쟁 와중에 일부 파손되었지만, 1954년 7월에 비전을 보수하면서 찾아 다시 달았다.

📍 대한문 : 3.1 혁명 만세 시위 현장

대한문의 본래 이름은 대안문大安門이다. 대안문은 경운궁慶運宮의
정문이 아니라 동쪽 문이었다. 1896년 경운궁을 중건할 때 경운궁
의 정문은 남쪽의 인화문이었다. 하지만 인화문은 언덕에 가로 막
혀 답답했다. 그리고 대안문 앞으로 도로가 나면서 대안문이 자연
스럽게 경운궁의 정문 구실을 하게 되었던 것이다. 덕수궁德壽宮도
본래 이름은 경운궁이다. 덕수궁이란 호칭은 고종이 헤이그 특사
사건으로 일제에 의해 강제 퇴위되면서 일제가 고종에게 붙여준
'덕수'라는 궁호에서 유래하였다. '퇴위당한 임금 고종이 사는 궁'
이란 뜻의 '덕수궁'이 본래 이름 '경운궁'을 대신하여 그 이후 쓰이

대한문 만세시위 모습

72

게 된 것이다.

이 '덕수궁'에서 고종이 승하한 날짜는 1919년 1월 21일이다. 일제 당국은 하루 지난 뒤에 고종이 뇌일혈로 급서하였다고 간단히 발표하였다. 하지만 고종의 승하는 독살에 의한 것이라는 소문이 국민들 사이에 퍼져 나갔다. 1월 말을 기해 대대적인 국민대회를 열어 고종 독살의 진상을 공개적으로 규명하기 위한 전단 '고 국민대회 격고문'이 손병희 명의로 나돌아 고종의 독살설을 거의 '정설화'하였다. 고종 독살설은 국민들의 배일 감정을 극도로 높였고 전국에서 사람들이 망곡望哭하기 위하여 상복을 입은 채 서울로 모여들었다. 이들은 대부분 대한문 앞에 모여 있었는데, 이들에게 파고다공원에서 독립선언문을 읽은 만세 부대들이 들이닥쳤다. 문상객들도 자연히 만세 시위대가 되었다.*

1919년은 묘하게도 한국 근현대사의 거인들이 30년마다 세상을 뜬 시작이 되었다. 1919년에는 고종 황제가, 1949년에는 독립운동의 거성 백범 김구 선생이, 1979년에는 박정희 대통령이, 2009년에는 민주화 시대의 상징 김수환 추기경과 노무현, 김대중 전 대통령이 세상을 떠났기 때문이다. 2009년 노무현 대통령 서거 직후 대한문에는 분향소가 들어섰고, 어마어마한 추모객들로 장사진을 이루었다.

---

* 소설가이자 사학자인 송우혜는 『왕세자 혼혈결혼의 비밀』에서 고종의 죽음은 붕어 직전인 1월 17일에 발표된 왕세자 이은李垠과 나시모토노미야마사코(梨本宮方子. 훗날의 이방자 여사)의 결혼 소식에 의한 충격 때문이라고 보고 있다.

미국영사관 앞 3.1 만세 시위 모습

📍 미국영사관 앞: 3.1 혁명 만세 시위 현장

미국영사관 앞 3.1 혁명 독립 만세 시위대를 찍은 위 사진은 대한문 앞에 모였던 만세 시위대 중 일부가 덕수궁 안으로 들어가서 후문으로 나왔다가 미국영사관으로 몰려가는 역사적 장면을 증언하고 있다.

1919년에는 미국영사관 앞에서 신문로로 통하는 길이 나 있지 않았다. 길 대신 미국영사관 북쪽 언덕 위에는 2층으로 된 서양식 건물 돈덕전이 위치하고 있었다.

덕수궁은 고종이 살아 있을 때까지는 궁의 체면을 유지했지만, 고종이 세상을 떠나자 일제는 본격적으로 축소에 나서 덕수궁을 동서로 분단시켜 동쪽만 살려 놓고 서쪽은 파괴해 버렸다. 돈덕전도 덕수궁의 동서 분단 과정에서 사라졌는데, 현재 복원 준비에 들어간 상태이다.

📍 정동제일교회 : 기독교계 민족대표 서명 장소, 고보 학생대표 모임 장소

1876년 일본에 의해 강제로 개항된 조선은 1880년대 들어 서구열
강들에게 연이어 문을 열어주게 된다. 미국은 1882년 조선과 수
호조약을 맺었다. 이때부터 미국 내 개신교단들은 조선 선교에 적
극적이었다. 그 결과 1885년 미국 북감리회 선교사 헨리 아펜젤러
(Henry Gerhard Appenzeller)가 개신교 선교사로서 가장 먼저 조선에
입국하였다. 아펜젤러는 1885년 7월에 서울에 들어와서 정동 외국
인촌에 짐을 풀었다. 그리고 곧 한옥으로 된 교회를 열고 10월 11
일, 첫 예배를 올렸다.

늘어나는 신도 수를 감당하기 위해 1895년 일본인 요시자와 토
모타로(吉澤友太郎)의 설계로 새 교회를 착공했는데, 1898년에 준공
하였다. 그것이 빅토리아 시대의 전원주택 풍으로 지은 현재의 정

20세기 초의 정동제일교회

동제일감리교회이다. 19세기 교회 건물로서는 우리나라에 유일하게 현존하는 건물이기도 하다.

기독교 민족대표 정동제일교회 이필주 목사의 사택은 3.1 운동 전 기독교계와 학생들의 모임 거점이었다. 2월 25일과 26일 전문학교 학생대표들이 모여 3.1일 만세운동과 제2 만세운동에 대한 계획까지 이야기되었다. 27일에는 기독교 민족대표 서명자 10명이 모여 회합을 가지고 최남선의 독립선언서 초안을 돌려보고 기독교 민족대표 서명자 명단을 최종 확정하였다. 28일에는 중등학생 대표자 모임이 이필주 목사의 사택에서 개최되어 3월 1일 파고다 독립선언식의 최종 점검과 각 학교별 독립선언서 배포 계획이 짜여졌다.

정동교회는 한국전쟁 당시 폭격을 맞고 절반가량이 파괴되었다가 복구되었는데, 아마 그때 사택이 사라진 듯하다. 그 자리에는 국가보훈처의 기념비가 서 있는데, 한국인으로서 처음 이 교회를 맡은 최병헌 목사의 흉상만 있고 이필주 목사의 상은 없다는 게 아쉽다. 이필주 목사는 출옥 후 연화봉교회로 옮겼는데, 이때 YMCA 시절의 제자였던 김상옥 의사를 종로경찰서 폭파 전 한 달 동안 집에 숨겨주었다. 10월 14일에는 이 교회에서 김종우 목사의 주례로 유관순 열사의 장례식이 열렸다.

정동교회는 이렇게 독립운동의 공간이었지만, 동시에 친일행위의 공간이 되기도 했다. 1942년 3월 10일, 이 교회에서 33인 중 변절자 정춘수 목사를 회장으로 한 기독교조선감리단이 결성되었기 때문이다. 결의문 중에는 "외국선교회와의 관계 청산, 기도 찬송 설교 등에서 유약한 문구 제거, 성서 해석에는 일본교단의 그것을 표준으로 한다." 등의 내용이 있다.

📍 배재고보 : 3월 5일 남대문역 앞 학생연합시위 예비모임 장소

1885년 4월에 조선에 들어온 미국 북감리교회 선교사 아펜젤러는 7월에 서울에 들어와 8월에 배재학당을 설립했다. 처음에는 한옥 한 채를 구입해 두 칸의 벽을 헐어 교실을 하나 만들었다.

1886년 6월 8일에는 고종에게 배재학당*이라는 교명을 받게 되는데, 이 날이 배재중·고등학교 개교기념일이다. 배재학당은 우리나라 최초의 근대식 남자학교였다. 전국에서 배재학당으로 학생들이 몰려들자 교사를 신축할 필요성을 느낀 아펜젤러는 1887년 8월에 한옥교사를 대신할 양옥교사에 착공하여 그해 12월에 준공한다. 이 양옥교사를 배재학당 구교사라 하는데, 르네상스식 건물로서 벽돌조 1층의 연면적 100평의 교사였다. 설계자는 정동교회와 마찬가지로 일본인 건축가 요시자와 토모타로였다. 배재학당 구교사는 1932년 대강당 건축을 위해 헐렸다.

배재학당에서 두 번째로 지은 건물은 동관으로 1914년 5월에 착공하여 1916년 3월에 준공되었다. 붉은 벽돌로 쌓은 지상 2층, 반지하 1층의 건물인데, 현재까지 유일하게 현장에 보존되고 있으며,

---

* 조선시대 한양에는 동서남북 사부 학당이 있어, 당시로서는 중등교육을 담당했기에 한양 사람들에게는 학당이라는 단어가 익숙했다.

지금은 배재역사관으로 쓰이고 있다. 이 건물 뒤에는 아펜젤러의 동상이 서 있다.

세 번째로 지어진 건물은 서관으로 1922년 4월에 착공하여 1923년 3월에 준공되었는데, 건축양식은 동관과 같은 쌍둥이 건물로 지어졌다. 서관은 1984년 배재고등학교의 고덕동 이전과 함께 옮겨졌다.

배재학당 네 번째 건물인 대강당은 1932년 9월에 착공하여 1935년 5월에 완공된 400평의 철근 콘크리트 벽돌조 2층 건물이었다. 좌석은 1,300명을 수용할 수 있었다. 그러나 현 배재공원과 배재빌딩 건설 과정에서 헐려버리면서 중요한 근대건축물 하나가 사라지고 말았다.

배재학당은 우리나라 정치사에서도 중요한 역할을 했다. 이승만 초대 대통령이 아펜젤러가 가장 아끼는 학생 중 한 명이었기 때문이다. 해방 후 미국이 남한의 권력을 장악했을 때 이승만이 미군정에 의해 선택될 수 있었던 배경에는 배재학당에서부터 시작되는 미국과의 오랜 인연이 든든한 배경으로 작용했던 것이다. 아래 글은 만민공동회 사건으로 이승만이 감옥에 갇혀 있을 때 아펜젤러가 그의 가족을 도운 데 대해 감사를 표하는 편지다. 1899년 12월 28일자 아펜젤러의 일기 속에 끼어 있었다.

저희 가난한 가족들을 위해서 값비싼 담요와 쌀, 그리고 땔감 등을 보내주신 데 대해서 무슨 감사의 말을 드려야 할지 모르겠습니다. 동시에 저와 같이 비참하고 죄 많은 몸을, 감옥에 갇혀 있

배재학당 기숙사

는 가망 없는 상태로부터 구원해 주시고, 더욱이 의지할 데 없는 제 가족들에게 먹고 살아갈 양식을 주신 하나님께 진심으로 감사를 드립니다. 제게 주시는 하나님의 축복이 얼마나 놀라운지요. 제 부친께서 편지로 선생님의 크신 도움에 감사한다고 하셨습니다.

배재학당 터는 이렇게 우리나라 신교육의 발상지이고, 교회사와 정치사에서도 중요한 위치를 차지하는 역사적인 장소이다. 그래서 배재학원재단에서는 이 터에 배재학당을 다시 복원한다고 발표했지만 약속을 지키지 않았다. 대신 현대식 배재빌딩을 세워 실속을 챙기는 쪽을 선택한 것이다.

배재고보 기숙사에서는 1919년 3월 4일, 그 다음날 있을 남대문역 학생연합시위 준비모임이 있었다. 3월 1일 탑골공원에서는 학생지도부들이 앞장서지 않았지만, 남대문역 학생연합시위에서는 학생지도부들이 앞장을 서기로 계획하였다. 고종의 인산因山을 끝내고 지방으로 내려가려는 사람들로 붐비는 남대문역을 만세 시위 장소로 잡았는데, 3.1 혁명 기간 중 최대 인파인 수만 명이 참가했다.

당시 19세였던 배재고보 2학년 김동혁은 독립선언서와 지하신문이던 「조선독립신문」을 배포하여 1년 6개월 형을 선고받았는데, 그때 그가 한 말이 평범하면서도 감동적이다.

나는 조선 사람으로서 반드시 할 일을 한 것입니다. 그것은 좋은 일도, 나쁜 일도 아니었습니다. 그저 당연한 일일 뿐이었습니다.

이화학당: 현 이화여고

배재학당이 개설된 바로 옆에 아펜젤러와 같은 미국 북감리회 소속 여선교사 메리 스크랜턴(Mary Fletcher Benton Scranton)이 1886년 5월 31일 이화학당을 설립하였다. 배재나 이화 모두 학당이라는, 조선인들에게 익숙한 명칭을 사용해 서양식 교육에 대한 거부감을 줄이려 했다는 공통점을 가지고 있다. 1887년 명성황후는 스크랜턴 부인의 노고를 알고 이화학당이라는 교명을 내리고 외무독판 김윤식金允植을 통해 이화학당 편액을 보내기도 했다. 이화학당은 우리나라 최초의 근대식 여자학교이다.

초기 교사는 'ㄷ'자 한옥교사였는데, 수용시설의 한계 때문에 1896년 헐리고 1897년 본관이 착공되어 1899년 12월에 완공을 보게 된다. 이 본관은 한국전쟁(6.25 전쟁) 때 파괴되어 버렸다.

본관 다음으로 지어진 건물은 1914년 착공하여 1915년 3월에 준공된 심프슨기념관이다. 지하 1층, 지상 3층으로 세워진 벽돌조 건물로 현관이 약간 오른쪽으로 치우친 좌우 비대칭적인 구조를 하고 있는 것이 특색이다. 이화학당 건물로서는 유일하게 남아 있는 건물이다. 심프슨기념관은 2002년 2월에 '정동 이화여고 심슨기념관'이란 명칭으로 등록문화재 제3호로 지정되었다. 이 건물은 현재 이화역사관으로 쓰이고 있다.

이화학당의 세 번째 건물은 '손탁호텔' 자리에 세워진 프라이 홀(Frey Hall)이었다. 프라이 홀은 1922년 8월에 착공하여 1923년 9월에 준공되었다. 프라이 홀은 150명을 수용하는 기숙사, 교실 10개, 실험실 3개, 선생님들의 숙사 등과 수도, 전기, 스팀 시설을 갖춘 최신식 건물이었다. 이 건물은 6.25 전쟁(한국전쟁)에서도 살아남았지만 1975년 불의의 화재로 소실되었다. 학교 내에는 학생 유관순이 물을 길었다는 우물이 남아 있지만, 유감스럽게도 학생들이 다니는 학교, 더구나 여학교이기에 일반인들 특히 남성들의 접근이 쉽지 않다. 앞서 소개한 이화역사관 바로 옆에 열사의 동상이 서 있으니, 그것을 보는 정도로 만족할 수밖에 없다.

유관순 우물터

이화학당 학생들은 3월 1일에는 학교 측의

만류로 많이 참석하지 못했고, 경기여고보(현 경기여고)만 유일하게 참가했다. 5일 시위에는 이화학당 학생 대부분이 담장을 넘어서까지 참가하여 큰 힘이 되었다. 3.1 혁명은 우리나라의 거의 모든 분야에 깊은 영향을 끼쳤는데, 그중에서 여성운동을 빼놓을 수 없을 것이다. 많은 여성들이 조직적으로 3.1 혁명에 참여했으며 김마리아, 나혜석, 임영신, 최은희* 등 수많은 여성 지도자들을 낳았다.

인물열전 　　3.1 혁명의 상징 유관순 열사

유관순(柳寬順, 1904~1920) 열사는 충남 천안에서 출생했다. 1916년 감리교 공주교구의 미국인 여성 선교사의 도움으로 이화학당의 교비생으로 입학하였다. 1919년 3.1 운동이 일어나자 이화학당 고등과 1년생으로 참가하였다. 3월 5일 남대문역 앞 학생연합시위에 참가한 후 학교가 휴교하자 고향으로 내려갔다. 고향에서는 음력 3월 1일 아우내 장터(현 병천시장) 만세 시위가 일어났다.

아우내 장터 만세 시위에는 지령리교회(현 매봉교회)의 두 기둥이었던 조병옥의 아버지 조인원과 유관순 열사의 아버지 유중권이 있었다. 수천 명이 모인 만세 시위에서 유 열사는 선봉에 섰다. 일본 헌병은 시위를 잔인하게 진압했는데, 이 과정에서 유 열사의 부

---

* 　최은희는 당시 경성여고보 학생으로, 서울과 고향 황해도 배천에서 시위를 주동하여 9차례나 연행되었다. 「조선일보」에 입사하여 한국 최초의 여기자로 역사에 남았다.

모는 일본 헌병의 총칼에 피살당하고 말
았다. 유 열사는 주동자로 검거되어 무자
비한 고문을 당했으나 굴하지 않았다. 공
주지방법원에서 3년형을 선고받았으나
이에 불복·항소하여 경성복심법원에서
재판을 받았다. 재판 과정에서 독립 만세
를 외치며 일제의 침략을 규탄하고, 일제
법률에 의하여 일제 법관에게 재판받는
부당함을 역설하다가 법정모욕죄가 가
산되어 징역 7년형을 선고받았다. 그러
나 열사는 서대문형무소에서 복역 중에
도 틈만 있으면 독립 만세를 외쳤고, 그
때마다 간수에게 끌려가 모진 고문을 당

유관순 동상

했다. 유관순은 불굴의 투혼으로 옥중투쟁을 계속하다 1920년 9월
28일, 17세의 나이로 서대문형무소에서 옥사하고 말았다.

정동교회에서 장례를 마친 열사의 유해는 이태원 공동묘지에 묻
혔으나, 훗날 공동묘지가 일본군 기지로 바뀌면서 망우리 공동묘
지로 이장되는 과정에서 유해가 사라졌다.[**] 훗날 고향 천안에 열
사의 초혼묘가 1989년에 건립되었다. 2019년 열사의 항일투쟁을
다룬 영화 「항거」가 개봉되어, 115만의 관객을 모았다.

[**] 최근 이태원부군당 역사공원에 유관순 열사 추모비가, 망우리 묘지에는
합장묘에 추모비가 세워졌다.

📍 경교장

지하철 5호선 서대문역 4번 출구를 나와 조금 걸으면 현대식 강북삼성병원 건물 밑에 깔린 듯이 서 있는 2층짜리 건물이 보인다. 그 건물이 경교장이다. 지금은 강북삼성병원 부속 건물처럼 보이지만, 백범 김구 선생이 1945년 11월 23일 귀국한 뒤 1949년 6월 26일 새벽, 안두희에게 저격당하여 돌아가실 때까지 3년 7개월 간 거처했던 역사적인 장소이다.『백범일지』에 보면 다음과 같은 구절이 나온다.

> 나는 기쁨과 슬픔이 한데 엉클어진 가슴으로 27년 만에 조국의 신선한 공기를 마시고 그리운 흙을 밟으니 김포비행장이요, 상해를 떠난 지 세 시간 후였다. …… 동포들이 여러 날을 우리를 환영하려고 모였더라는데, 비행기 도착 시일이 분명히 알려지지 못하여 이날에는 우리를 맞아주는 동포가 많지 못하였다. 늙은 몸을 자동차에 의지하고 서울에 들어오니 의구한 산천이 반갑게 나를 맞아주었다. 내 숙소는 새문 밖 최창학 씨의 집이요, 국무원 일행은 한미호텔에 머물도록 우리를 환영하는 유지들이 미리 준비하여 주었었다.

김구 선생이 개인 자격으로 동포의 환영도 받지 못하고 김포비행장에서부터 미군 장갑차에 갇혀 처음 도착한 곳이 경교장이었다. 김구 선생은 그 위치를 '새문 밖'이라고 했다. 그 시절 사람들에

백범 김구 선생
집무 모습

겐 아직 서울도성이라는 개념이 강하게 존재했었기 때문일 것이다. 새문은 새로 만든 문이란 뜻으로 돈의문(서대문)을 말한다. 경교장은 금광을 경영하여 거부가 된 최창학이 1936년 8월에 짓기 시작하여 2년 만에 완공한 최고급 주택으로서 원래 이름은 죽첨장이라 했다. 죽첨은 갑신정변 당시 일본 공사였던 다케조에 신이치(竹添進一郎)의 성인데, 일제가 그를 기린다며 지명으로 사용했다. 그 당시 일본 공사관이 서대문 천연동 부근에 있었기 때문이다. 인근에 있는 금화초등학교의 원래 이름도 죽첨소학교였다.

최창학은 해방이 되자 친일행위를 뉘우친다며 이곳을 김구 선생의 거처로 제공했다. 김구 선생은 이 집의 이름을 근처에 흐르던 만초천 위에 놓인 다리인 경교에서 이름을 따 경교장京橋莊으로 바꾸었다. 지하 1층 지상 2층, 1,584평의 이 건물은 경성제국대학 본관 건물을 지은 한국인 건축가 김세연이 설계했다.

경교장은 파란 많은 해방정국에서 임시정부 공관, 한국독립당의 활동지이자 반탁운동의 중심지로 역할을 했다. 그리고 1948년 4월 19일 김구 선생이 반공학생들의 반대 시위 속에서도 남북협상을 위해 길을 떠난 곳도 바로 이곳 경교장이었다. 김구 선생이 서거한 후 경교장은 많은 곡절을 겪게 된다. 서거 직후 경교장은 대만 대사관저로 사용되다 한국전쟁 때에는 미 특수부대가 주둔하기도 했다. 또 휴전 후에는 월남 대사관저로 사용되는 등 여러 차례 주인이 바뀌다 1967년에 삼성 그룹에게 넘어갔다.

경교장은 이후 두 번이나 헐릴 뻔했다. 1968년 경교장 뒤에 9층짜리 고려병원을 지으면서 경교장을 철거할 계획이었지만 여론에 밀려 철거하지 못하고 내부 수리만 해서 9층짜리 병원건물과 연결해 본관으로 사용하였다. 1996년 2월 강북삼성병원이 경교장을 효창공원으로 이전하고, 그 자리에 17층 규모의 병원을 세운다는 계획서를 서울시에 제출할 때가 두 번째 위기였다.

이때에도 여론의 압력에 밀려 경교장을 철거하지 못하였다. 2001년 4월 6일, 서울시는 경교장을 서울시 유형문화재 제129호로 지정하였다. 그리고 2009년 12월 말 서울시는 그동안 김구 선생의 집무실만 복원하여 공개하던 경교장을 삼성과 건물 전체를 원형 복원하기로 합의하였다. 이런 우여곡절 끝에 2011년 11월 복원공사가 완료되어 일반에 공개되었다. 대한민국임시정부의 마지막 청사이자, 현재 서울에 남아 있는 김구 선생의 유일한 유적인 경교장이 시민의 품에 돌아온 것이다. 복원된 경교장, 특히 백범의 숙소이자 암살당한 방은 필자의 예상대로 일본식 다다미방이었다. 안

두희의 흉탄으로 깨진 유리창은 다행히 아직도 남아 있다. 3.1 혁명으로 세워진 임시정부를 광복 때까지 실질적으로 짊어지고 나갔던 백범 김구는 3.1 정신을 가장 잘 체현한 인물이라고 할 수 있을 것이다.

📍 딜큐샤 가옥

경교장에서 한양도성 길을 따라 1킬로미터 정도 걸으면 홍난파 옛집이 나오고, 다시 200미터 정도 걸으면 아주 이국적인 이름인 '딜큐샤'가 나온다. 사실 '딜큐샤(Dilkusha)'는 행복한 마음, 기쁨, 이상향을 뜻하는 힌두어이니 이국적일 수밖에 없다. 딜큐샤에 어떤 내력이 숨어 있는지 알기 위해서는 테일러 가문의 이야기를 알아야 한다. 알버트 와일드 테일러(Albert Wilder Taylor, 1875~1948)는 금광을 개발하기 위해 온 아버지 죠지를 따라 1897년에 우리나라로 건

알버트 테일러

너왔다. 알버트 테일러는 아버지처럼 금광기술자였는데, 무역업에도 손을 대 동생 빌과 함께 서울 태평로에 '테일러 상회'를 운영하면서 미국산 자동차부 터 만년필까지, 그리고 영화 필름 수입 과 배급까지 다양한 물품을 취급했다.[*] 알버트 테일러는 광산업, 무역업뿐 아 니라 UPI통신 서울특파원도 겸하고 있 었다.

알버트 테일러는 무역업을 하는 중에 1917년 당시 상하이, 요 코하마 등에서 활약하던 미모의 영국 연극배우 메리 린레이(Mary Linley)를 만나 결혼하게 된다. 둘 사이에 1919년 2월 28일, 3.1 독 립만세운동 하루 전날 세브란스병원에서 태어난 아들이 브루스 테 일러였다. 만세운동 준비로 어수선했던 그날, 갓 태어난 아들 브루 스의 침대 밑에는 독립선언문이 숨겨져 있었다. 바로 그날 밤 알버 트는 동생 빌에게 독립선언문을 숨겨 도쿄로 가게 했다. 메리 테일 러의 책에는 이 부분이 이렇게 묘사되어 있다.

바로 그날 첫 아들이 태어났다. 나는 의식이 몽롱한 상태에서도 병원에 뭔가 엄청난 일이 벌어지고 있다는 걸 어렴풋이 느낄 수

---

[*] 　테일러 상회에 대해 더 자세하게 알고 싶으면, 돈의문 역사박물관에 가보 면 된다. 북창동 먹자골목에 가면 최근 테일러 상회의 간판을 단 건물이 들 어섰는데, 무슨 일인지 오랫동안 개장을 하지 않고 있다.

있었다. 병실 문이 계속 열리고 닫히는 소리가 들렸다. 사람들은 속닥이다가 고함을 지르고, 쿵쿵거리며 뛰어가다가 발끝으로 조심스럽게 걸어가는 일들을 반복했다. 나중에는 내 방에 사람들이 숨어들어 왔다는 느낌이 들었는데, 눈을 떴을 때 수간호사 선생님이 아이가 아니라 종이 한 뭉치를 들고 있는 모습이 보였다. 그리고는 그 종이 뭉치를 내 침대보 밑에 밀어 넣었다. 병원 밖 도로는 혼돈 그 자체였으며, 비명소리와 총성이 때때로 들렸고 노래 소리가 들리기도 했다. 하지만 끝없이 반복되는 커다란 외침이 있었는데 그것은 바로 '만세! 만세!' 소리였다. 마치 사자가 포효하는 소리 같았다. '만세!'

"여기 사람들이 병원 침대보를 보관하던 곳에 인쇄기를 숨겨두었는데, 일본 경찰이 병원을 급습해 수색했어요. 결국 인쇄기를 발견하고 한국 직원들도 몇몇 체포했는데 끝까지 인쇄물을 못 찾았죠."

"혹시 선생님이 제 침대 밑에 집어넣은 그 종이뭉치를 말하는 거예요?"

병실이 어둑어둑해질 무렵 잠에서 깼는데, 알버트가 침대 옆으로 다가오고 있었다. 남편은 내게 키스하고 어색하게 아이를 안다가 내 침대 밑에 숨겨져 있던 종이뭉치를 발견했다. 그는 갑자기 아이를 내려놓더니 급히 아직 빛이 남아 있는 창가로 가 그 문서를 읽기 시작했다. "이건 독립선언서잖아!" 그는 놀라서 소리를 질렀다. 장담컨대, 그날 밤 신참특파원 알버트는 자기 후계자, 첫 아들이 태어난 것보다 독립선언서를 발견한 일에 더 흥분하고 있었다. 바로 그날 밤 알버트는 동생 빌에게 독립선언서 사본을 구두 뒤축에 숨기고 서울을 떠나 도쿄로 가게 했다. 선언서 발행 금지 조치가 내려지기 전에 알버트가 쓴 기사와 함께 미국으로 전송하기 위해서였다.

이처럼 우리나라 독립운동에 관심이 많았던 알버트는 수원 제암리 학살 사건이 발생하자 언더우드와 스코필드(Frank Schofield) 등의 선교사들과 함께 제암리로 내려가 그 학살 현장을 취재하였고, 일제의 만행이 담긴 사진들을 당시 총독이던 하세가와에게 내보이며 학살을 중지시키는 데 큰 역할을 하기도 했다.

1920년 알버트는 거대한 은행나무가 있는, 임진왜란 때 행주산성 전투에 승리한 권율(權栗, 1537~1599) 장군의 소유였다는 행촌동 1-18번지 터를 구입했다. 그 자리에 1923년 '희망의 궁전 딜큐샤'를 지었다. 메리 테일러 부인은 자서전에서 '딜큐샤' 건축과정을 자세하게 묘사했다. 건축 초기에 '은행나무 아래 있는 우물은 대대로 마을 사람들이 공동으로 사용하는 우물'이라며 딜큐샤 건축을 반대하는 마을 사람들에게 '앞으로 우물 하나는 계속 개방하겠다'며 마을 사람들을 달래야 했고, 부지가 경사진 바위로 이루어진 곳이라 발파로 땅을 고르고 주춧돌을 놓아야 하는 등 많은 어려움이 있었다. 하지만 이 모든 과정이 끝나고 1923년 집이 준공되자, 메리 테일러 부인은 이렇게 썼다.

모든 준비가 끝났을 때 머릿돌에 우리 집 이름을 새겼다. 나는 인도에서 '딜큐샤 궁전'을 본 순간부터 우리 집에 '딜큐샤'라는 이름을 붙이는 순간을 꿈꿔왔다. '희망의 궁전, 딜큐샤!' 커다란 화강암 주춧돌 위에 올라서면 한국이 화강암처럼 단단한 나라라는 것을 느낄 수 있었다.

메리 테일러

하지만 이 '궁전'에서의 삶은 끝까지 갈 수 없었다. 1941년 12월 7일 진주만 기습 이후 일제는 당연히 미국인들을 가만두지 않았다. 알버트는 출국을 거부한 대가로 6개월 동안 집 건너편에 있는 서대문형무소에서 옥고를 치러야 했으며, 결국 1942년 5월 강제 추방당하고 말았다. 그는 1948년 심장마비로 세상을 떠났다. 알버트는 "내가 사랑하는 땅 한국, 아버지의 묘소 옆에 나를 묻어 달라"라는 유언을 남겼다. 그와 아버지 죠지의 무덤은 마포 양화진 외국인 묘지에 있다.

메리 테일러 부인은 1982년 93세를 일기로 영국에서 사망하면서 한국 생활에 대한 이야기를 중심으로 한 글을 남겼다. 어머니가 남긴 원고를 아들 브루스 테일러가 다시 베껴 쓰고 원고를 정리하여 1992년에 나온 책이 『호박 구슬 목걸이(Chain of Amber)』이다. 2006년 2월 6일 브루스 테일러는 그의 부인과 딸 제니퍼와 함께 한국을 방문하여 기적적으로 딜큐샤가 남아 있음을 확인하고, 서울명예시민증을 수여받았다. 테일러 일가가 추방된 뒤 이 주택은

딜큐샤

오랫동안 자유당 의원 조경규가 소유했다. 1963년 그는 부정축재자로 지목되어 재산을 몰수당했는데, 이때 딜큐샤도 정부에 몰수되었다. 이후 방치 상태로 빈민들이 무단 점유·거주하는 집으로 전락하였는데, 오히려 이 덕분에 소유권이 불분명하게 되어 지금까지 남게 되는 '기적'이 일어난 것이다.

할아버지에서 시작된 한국과의 인연은 이제 증손녀 제니퍼에까지 이어지고 있다. 이처럼 4대에 걸친 한국과의 인연이 그냥 책 한 권으로만 남았다면 우리의 기억에서 쉽게 잊혀졌을지도 모른다. 하지만 '딜큐샤'가 아직 그 자리에 거의 본 모습 그대로 살아 있어 우리는 '잊어서는 안 되는 이야기'를 잊지 않게 된 것이다. 건물이 살아 있다는 매력은 그 건물이 간직하고 있는 이야기를 그 곳을 찾을 때마다 들을 수 있다는 데 있지 않을까 싶다. 그 후 서울시와 기획재정부, 문화재청, 종로구는 2016년 2월 26일 딜큐샤의 보존·관리 및 활용을 위한 양해각서를 체결하여 정부와 서울시의 공동 부담으로 딜큐샤를 원형으로 복원하고, 문화재로도 지정하여 3.1 운동 100주년이 되는 2019년 민간에 개방할 예정이었다. 하지만 건물 내 잔류하던 주민과의 법적 분쟁으로 연기되었는데, 현재는 내부까지 복원된 상태로 개방되어 시민들의 사랑을 받고 있다.

1904년 독립문의 모습

♀ 독립문

독립문 고가도로 밑 성산로와 의주로가 교차하는 지점에 높이가 14미터가 넘는 커다란 돌문이 서 있다. 바로 대한제국이 중국과 일본, 러시아, 그밖의 서구 열강과 동등한 자주독립국임을 국내외에 선포하기 위해 세운 것으로 알려져 있는 '독립문'이다. 정확하게 말하면 1896년 독립협회 발의로 3,825원을 모금해 1896년 11월 21일 정초식을 거행하고 이듬해 11월 20일 완공했다.

본래 독립문 자리에 있던 것은 '영은문迎恩門'이었다. 부근에 있던 모화관慕華館과 함께 한양에 당도한 중국 사신들을 맞이하기 위한 시설로, 지금은 독립문 앞에 영은문을 떠받치고 있던 돌기둥 두

개만이 우두커니 남아 있는데 사적 33호로 지정되어 있다. 참고로 독립문은 사적 32호이다.

그런데 '사대주의의 상징'인 영은문과 모화관의 철거, 그리고 독립문의 건립을 주도한 세력은 일반적으로 알려진 바대로 독립협회나 대한제국의 민중들만은 아니었다. 1895년 청일전쟁에서 승리한 일본도 은밀히 큰 역할을 하였다. 표면적으로는 독일공사관에 근무했던 스위스 기사가 설계를 하고, 실무는 한국인 기사 심의석이 맡았으며, 노역은 주로 중국인 노무자가 맡아 완공하였다. 독립문 아치 이마 돌에는 조선왕실의 문장인 이화문이 새겨져 있고, 그 위의 앞뒤 현판석에는 각기 한글과 한자로 '독립문'이라고 새겨져 있다. 글씨는 독립운동가 김가진 또는 매국노로 유명한 이완용이 썼다는 설이 있다.

일본의 개입은 일제강점기 들어서 증명되었다. 1928년, 지금의 서울시청에 해당하는 경성부청이 독립문을 대대적으로 수리했다. 1936년에는 아예 고적, 즉 문화재로 지정해 보호하기에 이른다. 대한제국의 자주독립 의지를 보여주는 상징인 독립문을 일제가 나서서 수리하고 보호한 것이다. 자기들이 놀기 좋아 남겨둔 경회루와 조선왕조의 정전이라 차마 부수지 못한 근정전을 제외하고 사실상 경복궁을 모두 파괴하고, 경희궁은 아예 없애버렸으며, 창경궁은 창경원이라는 동·식물원으로 전락시켰던 전례에 비춰 보면 의아할 수밖에 없는 조치이다.

그 단서는 앞서 1876년 조선과 일본이 맺은 강화도조약에서 "조선은 자주국으로서 일본과 평등한 권리를 갖는다"라는 조항에서 찾을 수 있다. 또한 청일전쟁에서 승리한 일본이 청나라와 맺은 시모노세키(下關)조약 제1조에서도 "청나라는 조선국이 완전한 자주독립국임을 인정한다"라고 명시하고 있다. 즉 일본이 영은문 철거와 독립문 건설을 부추긴 것이다.

강화도조약은 그렇다 치더라도 시모노세키조약에서까지 굳이 조선의 자주와 독립을 운운한 이유는 다른 데 있지 않았다. 조선에 대한 중국의 전통적인 종주국 지위를 청산하여 중국의 간섭 없이 조선을 지배할 수 있는 길을 트기 위함이었던 것이다. 다시 말해 독립문의 '독립'은 완전한 '대한제국'의 자주독립 의지를 의미했던 것이 아니라 '중국'으로부터의 독립만을 의미했던 것이다.

이를 증명하듯 독립문 바로 옆에는 나라가 정식으로 망하기도 전에, 외국인의 손으로 만들어져 외국인이 동포를 잡아 가두는 감옥이 생기고 만다.

📍 서대문형무소 역사관

1907년의 제3차 한일협약에서 일본은 대한제국의 사법권을 빼앗아 버렸다. 이후 대한제국 정부의 감옥은 통감부의 감독 아래 들어간다. 서대문감옥은 일본인 시텐노 가즈마(四王天要馬)가 고안·설계하여 5만 엔의 공사비로 1907년에 준공했다. 처음에는 옥사와 부속 건물로 면적이 480평, 수용인원 500여 명 규모로 경성감옥으로부터 기결수를 이감했다. 1908년에는 경성감옥으로 개칭하고, 1912년에는 경성감옥을 공덕동(현재의 서부지원 자리)에 신축했기 때문에 영천의 감옥을 서대문감옥으로 개칭하였다.

3.1 혁명 때에는 검거자가 급증하면서, 서대문 감옥에는 독립선언서의 첫 번째 서명자 손병희 등 30여 명이 미결수 3,000여 명과 함께 수감되었다. 만 15세의 여학생 유관순의 수감도 이때의 일이다.

김구, 안창호, 한용운, 윤봉길, 여운형, 심훈, 김광섭, 함석헌, 강우규, 송학선, 최현배, 이희승, 김교신, 이재명, 이재유, 안명근, 허헌, 양기탁, 홍명희, 조병옥, 이현상, 김동삼, 유림, 조봉암, 나혜석, 김상옥…… 등 1945년까지 이곳에 갇히고 옥사하거나 형장의 이슬로 사라진 지사들의 수는 이루 헤아릴 수 없을 정도다. 이소가야 스에지(磯谷季次)나 미야케 시카노스케(三宅鹿之助)와 같이 우리의 독립운동을 돕다가 감옥에 같이 들어간 일본인과 앨버트 테일러 등 외국인도 적지 않았으니, 차라리 이곳에 갇히지 않았던 지사들을 찾는 편이 훨씬 빠를 것이다. 육당 최남선은 3.1 혁명 때 수감되고, 해방 후에는 잠시 동안이지만 반민족행위로 반민특위에 검거되어 다시 이곳에 수감되는 기이한 인연을 맺었다.

일제는 1923년에 '감옥'을 '형무소'로 개칭하고, 18세 미만의 여성 수형자는 서대문형무소로, 무기와 10년 이상의 남성 수형자는 경성형무소와 대전형무소로 수용하였다. 해방 후 1945년 10월 13일 미군정은 경성형무소를 서대문형무소로 합쳤다. 1961년에는 서울교도소로, 1986년에는 서울구치소로 개칭되었다. 서울구치소는 1987년 경기도 의왕시로 이전했다.

한때 노태우 정권은 이곳을 민간에 팔아서 아파트를 지으려 했

서대문형무소 전경

지만, 광복회 등의 반대에 부딪혀 기념시설 건립이 추진되었다. 서울시는 법무부로부터 부지와 시설을 매입하여 1988년 12월부터 조성공사를 시작, 1992년 8월 15일 서대문 독립공원으로 개원했다.

하지만 많은 옥사와 담장이 허물어졌고, 6개의 감시탑 중 2개만 살아남았다. 대신 용도를 잘 알 수 없는 기념시설이 들어섰다. 특히 1992년 7월 27일에 완공한 유관순 열사 지하옥사 보호각은 한눈에 봐도 왜색이 짙은 건물이어서 많은 논란을 낳았다.

일제하 의병·독립운동과 1970, 80년대 민주화운동의 중요한 유적인 서대문형무소는 군사독재정권 후예들이 공원화 사업을 추진함으로써 1970, 80년대 민주화운동의 흔적은 하나도 남기지 않은 역사 말살의 현장이 되었다가, 2010년부터 상당 부분 회복되고 있다. 이후 김기덕 감독의 「숨」, 강우석 감독의 「이끼」, 이준익 감독의 「박열」, 드라마 「드라마의 제왕」 등 많은 영화와 드라마의 촬영장소로의 역할도 해냈다.

만해 한용운이 3.1 운동으로 서대문형무소에 갇혀 있을 때 지은 시를 읽어보면서 독립투사들이 치른 고생을 조금이나마 느껴보는 것도 의미 있는 일일 것이다.

雪夜설야

四山圍獄雪如海사산위옥설여해

衾寒如鐵夢如灰함한여철몽여회

鐵窓猶有鎭不得철창유유진불득

夜聞鐘聲何處來야문종성하처래

옥 주위에 내리는 눈은 바다와 같고

이불 차기는 쇠붙이요 꿈 또한 재라

철창도 매놓지 못하는가

밤에 들리는 종소리 어디서 오는가

4.19 민주올레

함께 걷는 민주올레

3.1운동 및 대한민국임시정부 수립 100주년 기념

2019년 4월 14일(일)
오후 2시 30분
혜화역 2번 출구 앞

인 원 : **30명** 선착순 접수
참가비 : 무료 *위플이 비용 IN
길잡이 : 한종수 작가
　　　　(강사역 도착, 사사로에 기면 무료는)
신 청 : 민주올레 강옥천
　　　　010-9871-8279
　　　* 신청인명(필자)기한수/연락처 공자신청

구 서울대 · 서울대병원 · 동대문 경찰서
교하대왕 이승만동산 · 구 내무부
구 혀국대사관 · 서울시청 · 구 국회의사당
구 대법원 · 4.19 학생 기념탑

민주 인권 평화의
역사적 현장들을 따라 길으의
역사와 장이에 대해
생각하며 공고 답하는

4 19
민주
올레

주최
민주올레
문화예술기획 서연

4.19 민주올레 코스

● 서대문형무소

● 옛 중앙청 터

● 마로니에공원

● 이화장

● KT

● 혜화경찰서

● 동대문

옛 평화극장

4.19혁명기념관 ●

● 서울프레스센터

고려대생 습격장소

●
옛 대법원
(현 서울시립미술관)

4.19 혁명, 대한민국 헌법 전문에

4.19 혁명은 전국 방방곡곡에서, 초등학생에서 노인에 이르는 각계 각층이 대중적으로 참여한 민주화운동이다. 1960년 3월초부터 일어난 시위는 3.1 혁명처럼 전국적으로 퍼져나갔고, 재미 유학생들까지 참가하였다. 뒤에서 보겠지만, 참가자들은 개인이건 집단이건 3.1 혁명의 기억을 끊임없이 소환하였다.

결국 이승만 정권이 퇴진하면서, 4.19는 우리나라 역사에서 처음으로 민권이 승리한 혁명이 되었고, 5월 광주, 6월 민주항쟁 등 훗날에 일어난 민주화운동의 초석이자 영감이 되었다. 현 헌법의 전문에도 당당히 4.19 혁명의 이념이 올라가 있을 정도다.

유구한 역사와 전통에 빛나는 우리 대한국민은 3.1 운동으로 건립된 대한민국임시정부의 법통과 불의에 항거한 4.19 민주이념을 계승하고, 조국의 민주개혁과 평화적 통일의 사명에 입각하여 정의·인도와 동포애로써 민족의 단결을 공고히 하고, 모든 사회적 폐습과 불의를 타파하며, 자율과 조화를 바탕으로 자유민주적 기본질서를 더욱 확고히 하여 정치·경제·사회·문화의 모든 영역에 있어서 각인의 기회를 균등히 하고, 능력을 최고도로 발휘하게 하며, 자유와 권리에 따르는 책임과 의무를 완수하게 하여, 안으로는 국민생활의 균등한 향상을 기하고 밖으로는 항구적인 세계평화와 인류공영에 이바지함으로써 우리들과 우리들의 자손의 안전과 자유와 행복을 영원히 확보할 것을 다짐하면서 1948년 7월 12일에 제정되고 8차에 걸쳐 개정된 헌법을 이제 국회의 의결을 거쳐 국민투표에 의하여 개정한다.(1987년 10월 29일)

이런 빛나는 성과에도 불구하고 60년이 넘어가는 4.19 혁명은 희생자를 낸 일부 학교에도 기록이 남아 있지 않는 현실에서 보듯이, 잊혀져 가고 있는 혁명이기도 하다. 이 책이 4.19의 정신을 되살리는 하나의 계기가 되었으면 한다.

서울의 4.19 혁명과 '민주올레'

4.19 혁명은 3월 15일 마산에서 시작되었지만, 서울에서의 대규모 시위가 결정적 역할을 했다. 3.1 혁명 때와 마찬가지로 당시 서울 시가지 전역이 4.19 혁명 유적지라고 할 수 있지만. 서울의 4.19 올레길은 중요한 곳, 즉 시위가 결의되고 실행되기까지의 과정을 되새겨 볼 수 있는 코스로 구성했다. 이승만 하야에 결정적 역할을 한 교수단 모임 장소, 대학교와 고등학교, 이승만 전 대통령의 사저, 4.19의 대표적 시인 김수영의 옛집 터, 시위가 벌어지고 학생과 시민들이 쓰러져간 장소, 학살의 주범들이 처벌된 법원 등을 둘러본

다. 우리가 무심코 찾는 마로니에공원, 종로와 을지로, 서울시의회가 있는 태평로, 덕수궁 돌담길이 바로 4.19 혁명의 발자취가 남아 있는 공간들이다.

4.19 혁명 직전의 상황

1950년대 후반, 80대에 접어든 이승만 대통령은 육체적·정신적으로 쇠약해지면서 지도력이 크게 약화되었으며, 2인자 이기붕도 동신경실조증이란 희귀병을 앓고 있어 건강이 좋지 않았다. 이 때문에 집권당인 자유당 강경파와 경무대(오늘날의 청와대)의 비서진이 정치를 좌우하게 되었고, 대통령은 '인의 장막'에 가려져 장관들도 대통령을 만나기 어려운 지경에 이르렀다.

1959년 12월 야당인 민주당은 대통령 후보 지명대회를 열어 구파인 조병옥이 대통령 후보로 선출되었고, 신파인 장면張勉은 부통령 후보와 당 대표 자리를 맡아 민주당 신파와 구파가 균형을 유지했는데, 당시에는 대통령 후보와 부통령 후보를 별도로 투표했다.

당시 한국 사회는 물가 상승과 조세부담 증가, 농촌경제 파탄, 부정부패 등으로 정부에 대한 국민의 불만이 팽배했다. 대학이 많이 설립되었지만, 일자리는 없어 고학력 실업자가 늘어나고 학생운동, 노동운동 등에 대한 탄압이 심화되어 사회 불안이 가중되었다. 당시 한국경제는 미국 원조에 거의 전적으로 의존하고 있었는데, 1957년부터 원조가 대폭 줄어들면서 민생은 더욱 어려워졌다. 이렇게 민생고가 극심해지자 야당이 선거에서 승리할 가능성은 매우 높아졌다.

또한 이승만 정권과 미국 정부와의 관계도 악화되었다. 1958년 12월 24일 무술경관들이 야당의원을 연금한 상황에서 보안법을 통과시키는 정치파동이 일어나자 미국은 1959년 1월에 불만의 표시로 월터 다울링(Walter C. Dowling)* 대사를 소환하였으며, 이승만 정권이 한일 국교정상화에 소극적이었기에 여기에 대한 불만도 커져 가고 있었다.

1960년 1월 19일, 조병옥 후보가 암 치료를 위해 미국으로 출국하여 월터 리드(Walter Reed) 종합병원에 입원하였다. 그러자 이승만 정부는 이를 이용하기 위해 2월 1일부터 선거유세 기간으로 정하고 3월 15일을 선거일로 공고하였다. 농번기 피하기, 정국 안정 등이 명분이었다.

그런데 2월 16일 조병옥이 미국에서 세상을 떠났다. 민주당은 1956년에 신익희 후보에 이어 1960년 선거에서도 대통령 후보가 선거 기간 중 세상을 떠나고 만 것이다. 이미 대통령 후보 등록은 마감되었기 때문에 다른 후보를 내세울 수도 없었다. 조병옥의 사망으로 이승만 대통령의 4선은 사실상 결정되었으나, 부통령 선거는 장면 후보의 재선이 확실시되었으므로 이기붕의 추종세력이 그의 당선을 위해 부정선거를 획책하였다. 결국 3.15 부정선거는 대통령 자리가 아닌 부통령 자리를 놓고 벌어진 셈이었다. 내무장관 최인규는 전국의 시장·군수와 경찰 간부들을 불러 부정투표 계획

---

* 다울링 대사는 조봉암 구명 운동을 벌이기도 했다.

을 지시했는데, 전 유권자의 40퍼센트에 해당하는 투표용지를 자유당 지지표로 만들어 미리 투표함에 넣도록 한 것이다.

선거유세 기간인 2월 28일 일요일, 대구에서 그동안 관제시위에 동원되어 오던 고교생들이 항의시위를 벌였다. 이날 오후 2시에 장면 민주당 부통령 후보의 선거유세가 예정되어 있었다. 자유당 경북도당은 며칠 전부터 각급 기관장들과 학교장을 소집하여 시민과 학생들이 유세장에 가지 못하도록 각종 행사를 개최하거나 학생들을 등교시키라고 지시하였다. 일요일인데도 등교하게 된 학생들은 수업을 거부하고 시위를 벌였으며, 결국 경찰과 충돌하여 20여 명이 부상당하고 200여 명이 연행되었다.

3월 5일 서울운동장에서 민주당 유세가 열렸는데, 유세가 끝나자 학생과 시민 등 약 1천 명이 "학생은 궐기하라"고 외치며 종로에서 시위를 벌였다. 3월 8일 대전에서도 시위 학생과 경찰이 충돌하여 부상자가 발생했다. 이후 3월 15일까지 전국 각지에서 학원 자유화와 공명선거를 요구하는 시위가 계속되었다.

3월 15일 선거가 실시되었고 투개표 부정으로 자유당의 이기붕 부통령 후보가 '당선'되었는데, 어떤 지역은 이기붕의 득표가 전체 투표자 수보다 많아져 다시 '재검표'를 하는 기막힌 일까지 벌어졌다. 가장 극심한 부정개표가 자행된 마산에서는 오후 3시 40분 무렵부터 약 1천 명의 학생과 시민들이 부정선거 무효를 외치며 시내 중심가를 행진하였는데, 저녁 7시 경에는 1만 명으로 늘어났다. 참고로 당시 마산 인구는 약 15만 명이었다. 이를 막으려는 경찰의 발포로 7명이 사망하고 870명이 부상을 당했다. 민주당은 이날 오후 4시 30분 성명을 발표하여 "3.15 선거는 선거가 아니라 선거의 이름하에 이루어진 국민주권에 대한 강도행위"라고 규정하였다. 이렇게 4.19 혁명의 막이 오른 것이다.

4.19 혁명 전개과정

2.28 대구에서 학생 시위.

3.8 대전고, 대전상고 학생들이 중심이 되어 대전 시내에서 시위.

3.15 마산에서 1만여 명의 학생·시민이 "부정선거 다시 하라"며 시청 부근 시위. 경찰 발포. 김주열 열사, 무학국민학교 부근 자산동 길목에서 최루탄에 맞아 사망(17세). 7명 사상자, 70여 명 부상자 발생, 253명 연행 고문.

3.16 오전 안국동 민주당 중앙당사 앞. 고교생 등 5백여 명이 자연발생적 시위. 진해여고 학생 시위 감행.

3.17 성남고 학생 4백여 명 영등포에서 시위. 진해고 학생 2백여 명 진해 역전 광장에서 시위.

3.17~22 마산 학교 휴교.

3.24 부산고 9백여 명 시위.

3.25 부산 동성중·고 3백여 명 시위. 경남공고생 합류. 데레사 여고생 합류. 밤에 경남고, 혜화고 합해서 100여 명 학생 시위.

4.6 서울에서 민주당, 민권수호국민총연맹, 공명선거추진위원회 등 3개 단체 주최 시위가 일어남. 시민들 엄청난 호응.

4.9 부산 민주당 시위.

4.11 오전 11시 20분 마산시 신포동 중앙부두 앞에서 김주열 열사 시체 떠오름.

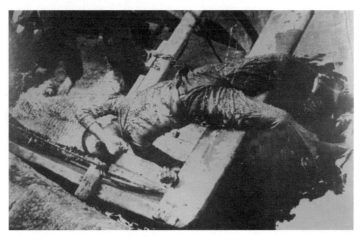

마산 신포동 중앙부두 앞에 떠오른 김주열 열사 시체. 동아일보 박용
윤 기자의 특종 사진이다.

4.11   밤부터 김주열 열사 시신이 안치된 마산도립병원으로 시민 3만여
       명 운집. 시위 돌입. 마산 제2차 마산의거 시작. 밤 9시 30분 경찰
       발포 시작. 2명 사망.

4.12~13   3일째 마산 시위 계속.

4.14   마산 제2차 시위 관련 20명 구속.

4.14   김주열 열사 남원에 서둘러 안장. 전북대생 3백여 명 대학생 최초
       시위.

4.15   마산 제2차 시위 관련 10명 구속. 마산상고(현 용마고)와 마산고생
       50여 명 용마산에서 태극기 날리고 만세 시위.

4.16   마산 제2차 시위 관련 2명 구속. 청주공고 학생 300여 명 데모하려
       다 좌절.

4.18   고대생 3천여 명 국회의사당까지 진출해서 시위. 일부 중고생 합류.
       시민들 엄청난 호응. 정치깡패 고대생 테러. 부산 동래고 학생 천여
       명 시위.

4.19

- 오후 1시경 시위대 10만여 명 집결.
- 오후 1시 40분 경찰은 경무대 정문에서 얼마 떨어지지 않은 언덕 길 중간 지점에 최후 저지선 설치. 시위대와 간격이 10m 정도로 좁혀졌을 때 발포 시작. 경무대 앞 희생자 사망 21명, 부상자 172명.
- 오후 3시 서울 일원 계엄 선포.
- 오후 4시경 이기붕 집에서 실탄사격으로 2명 사망, 동양극장으로 끌려간 최기태(20, 경성 전기공고 3년) 군 타살됨.
- 오후 5시 경찰관 3백여 명 소총·기관총 무장, 기관총 무장된 장갑차 2대를 앞세우고 시위대 공격.
- 6시 40분 시위대 트럭과 소방차에 분승. 동대문경찰서 앞 지날 때 경찰 발포. 10여 명 사상자. 시위대 40여 대 차량에 분승, 동대문에서 청량리 연도의 파출소 모조리 불태움.

  고려대 강당에서 무장시위대 1,500명 태극기에 덮인 희생자와 함께 포위당함. 밤 1시 자진 해산. 30명 연행.

4.20 서울 10대 소년 2백여 명 아침 6시 45분부터 시위. 40분 만에 진압. 대구, 전주, 이리, 인천에서도 학생 시위.

4.22 4.19 사상자로 민간인 사망자 111명, 경찰관 4명. 서울 97명, 부산 11명, 광주 7명이며, 부상자 470명이라고 계엄사 발표.

4.23 인천 중고생 2천여 명 시위.

4.24 용산 육군야구장에서 '4.19 희생학생 합동장례식' 거행. 마산 노인 2백여 명 시위.

4.25 마산 할머니 300여 명 시위 감행. "흐지부지 할 수 없다", "믿지 못하겠다", "총 맞아 죽은 학생 원한이나 풀어주소" 플래카드를 들고 시위 돌입. 3만여 시민 시위 동참.

"죽은 학생 책임지고 리대통령은 물러가라"는 플래카드를 들고 시위
하고 있는 마산 할머니들

4.24~25 재미 유학생 시위.

4.25 교수단 시위. 오후 3시 서울대 문리대 교수회관에서 예상보다 5배
인 서울 각 대학교 교수 258명이 모임. 오후 5시 30분 이승만의 대
통령직 하야를 골자로 하는 14개 항 요구조건을 담은 시국선언문
결의. 오후 5시 50분부터 시위에 돌입. 교수단 시위대가 종로4가를
지날 무렵 뒤따르는 학생과 시민이 7~8천을 넘음. 오후 6시 50분
교수단 시위대의 최종 목표점 국회의사당에 도착. 한 번 더 시국선
언문을 낭독하고 애국가를 제창한 뒤 해산. 학생과 시민들은 밤늦
게까지 시위 계속.

4.26 새벽 5시 통금이 해제되자마자 시민들 시위 시작. 오전 9시 이미 3
만 명이 세종로에 집결. 오전 10시경에는 10만 명이 넘는 시위군중
이 세종로 일대에 운집.

• 오전 9시부터 송요찬 계엄사령관 이승만과 면담. 이대로 두면 또

다시 대규모 유혈 사태가 생길 우려를 전달. 이승만이 송요찬에게 하야 의사 표시. 비서관에게 하야 성명문 구술. 구술을 마친 뒤 오전 10시경 매카나기 주한 미 대사와 매그루더 주한 유엔군 사령관을 불러 이 사실을 통보.

• 10시 20분 계엄군의 선무용 스피커가 이승만의 대통령직 하야를 처음으로 방송.

• 10시 30분 라디오에서 역사적인 이승만의 하야 성명 발표. 위대한 민권의 승리.

• 19일에 이어 26일에도 동대문경찰서 무차별 사격. 5명 사망, 20여 명 부상, 경찰서 전소.

4.19 민주올레길

혜화동-을지로코스

📍 옛 서울대학교 의대 본관

1960년 4월 25일 오후 3시, 서울 각 대학 교수 258명이 서울대 의
대에 있는 교수회관에 모여 2시간 반 동안 토론을 거듭한 끝에 14
개 항목의 시국선언을 채택하였다. "각 대학 교수단 학생의 피에
보답하라"라는 플래카드를 앞세우고 4.19에 이어 제2의 횃불을 올
린 대학교수단의 시위는 오후 5시 45분에 4종대로 열을 지어 회관
을 출발하면서 시작되었다. 계엄 하에서 움츠러들었던 시민들이
거리에 쏟아져 나오기 시작했다. 군에서는 예전부터 교수단의 거
동을 살폈으나 일체 간섭하지 않고, 오히려 호위를 하다시피 대열
의 앞뒤를 따랐다. 이날 발표된 시국선언문은 다음과 같다.

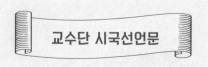

교수단 시국선언문

이번 4.19 참사는 우리 학생운동 사상 최대의 비극이요, 이 나라의 정치적 위기를 초래한 중대 사태이다. 이에 대한 철저한 규정이 없이는 이 민족의 불행한 운명은 도저히 만회할 길이 없다.

우리 전국 대학교 교수들은 이 비상시국에 대처하여 양심의 호소로써 다음과 같이 우리의 소신을 선언한다.

1. 마산, 서울, 기타 각지의 데모는 주권을 빼앗긴 국민의 울분을 대신하여 궐기한 학생들의 순수한 정의감의 발로이며 불의에는 언제나 항거하는 민족정기의 표현이다.
2. 이 데모를 공산당의 조종이나 야당의 사주로 보는 것은 고의의 왜곡이며 학생들의 정의감의 모독이다.
3. 합법적이요 평화적인 데모 학생에게 총탄과 폭력을 기탄없이 남용하여 대량의 유혈참극을 빚어낸 경찰은 정권을 유지하려는 일부 정치집단의 사병이었다.
4. 누적된 부패의 부정과 횡포로서의 민족적 대참극·대치욕을 초래케 한 대통령을 위시하여 국회의원 및 대법관 등은 그 책임을 지고 물러나지 않으면 국민과 학생들의 분노는 가라앉기 힘들 것이다.
5. 3.15 선거는 불법선거이다. 공명선거에 의하여 정·부통령 선거를 다시 하라.
6. 3.15 부정선거를 조작한 주모자들은 중형에 처하여야 한다.

7. 학생 살상의 만행을 위에서 명령한 자 및 직접 하수자는 즉시 체포 처단하라.

8. 모든 구금된 학생은 무조건 석방하라. 그들 중에 파괴 또는 폭행자가 있다 하더라도, 그것은 동료 피살에 흥분된 비정상 상태 하의 행동이요, 폭행 또는 파괴가 그 본의가 아닌 까닭이다.

9. 정치적 지위를 이용 또는 권력과 결탁하여 부정축재한 자는 군·관·민을 막론하고 가차 없이 적발 처단하여 국가의 기강을 세우라.

1960년 4월 25일 오후 5시 45분 서울대 문리대를 출발하고 있는 교수단 시위대.

10. 경찰은 학원의 자유를 보장하라.

11. 학원의 정치도구화를 배격한다.

12. 곡학아세하는 사이비 학자와 정치도구화 하는 소위 문인 예술인을 배격한다.

13. 학생제군은 38선 너머 호시탐탐하는 공산괴뢰들이 군들의 의거를 선전에 이용하고 있음을 경계하라. 그리고 이남에서도 정치적으로 악 이용하려는 불순분자를 조심하라.

14. 시국의 중대성을 인식하고 국가의 장래를 염려하여, 학생들은 흥분을 진정하고 이성을 지켜 속히 학업의 본분으로 돌아오라.

대학교수단 시위대 모습. 앞에는 태극기를 들었다. 피로 물든 종로4가를
통과할 때 교수단을 따르는 시민과 학생은 이미 7, 8천 명을 넘었다.

◉ 옛 서울대 문리대 : 현 서울대 마로니에 공원

8시 50분 동숭동 서울대 문리대 게시판과 문리대와 이웃한 법대,
미대, 교양과정부, 의대, 약대, 치대, 수의대 등 각 단과대학 게시판
에도 똑같은 격문이 일제히 나붙었다. 그때 오전 8시 30분, 교문을
박차고 나온 신설동 대광고교생 1천여 명이 경찰의 저지선에 부딪
쳐 종로5가에서 혜화동 방면으로 방향을 바꾸어 서울대 문리대 앞
을 지나갔다. 이것이 신호가 되어 서울대 문리대 학생들이 마로니
에 앞 광장에 모여들었다. 오전 9시 20분, 문리대생을 선두로 법대,
미대, 약대, 수의대, 치대생들이 거리로 나섰다. 모두 3천여 명의 서
울대생 시위대는 경찰 저지선을 쉽게 돌파하고 태평로 국회의사당

1950년대 서울대 문리대 전경. 현재는 마로니에공원으로 바뀌었고 남아 있는 건물은 구 서울대학교 본관(전 한국문화예술진흥원)이 유일하다. 본관 건물은 1930년 8월에 착공하여 1931년 10월 준공했다. 우리나라 건축계의 선구자인 박길룡 건축가(1899~1943)의 작품이기도 하다.

을 목표로 행진하기 시작했다. 이때 발표된 서울대 문리대 선언문은 다음과 같다.

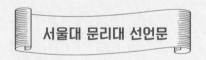

서울대 문리대 선언문

상아의 진리탑을 박차고 거리에 나선 우리는 질풍과 같은 역사의 조류에 자신을 참여시킴으로써 지성과 진리 그리고 자유의 대학정신을 현실의 참담한 박토에 뿌리려 하는 바이다.

오늘의 우리는 자신들의 지성과 양심의 엄숙한 명령으로 하여 사악과 잔악의 현상을 규탄 광정하려는 주체적 판단과 사명감의 발로임을 떳떳이 천명하는 바이다.

우리의 지성은 암담한 이 거리의 현상이 민주와 자유를 위장한 전체주의의 표독한 전횡에 기인한 것임을 단정한다. 무릇 모든 민주주의의 정치사는 자유의 투쟁사이다. 그것은 또한 여하한 형태의 전제도 민중 앞에 군림하는 '종이로 만든 호랑이'같이 어설픈 것임을 교시한다.

한국의 일천한 대학사가 적색 전제에의 과감한 투쟁의 거획을 장하고 있는 데 크나큰 자부를 느끼는 것과 꼭 같은 논리의 연역에서 민주주의를 위장한 백색 전제에의 항의를 가장 높은 영광으로 우리는 자부한다. 근대적 민주주의의 기간은 자유다. 우리에게서 자유는 상실되어가고 있다는 것을, 아니 송두리째 박탈되고 있다는 것을 우리는 이성의 혜안으로 직시한다.

이제 막 자유의 전장엔 불이 붙기 시작했다. 정당히 가져야 할 권리를 탈환하기 위한 자유의 전역은 바야흐로 풍성해 가고 있는 것이다.

민주주의와 민중의 공복이며 중립적 권력체인 관료와 경찰은 민주를 위장, 가부장적 전제권력의 하수인으로 발 벗고 나섰다. 민주주의 이념의 최저의 공리인 선거권마저 권력의 마수 앞에 농락되었다. 언론, 출판, 집회, 결사 및 사상의 자유의 불빛은 무식한 전제권력의 악랄한 발악으로 하여 깜박이던 빛조차 사라졌다. 긴 칠흑 같은 밤의 계속이다. 나이 어린 학생 김주열의 참시를 보라! 그것은 가식 없는 전체주의 전횡의 발가벗은 나상밖에 아무 것도 아니다. 저들을 보라! 비굴하게도 위하와 폭력으로써 우리들을 대하려 한다. 우리는 백보를 양보하고서라도 인간적으로 부르짖어야 할 같은 학구의 양심을 느낀다.

보라! 우리는 기쁨에 넘쳐 자유의 횃불을 올린다. 보라! 우리는 캄

1961년 4월 19일 4.19 혁명 1주기를 기념하며 제막하는 서울대 문리대 4.19탑. 지금은 관악캠퍼스로 옮겨가 있다.

캄캄한 밤의 침묵에 자유, 자유의 종을 난타하는 타수의 일원임을 자랑한다. 일제의 철퇴 하에 미칠 듯 자유를 환호한 나의 아버지, 나의 형들과 같이!

양심은 부끄럽지 않다. 외롭지도 않다. 영원한 민주주의의 사수파는 영광스럽기만 하다. 보라! 현실의 뒷골목에서 용기 없는 자학을 되씹는 자까지 우리의 대열을 따른다. 나가자! 자유의 비밀은 용기일 뿐이다. 우리의 대열은 이성과 양심과 평화 그리고 자유에의 열렬한 사랑의 대열이다. 모든 법은 우리를 보장한다.

📍 옛 동대문경찰서 터: 현 혜화경찰서, 경찰공제회

4.19 혁명 당시 경찰은 독재정권의 시녀였지만 동대문경찰서는 인접해 있는 동대문파 이정재 일당과 유착하고 있어 가장 악랄한 행위를 자행하였고, 이 경찰서 앞에서 많은 학생과 시민이 희생당했다. 당연히 시민들의 증오의 대상이 되어 파출소가 아닌 경찰서로서는 유일하게 불타버리고 말았다.

4월 19일 동대문경찰서 부근 희생자

장인서(25세 남), 송시환(23세 남), 장영옥(28세 남), 이채섭(28세 남), 강석원(14세 남, 전주국민학교 재학), 장동환(41세 남), 조주광(16세 남, 성북중 3년 재학), 김승하(19세 남, 배영학원 재학), 임원협(61세 남), 구자숙(19세 여), 고완기(19세 남, 경기중 재학, 종로3가) - 이상 총격으로 희생됨. 심은준(18세 남, 서울고 재학, 가슴 타박상으로 희생됨)

1958년 동대문경찰서 지도. 4.19 당시 동대문경찰서는 종로4가 대로변 가까이에 있었다. 규모가 엄청나게 컸음을 한눈에 알 수 있는데, 기마경찰대가 있어 마구간 공간까지 필요했기 때문이다.

1960년 4월 26일 불에 탄 동대문경찰서

4월 26일의 희생자

김두호(27세 남), 정태섭(15세 남, 금호초등학교 재학), 손흥구(31세 남), 윤석헌(19세 남), 함장호(19세 남), 최장성(24세 남), 강명석(21세 남), 심점구(25세 남) - 이상 총상으로 희생. 이재섭(19세 남, 시위 중 곤봉에 희생됨)

동대문경찰서 희생자 중에는 장영옥(28세 남) 열사가 돋보이는 존재다. 열사는 당시 운전사였는데, 4월 19일에 시위차를 운전하여 경무대 앞 바리케이트를 뚫고 가다 총상을 당하여 부상을 당했다. 그럼에도 4월 26일 다시 참가하여 동대문경찰서를 선두에서 들어가려다 경찰관들이 쏘는 기관총을 맞고 절명한 4.19 혁명의 영웅이다. 이곳에서 숨진 또 한 명의 영웅은 김재원(18세 남) 열사로 당시 덕수상업중학교 3학년 재학 중이었다. 4월 19일 종로4가에서 총알에 발 부상을 당했지만, 붕대를 감고 서울역 광장에서 다시 소방차에 타고 시위를 감행하다 경찰의 총에 심장이 관통되어 절명하고 말았다.

고대생 테러 현장: 옛 청계4가 천일백화점 앞

4월 18일 오후 2시 20분경에 국회의사당 앞에 도착한 고려대 시위대는 국회의사당 앞에서 연좌농성에 들어갔다. 유진오 고대 총장과 고대 출신 이철승 의원의 설득을 받아들여, 6시 국회의사당 진출 과정에서 연행된 90여 명의 고대생들이 조건 없이 석방되자 6시 40분경 해산하여 경찰차와 보도 차량의 선도를 받으며 귀교길에 올랐다. 수많은 시민들과 고교생들도 뒤를 따랐다. 행렬이 을지로4가에 이르렀을 때 선두의 경찰 백차는 종로4가 쪽으로 방향을 바꾸었고, 오후 7시 20분경 행렬이 천일백화점 근처에 있는 대지

깡패들의 테러로 쓰러진 고대생(1960.4.18)

다방에 이르렀을 때 갑자기 도로 옆 골목 안에서 괴한들이 뛰어나와 시위대를 습격했다.

백여 명에 달하는 괴한들은 쇠망치, 삽자루, 갈고리, 벽돌, 야구방망이 등 흉기로 닥치는 대로 학생들을 폭행하기 시작했다. 선두에 섰던 학생 수십 명이 순식간에 쓰러졌다. "테러단이다", "나 죽는다!" 등 학생들의 절규가 뒤따랐다. 벽돌로 뒤통수를 맞고 쓰러지는 학생, 경찰차에 실려 가는 피투성이 학생, 앞가슴에 피를 흘리면서도 덤벼드는 학생 등 현장은 아수라장이 되었다. 괴한들은 학생들이 태세를 가다듬고 반격을 하자 불리함을 깨닫고 골목길로 사라졌다.

1960. 4. 19 아침 동아일보 보도. 4월 19일 새벽 각 가정에 배달된 동아일보 조간에 이 기사가 났다. '역사상 가장 위대한 오보'로 기록될 기사였다. 이 기사를 보고 시민들은 '깡패놈들이 드디어 대학생을 죽이기까지 했구나! 대학생 데모 진압에 깡패까지 동원하다니!' 하면서 이승만 독재정권에 더 이상 희망이 없다고 판단했다. 그리고 거리로 쏟아져 나왔다.

이 괴한들은 대한반공청년단 종로구단 소속 단원들로서 단장은 임화수, 부단장은 유지광이었다. 이들은 반공청년단 단장이자 국회의원이던 신도환으로부터 고대생이 시위에 나섰으니 단원을 동원하라는 지시를 받고 세종로 반공회관과 중앙청 앞 경기도청에 200여 명을 동원한 것이다.

시위대가 중앙청으로 오면 폭력으로 해산시킬 목적으로 모여 있던 이들은 시위대와 구분하기 위해 손에 붕대를 감고 장갑을 끼었다. 국회의사당 앞에서 고대생 데모대가 귀교하자 단원들은 천일백화점 근처 대지다방과 반공청년단 동부특별단부사무실 등에서 분산하여 잠복 대기했다. 오후 7시 20분경 대지다방 앞으로 고대생 시위대가 지나가자 종로4가 전매청 앞에서 쏘아진 불꽃 신호를 보고 '죽여라' 고함소리와 함께 가지고 있던 흉기로 시위대원들을 무차별 집단폭행했다. 고대생 테러사건과 그 외 사건으로 신도환은 무기징역, 임화수와 유지광은 사형을 받았다. 신도환은 복권되어 국회로 돌아왔고, 유지광은 5년 6개월의 형을 살고 나왔지만, 임화수는 형장의 이슬로 사라졌다.

◉ 옛 내무부 앞: 현 KEB하나은행 본점

일제는 조선시대 음악을 가르치던 장악원掌樂院이 있던 곳에 1911년 동양척식주식회사 건물을 지었다.* 그곳은 조선시대 을지로1가

---

*   구리개는 터의 기가 쎈 곳이라 하여, 그 기를 음악으로 누르기 위해 장악원

1911년 준공된, 수탈의 본산이었던 동양척식주식회사. 모서리에 정문을 두고 양쪽으로 펼쳐지는 전형적인 일본근대 건축물이다. 신세계백화점, 명동예술극장도, 미도파백화점 등도 그런 양식이다.

와 을지로2가 사이에 있던 나지막한 고개인 동현銅峴, 즉 구리개 옆이었다. 구리개는 황토 흙으로 된 고개가 햇빛이 날 때 멀리서 보면 구리가 빛나는 것처럼 보였다고 해서 붙여진 이름이다. 일제는 여기에 토지조사사업을 수행하면서 농민으로부터 토지를 수탈하여 악명을 떨친 동양척식주식회사 본사를 세웠는데, 목조 르네상스 스타일로 건물 모서리에 돔을 올린 특색 있는 건물이었다. 1925년 12월 28일에는 나석주 의사가 이곳에 폭탄을 던진 사건이 유명하며, 의사의 동상이 서 있다. 그만큼 식민지 조선 백성의 원망의 대상이

을 지었다고 한다. 이후 동양척식주식회사와 내무부가 들어왔으니, 그 말이 틀린 것은 아닌 셈이다.

되었던 건물이다. 해방 후 정부 수립 이후에는 국방부 정훈국에서 사용했다. 6.25전쟁 때 다행히 폭격을 면했다. 서울이 수복되면서 내무부 건물로 사용되었는데, 1960년 4월 18일 고대생 시위대들이 학교로 돌아갈 때 이 앞을 지나갔다. 그때 내무부 건물에서 경찰관들이 창밖을 내다보자 시위대들은 "경찰관 꼴 보기 싫다. 들어가라" 하고 소리치기도 했다. 4월 19일, 이 건물에 있던 경찰관들이 총격을 가해 시위대원 다수가 이곳에서 목숨을 잃었다. 그 이후 1970년 이 건물은 한국외환은행에 매각되어 1972년 철거되었고, 본점 빌딩이 들어섰다. 올바른 정권이었다면 식민지 조선 농민들의 피와 눈물과 원망이 밴 이 건물에 '일제수탈사 박물관'을 만들어 일제의 잔학상을 후대에 교훈으로 삼았을 것이다.

3.15 부정선거 당시 내무부장관이었던 최인규는 책임을 지고 물러났고, 법무장관 홍진기가 그 자리를 맡았다. 따라서 4.19의 유혈은 홍진기의 책임임에도 불구하고 사형을 면했을 뿐 아니라 「중앙일보」를 창업하며, 부귀와 권세를 누리면서 천수를 다했다. 홍진기

1958년 지도 내무부.
표시 되어 있는 곳이
동양척식주식회사 건
물이 있던 곳이다.

는 관악 민주올레 편에도 다시 등장하는데, 한국현대사가 얼마나 왜곡되고 복잡하게 진행되었는지를 증명하고 있다.

4월 19일 이곳에서 자행된 총격으로 인한 희생자

고병래(22세 남, 중앙대학교 재학), 서현무(23세 여, 중앙대학교 재학), 지영헌(21세 남, 중앙대학교 재학), 정규철(25세 남), 장동원(17세 남), 남정만(20세 남), 김용안(15세 남), 이홍수(23세 남, 을지로 입구), 박상범(23세 남, 을지로 입구에서 자동차 탑승 시위 중 희생됨), 최동섭(22세 남, 부산대 재학. 을지로 입구에서 소방차에 학생을 싣고 가다 희생됨)

4월 26일에도 20세의 박완식 열사가 총격을 받아 희생되었다.

옛 미대사관: 옛 미문화원

이 건물은 1937년 9월에 착공되어 1938년 10월에 완공되었다. 지하 1층, 지상 4층의 규모이다. 본래 미쓰이물산(三井物産) 주식회사 경성지점 사옥으로 쓰던 건물이다. 미쓰이는 태평양 전쟁 당시 탄광 등을 운영하며 수많은 조선인들을 혹사시키고, 임금도 제대로 지불하지 않은 전범기업이다.

4.19 당시에는 미국대사관 건물로 사용되고 있었다. 미국대사관이 세종로로 옮겨가자 미국문화원 건물로 사용되었다. 우리나라 반미운동의 '대중화'를 가져왔던, 1980년대 민주화운동 과정에서 가장 유명하고 대중적 영향을 많이 끼친 사건인, 1985년 5월 23일

全國에 歡呼聲 爆動
Storming joy shakes the nation.

'미문화원점거농성'이 일어난 민주화운동 유적지이기도 하다. 그 뒤 이 건물은 서울시종합자료관으로 사용되다가 다시 서울시청 을지로별관이 되었다. 그리고 다시 엉뚱하게도 밀랍인형 박물관인 그라뱅 뮤지엄으로 사용되다가 문을 닫았다.

4월 26일 오전 10시 30분 매카나기 미대사가 매그루더 유엔군총사령관과 같이 경무대로 향하고 있다.

1960년 4월 26일 10시 30분 경무대로 향하기 전에 월터 매카나기(Walter Patrick McConaughy) 대사는 성명서를 발표하고 출발했다. 그 성명서 내용은 다음과 같다.

"본 대사관은 다음과 같이 성명한다. 미국대사관은 이 나라의 갈구를 깊은 관심을 갖고 주시하고 있다. 대사관은 서울과 기타 도시에서 법과 질서를 유지하려는 노력을 전폭적으로 지지한다. 한국민 측에서도 질서유지를 위하여 당국을 지지할 책무가 있다. 또한당국도 국민의 감정을 이해하고 정당한 불만에 대처하기 위한 진정한 해결안을 마련할 뿐더러 미봉책을 취할 시기가 아니다."

여기서 '미봉책을 취할 시기가 아니다'라는 표현은 이승만 대통령의 하야를 의미하였다.

126

4.19 날 시청 앞 모습. 여기가 시청 앞임을 알 수 있는 것은 왼쪽 위 귀퉁이에 원구단 황궁우가 보이기 때문이다. 다른 건물들은 다 재개발되어 지금은 알 수 없는 건물들이다. '전통건물은 장소성을 가지고 있다'라는 말이 실감 나는 사진이다. 민주주의 사수라는 플래카드를 든 학생들은 대광고교생들 이고, 뒤에 흰 가운을 입은 서울대 의대생들이 보인다.

📍 시청 앞

4월 19일 이곳에서 자행된 총격으로 인한 희생자

이상현(19세 남), 심자룡(25세 남), 임성희(34세 남), 김재준(18세 남, 덕수중학교 3년 재학), 안부자(16세 여), 조조남(22세 남, 시청 앞 에서 소방차 운전 시위 중 희생), 이종양(17세 남, 경기고 재학), 윤경 웅(19세 남, 한광고 재학)

4월 19일. 불타는 서울신문사

📍 옛 서울신문사: 현 프레스센터

총독부 기관지였던 「매일신보」는 해방 후 정부기관지인 「서울신문」으로 바뀌었고, 4.19 당시 시위대를 공산당으로 몰아댔다. 서울신문사는 4층 건물로 당시 최고의 시설을 자랑했지만, 4월 19일 분노의 표적이 되어 시위대에 의해 거의 전소되었다.

현재는 서울신문사와 프레스센터가 같이 사용하는 현대식 건물이 그 자리에 들어서 있으며, 앞뜰에는 정론직필을 상징하는 펜 형태의 조형물이 최근에 세워졌지만, 언론에 대한 국민들의 불신은 여전한 상황이다.

📍 옛 민의원(국회의사당) : 현 서울시의회

이 건물의 원래 이름은 경성부민관京城府民館이다. 구 경성부민관은 경성전기주식회사*가 기탁한 공공사업시설비로 건축되었으며 다목적 공연장으로 지어졌다. 1934년 7월에 착공하여 1935년 12월에 준공되었다. 구 경성부민관은 건평 584평에 지상 3층, 탑부 9층으로 건축되었다. 내부는 대강당, 중강당, 소강당을 배치하였는데, 대강당의 수용인원은 1,700여 명이었다. 구 경성부민관은 요즘말로 하면 '시민회관'으로 당시에는 난방, 환기, 조명 등의 시설을 완벽하게 갖춘 최신식 건물이었고, 가장 높은 건물이기도 했다. 일제말 군국주의를 강화해 갈 무렵 이곳에서는 한국인들의 황민화를 부추기는 각종 정치집회와 공연예술이 열렸다. 이광수 등이 학병지원을 권유하기 위해 연설회를 개최한 곳도 이곳이었다.

1945년 7월 24일 이곳에서 친일파의 거두 박춘금朴春琴이 결성한 대의당大義黨이 주관하는 아시아민족분격대회가 열렸다. 박춘금은 1923년 관동대지진 때 일본인의 앞잡이가 되어 조선인을 색출한 공로로 중의원까지 오른 민족패류아였다. 그가 조직한 대의당은 대표적 친일단체의 하나로 여기에는 대표적 친일파인 이광수, 박흥식朴興植, 주요한朱耀翰 등이 가담했다.

---

* 당시 경성전기는 막대한 수익을 올리고 있었지만, 주주는 대부분 도쿄에 살고 있어 그 수익은 거의 본토로 흘러가고 있었다. 경성에 사는 일본인들조차 이에 분개하여, 총독부의 직영을 요구했지만 받아들여지지 않았고, 대신 부민관을 지어 기증하는 쪽으로 정리된 것이다.

이날 박춘금의 강연이 끝나고 웅변대회를 시작하려고 할 즈음, 시한폭탄이 굉음을 울리며 폭발하였다. 이로 인해 최소한 대의당원 한 명이 현장에서 폭사하고 수십 명이 부상당하였지만 정확한 피해규모는 철저한 정보통제로 인해 밝혀지지 않았다. 이 때문에 부민관 의거는 다른 의거들에 비해 지명도가 낮을 수밖에 없게 되었다.

일제는 부민관 일대는 물론이고 경성 일원에 비상을 선포하고 범인 색출에 열을 올렸지만 범인은 오리무중이었고, 해방 후에야 강윤국, 유만수, 조문기가 거사자라는 사실이 밝혀졌다.[*]

해방 후 부민관은 미군사령부로 사용되다 6.25전쟁 후 국회의사당으로 사용하던 중앙청이 복구되지 않아, 1954년 6월부터 국회의사당으로 사용된 이래, 1975년에 여의도로 옮기기 전까지 국회의사당으로 사용되었다.

이곳은 고려대 시위대의 최종 목적지로, 시위대는 중간에 90여 명의 연행자가 생겼지만 우회하는 등의 방법으로 전진을 계속해, 학교에서 출발한 지 불과 1시간 반 정도밖에 안 된 오후 2시 20분경에 약 천여 명이 국회 앞에 도착했다. 시위대는 마침 개회 중인 국회 앞에서 연좌시위를 벌이면서 연행 학생 석방과 대통령 또는 내무장관이 직접 나와 부정선거에 대해 해명할 것을 요구했다.

시위대는 4개 항의 대정부 건의문을 채택하여 책임자가 나올 때

---

[*] 아이러니 하게도 유만수 의사는 경성전기 소유인 수색 변전소에서 폭파에 필요한 뇌관을 입수할 수 있었다.

4.18 당시 국회 앞에서 학생들을 설득하는 유진오 총장

까지 농성을 계속하기로 만장일치로 결의했다. 경찰들은 국회 앞이라 국내외 보도진을 의식해서 강제 해산시키지 못하고 시민들의 접근만 막았다.

오후 4시에 유진오 총장이 달려와 설득하고, 고대 출신 민주당 이철승 의원도 가세했다. 오후 6시경 연행 학생이 전원 석방되자 40분 후 농성을 풀고 을지로로 귀교길에 올랐고, 해산에 반대하고 그 자리에 남은 학생 40명은 8시 10분경 150여 명의 경찰관에 의해 강제 해산되었다.

데모群衆들이 조용히
宣言文朗讀을 듣고 있다

1960.4.25. 국회 앞 교수단 시위대의 모습

이곳은 4.18뿐 아니라 혁명을 완성한 4.25 교수단 시위의 최종 종착지이기도 하다. 교수단이 종각 앞을 지날 때 빌딩에서, 병원에서, 미장원에서, 서점에서, 상점에서 남녀노소 할 것 없이 두 손을 높이 들고 만세를 외쳤다. 교수단 시위대는 종각을 끼고 을지로로 가서 6시 40분경에 미대사관을 지나, 6시 50분 목적지 국회의사당 앞에 도착했다. 계엄사령부의 방송차량이 나타나 "지금은 계엄 선포 중이니 시민 여러분은 진정해 주시기 바랍니다"라며 방해하기도 했다. 그러자 교수단은 국회 앞에서 선언문을 다시 낭독한 후 "대한민국 만세!"를 세 번 외치고, 애국가를 합창하였다. 어두워지는 국회 앞에서 교수단의 시위는 7시경에 끝이 났다.

1928년에 준공된
옛 대법원 청사

📍 옛 대법원 : 현 서울시립미술관

4월 19일 11시 30분, 학생대표 3명이 "대한민국의 생명선은 대법원에 달려 있으니 9명의 대법관에게도 대한민국의 아들이라는 것을 알려주자"라고 제의하여, 대법원장에게 요구를 전달하려 하였다. 그러나 대법원장이 자리에 없어서 행정처장을 면담하고는 다음과 같은 요구 사항을 전달하였다.

1. 3.15 선거가 합법이냐 불법이냐에 대한 대법원장의 답변을 요구한다.
2. 선거소송을 양심적으로 판결해 주겠는가.
3. 평화적인 데모를 하는 학생들에게 강권을 써 본의 아닌 불상사를 일으킨 데 대해 책임을 규명하라.

12시 10분경, 동국대생과 건국대생 500~600명이 법원 구내까지 몰려와 구호를 외쳤다. 하지만 이들은 경무대 쪽 시위대에서 응원 요청이 오자 15분 만에 철수하여 그쪽으로 이동했다.

4.19 혁명 학살주범들의 재판

혁명 이후, 정치깡패 두목이던 이정재, 임화수, 3.15 부정선거 당시 내무장관이던 최인규, 경무대 경호실장이던 곽영주 등이 사형선고를 받고 1961년 10월에서 12월 사이에 형장의 이슬로 사라졌다.

옛 동양극장 터: 현 문화일보사

동양극장은 1935년 준공되었다. '홍도야 울지 마라'는 1936년 7월 하순에 막을 올린 동양극장 최대 흥행작품이던 「사랑에 속고 돈에 울고」의 주제가였다. 무명작가 임선규를 일약 최고 인기 상업 작가 자리로 올려놓았던 이 작품의 주연은 홍도 역은 차홍녀, 홍도 오빠 역은 황철, 홍도 애인과 남편 역은 한일송이 맡았다. 차홍녀와 황철은 당시 동양극장에서 가장 인기 있는 여자 연극배우, 남자 연극

당시의 동양극장

배우였다. 이런 인기에 걸맞게 이 극장은 회전무대 등 당시로서는
최고의 시설을 갖추고 있었다. 해방 후에 동양극장은 영화관으로
변신했으며, 4.19 혁명 당시 동양극장에는 「두 자매」가 상영 중이
었다.

동양극장은 이후 현대그룹이 인수하여 해외 노동자를 대상으로
하는 교육장으로 활용되었다.

하지만 이 극장은 많은 연극인들과 예술인들의 반대에도 불구하
고 1990년 3월 10일 새벽 이명박이 대표이사로 있던 현대건설에
의해 기습 철거되었고, 그 자리에 문화일보사가 들어섰다. 현대는
동양극장의 맥을 잇는다는 의미에서 지하에 공연장을 만드는 것
으로 면피하려고 했다. 2001년에 KBS에서 「동양극장」이란 제목의
드라마를 제작하기도 했다. 4월 19일, 이곳에서도 깡패들의 만행이
일어나, 시위대원 최기태(20, 경성전기공고 3년) 학생이 타살되었다.

이기붕 일가의 사진

📍 옛 이기붕 집터∶ 현 4.19 기념관

3.15 부정선거의 주범 이기붕은 경찰의 총격에 대해 "총이란 쏘라고 있는 것이다"라는 망언을 서슴지 않았고, 부인 박마리아는 대한반공청년단 단장 신도환에게 "전국 반공청년단 단원이 30만 명이나 되는데 학생 시위 하나 못 막느냐?"고 야단을 쳤다고 한다.

이기붕 일가는 이승만 하야가 결정된 다음날 새벽(4월 28일 새벽) 경무대 별관에서 당시 육군 소위였던 장남 이강석이 부모와 동생을 권총으로 차례로 쏘아 죽이고 자신도 자결하였다. 이승만 독재권력의 정점에 있던 이기붕의 최후는 그야말로 비참 그 자체였다.

4월 19일 이기붕 집 앞에서의 희생자는 인근 인창고에 재학 중이던 17세의 박건정 등 4명이고, 4월 26일의 희생자는 25세의 임기택 등 4명이었다.

4.19 혁명 후 이기붕 집 안뜰에 세운 4.19 영
령봉안소

4.26 이기붕 차에 올라 환호하는 시민들. 이
기붕 차가 4.19 기념관에 보존되었어야 했는
데 어디로 사라졌는지 없어졌다.

한정기(19세 남, 화광고등공민학교), 4월 19일 서대문파출소 앞 시
　위 중 총격으로 희생

윤광현(20세 남, 배문고 재학), 4월 19일 이기붕 집 앞 시위 중 총
　격으로 희생

신보웅(20세 남), 4월 19일 서대문서 앞에서 시위 중 총격으로
　희생

조진구(22세 남), 4월 26일 서대문 시위 중 총격으로 희생

양대춘(22세 남), 4월 26일 이기붕 집 앞 시위 중 총격으로 희생

박호진(22세 남), 4월 19일 서대문로터리에서 시위 중 총격으로
　희생

혜화동 - 고려대 코스

📍 옛 서울대 문리대: 현 서울대 마로니에공원

* 앞 114쪽 참조

📍 이화장

1945년 10월에 귀국한 이승만이 처음 1년 6개월 동안 기거했던 곳은 돈암장이고, 이후 마포장을 거쳐 다시 옮긴 곳이 이화장이다. 당시 실업가 권영일 등 30여 명의 독지가가 나서서 이승만 돕기 운동을 전개하여 모금해서 구입한 집이었다. 조선시대에는 이화장 정문 앞에 인평대군의 석양루夕陽樓가 있었다고 한다. 이화장 건물은 전통한옥이 일제강점기를 거치며 시대상을 수용하여 변모되어 가는 모습을 보여주는 좋은 예이기도 하다.

1947년 5월에서 8월까지 개회된 제2차 미소공동위원회가 아무런 결정도 못 내리고 폐회하자, 그해 가을 한반도 문제는 유엔으로 이관되었고 한반도에서 총선거 실시와 독립정부 건립을 결정하였다. 이로써 모스크바 3상회의 결정은 사실상 백지로 돌아가고 신탁문제는 더 이상 언급되지 않게 되었다. 1948년 초에 입국한 유엔한국임시위원단은 한반도 총선 실시를 추진해 나갔다. 유엔은 소

4.19 혁명으로 쫓겨난 이승만의 이화장에서 마지막 모습

런이 임시위원단의 북한 입국을 반대하자 남한만의 단독선거를 결정하였다. 이때 한독당도 단독선거를 반대했지만 이승만과 한민당은 단독선거를 적극 지지했고, 결국 1948년 5.10 총선이 실시되었다. 이때 이승만은 이화장에서 단독선거·단독정부 수립을 앞장서서 추진했다.

이화장에는 조각당이 있다. 제헌의회에서 1948년 7월 20일 대통령으로 선출된 이승만은 정부조직법에 의거해 이곳에 조각 본부를 두고 국무총리와 12부 장관을 선정했으니, 이곳이 정부 수립의 산실이었던 것이다.

5.10 선거 때 단일정당으로 최대 의석을 얻은 곳은 한민당이었다. 당시 이승만은 한민당 당수 김성수를 이화장으로 불러 한민당

이 주장한 내각책임제를 거절했다. 결국 1948년 7월 17일 반포된 헌법은 대통령중심제를 골격으로 삼았다. 12부 장관 선정에서도 한민당은 반 정도의 입각을 예상했지만 김도연 한 명만 입각했다. 참고로 김도연은 2.8 독립선언의 주역 중 한 명이다. 두 번 배신당한 한민당과 그 후신 민주국민당은 이승만 집권 기간 동안 야당의 위치에 서게 되었다. 이승만은 초대 내각 농림부장관에 공산당 출신인 조봉암을 임명해 세인의 의표를 찌른 파격적인 인사를 했다. 그가 추진한 농지개혁은 이승만 정부의 업적 중 하나인데, 한민당의 기반인 지주세력의 약화를 가져오는 효과를 거두었다.

1960년 4월 26일 오전 9시, 송요찬 계엄군사령관은 50분간 이 대통령을 방문해서 사태를 설명하고 수습책을 제안했으며, 일반인 3명, 대학생 1명, 고교생 1명으로 구성된 시위단 대표 5명과 대통령의 면담을 주선했다. 오전 10시 20분, 이 대통령은 계엄사령부로 하여금 하야 성명을 발표하게 하였다.

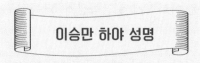

이승만 하야 성명

나는 해방 후 본국에 돌아와서 우리 여러 애국애족 하는 동포들과 더불어 잘 지내왔으니 이제는 세상을 떠나도 한이 없으나, 무엇이든지 국민이 원하는 것만이 있다면 민의를 따라서 하고자 한 것이며, 또 그렇게 하기를 원했던 것이다.

보고를 들으면 우리 사랑하는 청소년 학도들을 위시해서 우리 애국애족 하는 동포들이 내게 몇 가지 결심을 요구하고 있다 하니 내가 아래서 말하는 바대로 할 것이며, 한 가지 내가 부탁하고자 하는 것은 우리 동포들이 지금도 38선 이북에서 우리를 침입코자 공산국이 호시탐탐하게 기다리고 있다는 것을 명심하고 그들에게 기회를 주지 않도록 힘써 주기를 바라는 바이다.

1. 국민이 원한다면 대통령직을 사임하겠다.
2. 3.15 정·부통령 선거에 많은 부정이 있었다 하니 선거를 다시 하도록 지시하였다.
3. 선거로 인연한 모든 불미스러운 것을 없게 하기 위하여 이미 이기붕 의장에게 공직에서 완전히 물러나도록 하였다.
4. 내가 이미 합의를 준 것이지만 만일 국민이 원한다면 내각책임제 개헌을 하겠다.

📍 김수영 시인 옛 집터: 종로6가 116번지

고등학교 국어 교과서에도 작품이 실려 있는 한국 현대시의 대표 작가 김수영 시인(1921~1968)은 4.19 혁명을 노래한 가장 대표적인 시인이기도 하다. 김 시인은 종로 관철동 58-1번지에서 아버지 김태욱과 어머니 안형순 사이에 8남매 중 장남으로 태어났다. 종로 6가 116번지는 그의 고모집이었는데, 국민학교 시절을 여기에서 보냈다. 그는 근처에 있는 효제초등학교에 1927년 입학했다.

1935년에 선린상업학교에 입학하면서 이곳을 떠났다. 1941년

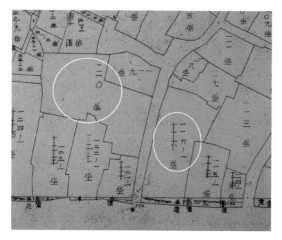

김수영 시인 옛집 폐쇄지적
도. 종로6가 116번지가 김수
영 시인이 1세부터 14세까지
어린시절을 보낸 본가이고,
골목길 맞은 편 120번지가
친구 고광호 전 이대 교수의
집이다.

일본으로 건너가 도쿄상대 전문부에 입학했다가 3년 후 학병 징집
을 피해 귀국했고, 1950년 4월 김현경과 결혼했다. 하지만 바로 한
국전쟁이 발발하여 피난을 가지 못하고 8월 30일 의용군으로 징
집되어 북으로 끌려가다가 탈출하여 충무로 자택으로 돌아왔으
나, 국군에 포로로 취급되어 거제도 포로수용소 신세를 지고 말았
다. 1952년 여름에야 석방되었고, 2년 후 1.4 후퇴 때 피난 갔던 가
족과 합류하였다. 이후 성북동으로 이사하여 영문번역에 종사하
다가, 2년 후 마포구 구수동 41-2번지로 이사하여 양계업을 했다.
1968년 6월 15일, 동료 문인들과 과음을 한 다음 귀가하던 중 집
근처에서 버스에 치이고 적십자 병원으로 옮겨졌지만 숨을 거두고
말았다.

현재 김수영 시인의 생가 표지석은 탑골공원 맞은편 종로2가
56-17번지에 있고, 시비와 문학관은 도봉구에 있다. 하지만 시인
의 삶의 자취가 남아 있는 옛집은 한 곳도 보존된 곳이 없다. 때문

에 김수영 시인의 어릴 때 친구 고광호
전 이대 교수의 한옥을 활용하면 어떨까
싶기도 하다.

종로6가 116번지 옛집에 대한 기록은
김수영 시인이 포로수용소에서 석방되
어 서울로 올라온 후인 1953년 크리스마
스 이브에 쓴 「낙타과음駱駝過飲」이란 에
세이에서 볼 수 있다.

이 글은 제목 그대로 과음을 한 다음
날 쓴 에세이다. "나는 지금 낙타산이 멀
리 겨울의 햇빛을 받고 알을 낳는 암탉

1938년 선린상업학교 재학 시
친구 고광호와 함께한 김수영
시인

모양으로 유순하게 앉아 있는 것이 무척이나 아름다워 보이는 다
방의 창 앞에서 이 글을 쓰고 있다. …… 오늘 아침에 일어나 보니
내가 누워 있는 곳은 나의 집이 아니라 동대문 안에 있는 고모의 집
이었고, 목도리도 모자도 어디서 어떻게 잃어버렸는지 기억이 전
혀 없다."

📍 동대문

정도전은 도성의 동쪽 문을 흥인문興仁門이라고 이름 지었다. 지금
현판은 흥인지문興仁之門으로 되어 있는데, '갈 지之'는 형상이 청룡
처럼 생겼으므로 내사산內四山 중 가장 기운이 허한 낙산을 보완하
는 의미를 가진다.

4.18 때 동대문을 돌파하는 고대생들

홍인문은 태조 5년(1396) 9월 24일에 석성문의 완성을 보았다. 석성문이 완성되고 다음해인 1397년 1월 27일 태조 자신이 직접 동대문에 나가 옹성이 들어설 땅을 살폈다. 그리고 3개월 후인 4월 28일, '홍인문에 거둥하여 옹성甕城을 보고'라는 기록에서 옹성이 완성되었음을 알 수 있다.

동대문 문루는 옹성과 함께 태조 때 건설된 것으로 추정된다. 동대문 문루는 문종과 단종 때 중수를 한 번 하고 조선조 말까지 튼튼하게 유지되었다. 이 중수 후 415년 만에 동대문이 중수에 들어갔다. 이후 진행된 과정은 1958년 동대문 보수공사를 실시할 때 발견된 고종 6년(1869)의 상량문으로 알 수 있다. 공사는 훈련도감이 담당하고, 고종 5년(1868) 10월 2일 착공하여 고종 6년(1869) 2월 20일 정초定礎, 3월 11일 상량上樑하여 3월 16일 완공하였다. 지금 보이는 동대문의 누각은 1869년(고종 6)에 중수한 문루이다.

동대문은 3.1 운동 시위 현장이고, 4.18 고대생 돌파의 현장이자 4.19 고교생 시위의 현장이기도 하다. 이처럼 동대문은 과거사뿐 아니라 현대사까지 고스란히 기억하고 있는 증인인 셈이다. 현재는 성곽 복원이 이루어져 북쪽에 낙산 성곽 공원이 조성되었다.

📍 신설동로터리

4.19 혁명에 앞장섰던 고려대학교와 대광고등학교, 강문고등학교(현 용문고등학교) 학생들이 시내로 진출하기 위해서는 반드시 거쳐야 하는 길이 신설동로터리였다. 이곳의 위치 때문에 수많은 시위가 이곳에서 벌어졌고, 4명의 희생자가 발생했다. 신설동파출소 역시 시위대에 의해 파괴되었다.

안병채(11세 남, 동신국민학교 4년), 4월 19일 신설동 사거리 시위 대열에서 희생됨.

고해길(20세 남), 4월 19일 신설동 시위 중 총상으로 희생됨.

곽종한(20세 남), 4월 19일 신설동로터리 시위 중 총상으로 희생됨.

원일순(14세 여 서울사대 부속중 재학), 4월 19일 신설동 시위 중 총상으로 희생됨.

신설동파출소가 시민
들에 의해 파괴되었다.
(1960.4.19)

📍 대광고등학교

4월 18일, 인근 고려대학교 학생들의 시위와 정치깡패들의 테러 소식을 듣고 분노한 대광고 학생회 임원들은 밤을 새워 시위계획을 세우고 결의문을 작성하였다. 또한 밀가루 포대를 이어 붙여 현수막도 만들었다.

4월 19일 오전 8시 30분, 시위가 시작되었다. 3학년이 선두에 서고 1, 2학년이 뒤에 섰다. 처음에는 뛰어나오느라 대열을 제대로 짜지 못했지만, 동대문에서는 정연한 대열이 되었다. 대광고 시위대는 종로5가에서 경찰과 반공청년단의 공격을 받았고, 많은 학생들이 경찰서로 연행되었다. 상당수는 혜화동에서 경찰의 공격을 받았는데, 이들이 내지르는 함성은 대학생들에게 큰 충격을 주었다.

일부 학생들은 대학생 선배들과 함께 경무대까지 진출하기도 했

대광고등학교 학생들이 '민주주의 사수하자'는 플래카드를 들고 연좌하고 있다. (1960.4.19)

다. 2006년 교내에 그날을 기념하는 비가 세워졌다. 대광고 학생들의 결의문에도 3.1정신이 들어가 있음을 알 수 있다.

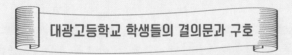

대광고등학교 학생들의 결의문과 구호

우리는 제2세 국민으로서 아래와 같은 결의를 선포한다.

어디까지나 오늘의 정사를 내일에 물려받을 주인공으로서, 붉게 피발리고 정사를 계승받기는 싫다. 그리고 3.15의 불법과 불의의 강제적 선거로 조작된 소위 지도자들은 한시바삐 물러나야 한다.

부러워하던 형제들이여!

대한의 학도여, 일어나라!

피 묻은 국사를 보고 그냥 있을 수 있단 말이냐!

정의에 불타는 학도이거든, 진정한 일꾼이 되려거든 일어나라!

3.1정신은 결코 죽지 않았다.

우리 조국은 어디까지나 민주공화국이요, 결코 독재국가, 경찰국가
가 아니다.

법에서 이탈하고, 만행으로 탄압하는 정부를 보고만 있을 수 없어
대광학생들은 평화적으로 시정을 요구하는 바이다.

구호

1. 정부는 마산 사건을 책임지라.

2. 학원의 자유를 보장하라.

3. 3.15 협잡 선거를 물리치고 정·부통령을 다시 선거하자!

📍 고려대 본관 앞

고려대 본관은 원래 보성전문학교 본관으로 1933년 9월 착공하여
1934년 9월 준공한 석조 3층 건물이다.[*]

고려대 본관 앞은 4.19 민주혁명의 기폭제가 되었던 4.18의 출발
지이다. 3.15 마산의거 후 방학 중(이 당시 개학은 4월이었다) 5개 단
과대 운영위원장이 졸업생에게 줄 기념품 문제로 자주 모임을 가
지면서 우리도 무엇을 해야 하지 않겠느냐며 의견을 모으고 있었
다. 개학 이후 지방에서 올라온 학생으로부터 시위 요구가 거세졌
다. 4월 11일 2차 마산의거 후 더 이상 거사를 미룰 수 없다고 여기

---

[*] 당시 건축 현장에서 일했던 노동자 중 한 명이 고향에서 가출한 정주영 현
대그룹 회장이었다.

1960.4.18 출발 직전의 모습

고, 신입생 환영회 날인 4월 16일(토요일)을 거사일로 정하고 선언
문을 비밀리에 준비했지만 그날이 되자 이를 눈치 챈 형사들이 학
교로 들이닥쳤고, 학교 측은 서둘러 환영회를 무기 연기시켰다.

　시위계획이 무산된 후 학생회 간부들은 18일(월요일) 아침 학교
에 숨어들어가 대의원들에게 12시 50분 점심시간 사이렌을 신호
로 본관 앞 인촌동상 앞에 모이도록 연락하였다. 학생들의 움직임
을 알아챈 학교 측에서 사이렌을 울리지 못하게 하였지만 학생들
은 "인촌동상 앞으로!"를 외쳤고, 순식간에 3천 명이 본관 앞에 모
였다. 신입생 환영회에 쓰려고 준비했던 '고대'라고 쓰인 수건을 배
포하여 머리에 동여매어 행동을 통일했다.[**] 건장한 운동부원들이
가장 앞장설 정도였으니, 그 열기를 짐작할 수 있을 것이다.

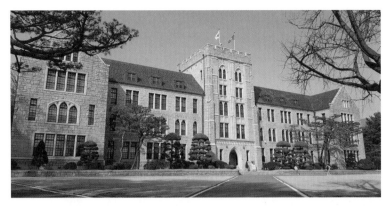

현 고려대 본관

그 자리에서 선언문을 박수로 채택한 고대생 3천 명은 1시 20분 시위에 나서 안암로터리·대광고 앞·신설동로터리를 통과했고, 이때까지 시위를 예상하지 못한 경찰은 급히 막아보려 했지만 제대로 대처하지 못했다. 뒤늦게 동대문 앞과 종로5가와 4가, 종로2, 3가에서 동대문경찰서는 경찰차로 바리케이트를 치고 경찰과 정치깡패들로 저지선을 치고 막으려 했지만 골목으로 우회하는 학생들이 많아 저지에 실패하였다.

4.18성명서

친애하는 고대생 제군!

한마디로 대학은 반항과 자유의 표상이다. 이제 질식할 듯한 기성 독재의 최후적 발악은 바야흐로 전체 국민의 생명과 자유를 위협하고 있다. 그러기에 역사의 생생한 증언자적 사명을 띤 우리들 청년 학도는 이 이상 역류하는 피의 분노를 억제할 수 없다.

만약 이 같은 극단의 악덕과 패륜을 포용하고 있는 이 탁류의 역사를 정화시키지 못한다면 우리는 후세의 영원한 저주를 면치 못하리라. 말할 나위도 없이 학생이 상아탑에 안주치 못하고 대사회 투쟁에 참여해야만 하는 오늘의 10대는 확실히 불쌍한 세대이다. 그러나 동족의 손으로 동족의 피를 뽑고 있는 이 악랄한 현실을 방관하랴.

존경하는 고대 학생 제군!

우리 고대는 과거 일제하에서는 항일투쟁의 총본산이었으며, 해방 후에는 인간의 자유와 존엄을 사수하기 위하여 멸공 전선의 전위적 대열에 섰으나, 오늘은 진정한 민주 이념의 쟁취를 위한 반항의 봉화를 높이 들어야 하겠다.

고대 동지 제군!

우리는 청년 학생만이 진정한 민주 역사의 창조와 역군이 될 수 있음을 명심하여 총궐기하자.

1. 기성세대는 자성하라.

2. 마산 사건의 책임자를 즉시 처단하라.

3. 우리는 행동성 없는 지식인을 배격한다.

4. 경찰의 학원 출입을 엄단하라.

5. 오늘의 평화적 시위를 방해치 말라.

1960년 4월 18일 고려대학교 학생 일동

📍 4.18 기념비

고려대 본관을 등지고 왼쪽으로 내려오면 1961년 4월 18일에 세운 4.18 기념비가 서 있다. 비문은 1960년 4월 20일, 「고대학보」에 국문과 교수로 재직 중이던 조지훈 시인의 시를 옮긴 것이다.

늬들 마음을 우리가 안다

-어느 스승의 뉘우침에서-

조지훈

그날 너의 오래 참고 참았던 의분이 터져

노도와 같이 거리로 거리로 몰려가던 그때

나는 그런 줄도 모르고 연구실 창턱에 기대 앉아

먼 산을 넋 없이 바라보고 있었다.

오후 2시 거리에 나갔다가 비로소 나는

너희들 그 무엇으로도 막을 수 없는 물결이

의사당 앞에 넘치고 있음을 알고

늬들 옆에서 우리는 너희의 불타는 눈망울을 보고 있었다.

사실을 말하면 나는 그날 비로소

너희들이 갑자기 이뻐져서 죽겠던 것이다.

그러나 이것은 어쩐 까닭이냐.

밤늦게 집으로 돌아오는 나의 발길은 무거웠다.

나의 두 뺨을 적시는 아 그것은 뉘우침이었다.

늬들 가슴 속에 그렇게 뜨거운 불덩어리를 간직한 줄 알았더라면

…(중략)…

사랑하는 학생들아

가르치기는 옳게 가르치고 행하기는 옳게 행하지 못하게 하는

세상

제자들이 보는 앞에서 스승의 따귀를 때리는 것쯤은 보통인

그 무지한 깡패 떼에게 정치를 맡겨놓고

원통하고 억울한 것은 늬들만이 아니었다.

그러나 이럴 줄 알았더면 정말

우리는 너희에게 그렇게 말하진 않았을 것이다.

가르칠 게 없는 훈장이니

선비의 정신이나마 깨우쳐 주겠다던 것이

이제 생각하면 정말 쑥스러운 일이었구나.

사랑하는 젊은이들아

붉은 피를 쏟으며 빛을 불러 놓고

어둠 속에 먼저 간 수탉의 넋들아

늬들 마음을 우리가 안다 늬들의 공을 온 겨레가 안다.

하늘도 경건히 고개 숙일 너희 빛나는 죽음 앞에

해마다 해마다 더 많은 꽃이 피리라.

아 자유를 정의를 진리를 염원하던

늬들 마음의 고향 여기에

이제 모두 다 모였구나

우리 영원히 늬들과 함께 있으리라.

지금 고려대 본관과 4.18 기념탑에서 내려다보이는 중앙광장은 2002년에 준공되었는데, 그전에는 대운동장이었다. 1987년 10월 25일 대운동장에서는 10만 군중이 모인 '공정선거 보장을 위한 거국 중립내각 실천대회'가 열렸는데, 김영삼과 김대중 양 김이 분당 전 마지막으로 함께한 행사였다. 김대중에 대한 지지열기가 훨씬 강했기에 김대중은 독자 출마를 선택했고, 결과론이지만 이는 양 김의 분열과 민주진영의 대선 패배 원인이 되고 말았다.

'4.18' 1주기 기념식 때 4.18 기념탑 제막식을 하고 있다.(1961.4.18)

📍 고려대 강당

'4.19 혁명' 하면 누구나 경찰들의 총질과 폭력에 쓰러지는 학생과 시민들을 연상할 것이다. 그러나 5.18의 시민군을 연상시키는 무장 시위도 일부이기는 하지만 분명히 존재했다. 김정남의 「4.19 혁명」 중 일부를 소개하고자 한다. 이때 무장시위대가 해산한 장소가 바로 고려대학교의 강당이었다.

기동화한 시위대는 밤 8시경, 40여 대의 차량에 분승하여 동대 문에서 청량리에 이르는 연도의 파출소를 모조리 불 질렀으며, 파출소에서 탈취한 카빈 소총 27정으로 무장, 한때는 경찰과 총

고려대 강당

격전까지 벌였다. 또 다른 기동시위대는 돈암동과 미아리 일대를 누비다가 성북경찰서 앞에서 경찰의 발포로 또 6명이 희생되었다. 그러나 이렇게 기동화했던 시위대는 중랑교 근방에 집결해 있던 계엄군이 밤 10시를 기해 탱크를 앞세우고 서울시내로 진주하자 대부분 뿔뿔이 흩어졌다.

무장시위대원을 비롯한 일부는 의정부 방면으로 나갔다가 창동지서의 경찰과 잠시 총격전을 벌인 뒤, 자정 무렵 급거 출동한 계엄군에 쫓겨 고려대 뒷산으로 몰렸다. 20일 새벽 1시, 계엄군에 포위된 시위대는 고려대 구내로 내려왔다. 이들은 희생자 시신 1구를 둘러메고 이곳저곳 이동하다가 막바지까지 몰리게 된데다가 일부는 무장까지 하고 있어, 무슨 일이 일어날지 모르는 상황이었다.

학교 구내에는 통금에 발이 묶인 시민들도 뒤섞여 모두 1천 5백명이나 몰려 있었다. 군과 시위대 중 어느 한쪽에서라도 발포하

한일협정비준반대 시위 때 고려대에 난입한 무장군인들. 4.19 때 고대강
당 모습도 이와 비슷했을 것으로 추정.(1965.8.25)

면 엄청난 희생자가 생길 수밖에 없는 긴장된 상황이었다. 이때
계엄군의 조재미 사단장은 장교 2명만 대동하고 학교로 들어가
강당 안에 태극기로 덮여진 희생자 앞에서 정중히 조의를 표하
였다. 착잡한 표정으로 이를 지켜보던 시위대는 그 자리에서 순
순히 무기를 버리고 해산 종용에 응했다. 계엄군은 시위대 가운
데 약 30명을 연행하고 나머지는 모두 귀가 조치시켰다.

혜화동-종로 코스

📍 옛 서울대 문리대 : 현 마로니에공원

✻ 앞 114쪽 참조

📍 동성고등학교

4.19 혁명에서 대광고와 함께 중·고등학교에서 가장 핵심적인 역할을 해낸 동성중학교와 동성고등학교의 시위는 1교시가 끝난 19일 11시에 시작되었다. 학생들은 학교 커튼을 뜯어 현수막을 만들

혜화동로터리를 지키고 있는 동성고등학교의 4.19 기념비

었고, 거의 전교생이 질서정연하게 종로5가로 행진했다. 덩치 큰 학생들이 앞장서고, 교장과 교사까지 학생들의 보호를 위해 따라나서는 아름다운 모범을 보였다.

동성중고 시위대는 종로1가에서 심한 저지를 당하자 을지로로 돌아 광화문을 거쳐 중앙청과 경무대 공방전에 참가했다. 경무대에서 천인복수 열사가 희생되었다. 또한 이곳에서 중상을 입은 김경한은 이로 인해 24년간의 투병 끝에 세상을 떠나고 말았다.

📍 장면 부통령 가옥

1937년에 장면 박사가 지은 이 가옥은 보기 드물게 한식, 양식, 일본식 건축양식이 모두 혼합되어 있다. 현재 등록문화재 357호로 지정되어 있으며 안채, 사랑채, 경호원실, 수행원실이 모두 잘 보존되어 있다. 안에 있는 집기와 가구들은 유족들이 기증한 물품들이다. 최근에는 벤치에 앉아 있는 장면의 동상이 길가에 세워졌다.

장면(張勉, 1899~1966)

장면 부통령

1899년 8월 28일 인천에서 출생하였다. 본관은 인동仁同, 호는 운석雲石이다. 1917년 수원고등농림학교를 졸업하고, 1919년 YMCA 영어학교를 나와 미국으로 건너갔다. 1925년 맨해튼 가톨릭 대학을 졸업하고, 로마에서 열린 '한국 79위 순교 복자 시복식'에 참석한 다음 귀국하였다. 가톨릭교 평양교구에서 활약하다가, 동성고등학교의 전신인 동성상업학교 교장에 취임하여 해방 때까지 근무하였다. 1946년 정계에 투신하여 민주의원 의원·과도입법의원 의원 등을 역임하고 1948년 제헌국회 의원에 당선되었다. 그해 파리에서 열린 제3차 유엔총회에 수석대표로 참석, 한국의 국제적 승인을 위하여 노력하였으며, 이어 대통령 특사로 교황청을 방문한 후 미국에 가서 맨해튼 대학에서 법학박사 학위를 받았다.

1949년 초대 주미대사가 되어 미군의 참전을 이끌어내는 데 크게 공헌하였는데, 당시 그의 가톨릭 인맥이 큰 도움이 되었다고 한다. 1951년 국무총리가 되었다가 다음해 사퇴하였다.

그 후 야당 지도자로서 자유당 독재정권과의 투쟁에 앞장섰으며, 1955년 신익희 등과 민주당을 조직하여 최고위원이 되고, 1956년 부통령에 당선되었다. 당시 부통령 공관은 서소문 쪽 순화동에 있었다. 그해 9월 민주당 전당대회에서 저격을 당하였으나 다행히 경상에 그쳤다. 1959년 민주당 대표최고위원에 당선되었으며, 1960년 조병옥과 러닝메이트로 부통령에 입후보하였다가 부정선거로 '낙선'하였다.

4.19 혁명 후 제5대 민의원을 거쳐 내각책임제 하의 제2공화국 국무총리로 선출되어 정권을 장악하였다.

장면은 4.19 혁명 1주년 기념식에서 이렇게 발언하면서 3.1과 4.19의 연관성을 강조하였다.

40여 년의 간극을 두고 자연발생적으로 폭발한 3.1 운동과 4.19 혁명이라는 두 민중봉기는 우리나라 사람이 얼마나 독립적이고 또 얼마나 민권수호에 용감하였는가를 실증해 주는 민족혼의 찬연한 발로요 정화인 점에서 길이 청사에 빛날 것입니다.

집권 후 국민의 자유를 최대한으로 보장하려는 정책이 적지 않은 부작용을 초래하였고, 1961년 5.16 군사 쿠데타로 총리 취임 9개월 만에 실각하고 말았다. 당시 그가 혜화동 수녀원으로 피신한 일화는 유명하며, 김대중 전 대통령의 세례 대부로서도 널리 알려져 있다. 세례증명서는 약현성당 기념관에 전시되어 있다. 그 후 정치정화법에 묶여 정치활동을 금지당하고 한때 투옥되었으나, 석방된 후 종교생활에 전념하다가 간염으로 세상을 떠나기 직전에야 정치정화법에서 풀려났다. 장례는 국민장으로 거행되었으며, 포천의 가톨릭 묘지에 안장되었다. 동생 장발은 명동대성당 제단 뒤의 14사도 벽화를 그렸고, 아들 장익은 춘천교구장을 지냈다.

1907년 3월 세워진 대한의원. 대한제국의 국립병원이었지만 사실상 이토 통감의 작품이었다. 결국 3년 후, 총독부 의원으로 전환된다. 해방 후 서울대 의대 병원으로 바뀌었다.

📍 옛 서울대학교 병원 : 현 서울대학교 의학박물관

문리대 학생들보다 2시간 정도 늦은 오전 11시 35분경, 1천여 명의 서울대 의대와 약대 학생들도 주먹을 불끈 쥐고 하얀 가운을 입고 거리에 나섰다. 이들은 "대한민국은 민주공화국이다"라는 구호를 외치며 중앙청을 향해 시위를 시작했지만, 세종로에 너무 많은 인파가 몰리자 한국일보사 앞길에 주저앉아 농성하였다.

서울대 의대 학생들의 시위 참여는 크게 두 가지 흐름으로 진행되었다. 하나는 서울대 시위대 주류 속에서 행해진 1, 2학년들의 질서정연한 시위였고, 하나는 오후부터 시작된 3, 4학년들의 총상자 구호활동이었는데, 여기에는 서울대 의대와 연세대 의대생의 활동이 가장 돋보였다. 놀랍게

서울대 의대생 시위 모습

도 이승만은 하야 직전 서울대 병원을 방문하여 부상자들을 위로
하기도 했다.

📍 탑골공원

탑골공원은 앞서 다루었듯이 3.1 혁명
이 시작된 곳으로 널리 알려져 있지만,
4.19 혁명의 무대가 되기도 했다. 자유
당 정권은 이승만의 우상화에 열을 올
려 우리나라 역사상 전무후무한 짓까
지 저질렀으니, 바로 살아 있는 인물의
동상을 세운 것이다. 1956년 8월 15
일, 하나는 남산에, 하나는 탑골공원에
세워졌다. 1960년 4월 26일 오전 9시
45분, 탑골공원에 모여든 시위대는 굵
은 철삿줄을 동상의 목에 걸고 넘어뜨

이승만 동상 철거

렸고, 쇠사슬로 동상을 묶어 서대문 이기붕 집까지 끌고 갔다. 남산
의 동상은 너무나 커서 시위대가 어찌할 수 없어 몇 달 후에 전문요
원이 투입되어 철거되었다. 자세한 내용은 남산~남영동 올레길 편
에서 소개할 것이다. 몇 년 전, 두 동상의 일부가 현재 명륜동의 어
느 가정집에 있다는 사실이 확인되었다.

📍 옛 수송초등학교 터: 현 종로구청

수송초등학교는 1907년에 개교했는데, 조선시대 외사복시外司僕寺 자리였다. 사복시는 말을 관리하던 국가 관청이다. 내사복시는 궁 안에 두었다. 지금으로 말하자면 궁중주차장이었다고 할 수 있다.* 외사복시는 본래 정도전의 집터였다. 정도전이 왕자의 난 때 이방 원에게 패하고 나자, 이방원은 정적의 집터를 마굿간으로 만들어 버렸다. 권력 싸움의 비정함이 느껴지는 자리다. 충무공 이순신이 종6품 주부 시절 이곳에서 근무했는데, 16일밖에 있지 못하고 함 경도로 떠났다.

외사복시 기능이 없어진 1907년, 이 자리에 수송공립보통학교가 들어섰다. 수송공립보통학교 교사는 1934년 화재로 소실되었고, 1938년 새로 교사를 세웠는데 매우 현대적인 건물이었다. 이 건물 은 수송국민학교가 문을 닫을 때까지 교사로 사용되었으며, 도심 인구가 줄자 철거되어 종로구청과 소방서가 들어섰다.

4월 19일, 학교가 세종로 가까이에 있는 관계로 어린 학생이 피 해를 입을 가능성이 있었다. 결국 전한승(12세, 수송국민학교 6년) 군 은 4월 19일 하교하여 세종로를 건너가던 중 총탄을 맞고 쓰러졌 다. 시위 학생들이 즉시 수도의대부속병원으로 이송했지만 30분 만에 숨을 거두고 말았다. 이 때문에 사상 유례없는 국민학생 데모 가 일어났는데, 이때 학생들은 「삼일절 노래」를 부르며 시위에 나

---

* 종로구청 옆에 서 있는 이마利馬빌딩은 이런 이유 때문에 지어진 이름이다.

164

섰다. 3.1 혁명의 집단기억은 또 한번 이렇게 4.19 혁명에 영향을
미친 것이다.

아! 슬퍼요

강명희(수송국민학교)

아! 슬퍼요
아침 하늘이 밝아오며는
달음박질 소리가 들려옵니다
저녁 노을이 사라질 때면
탕탕탕탕 총소리가 들려옵니다
아침 하늘과 저녁 노을을
오빠와 언니들은 피로 물들였어요

오빠와 언니들은 책가방을 안고서
왜 총에 맞았나요
도둑질을 했나요
강도질을 했나요
무슨 나쁜 짓을 했기에
점심도 안 먹고
저녁도 안 먹고
말없이 쓰러졌나요
자꾸만 자꾸만 눈물이 납니다

4월 26일 세종로에 플래카드를 들고 시위에 나선 수송국민학교 학생들. 4월 19일 동료 전한승 군이 총상을 입고 사망하자 "아저씨들 부모형제들에게 총부리를 대지 말라!"라고 쓴 플래카드를 들고서 시위에 나섰다.

잊을 수 없는 4월 19일 그리고 25일 26일

학교에서 파하는 길에

총알은 날아오고

피는 길을 덮는데

외로이 남은 책가방

무겁기도 하더군요

나는 알아요 우리는 알아요

엄마 아빠 아무 말도 안 해도

오빠와 언니들이 왜 피를 흘렸는지를

오빠와 언니들이

배우다 남은 학교에

수송국민학교 지도(1958). 지도에 '역기역자'로 건물이 표시되어 있다.

배우다 남은 책상에서
우리는 오빠와 언니들의
뒤를 따르렵니다

📍 세종로 : 현 광화문 광장

세종로는 경무대와 국회의사당, 중앙청으로 가는 길목인 데다가, 분노의 대상이었던 반공회관도 있어 가장 격렬한 시위가 벌어졌고, 자연스럽게 많은 사상자가 발생했다. 2010년에 4.19 혁명 50주년을 기념하는 탑이 세워졌지만, 현재는 의정부議政府 옛터 발굴 작업 관계로 펜스에 가려져 인도에서는 볼 수가 없고, 옆에 있는 대한민국 역사박물관 전망대에 올라가야 볼 수 있다.

4.19 당시 세종로 총격 희생자

김영기(21세 남, 중앙대 재학), 김태년(22세 남, 중앙대 재학), 차대공

세종로 앞 4.19 시위대 모습

4월 26일 탱크 위에 올라선 시민들. 뒤에 보이는 건물이 옛 조선일보 사옥이다.

(14세 남, 균명중학교〔현재 만리동 환일중〕 재학), 박찬원(19세 남, 서
울상고 2년〔현재 경기상고〕 재학), 고순자(24세 여, 서울대 재학), 문화
웅(19세 남)

옛 반공회관 터: 현 미국대사관

정치 깡패들의 소굴이었던 세종로 반
공회관이 4.19 그날 시민들의 손에 의
해 불탔다. 대구시 4대 민의원이던 신
도환이 1959년 8월부터 대한반공청
년단 단장을 맡고 있었다. 4.18 고대생
시위대를 진압하기 위해 모인 깡패들
의 첫 집결지가 세종로 반공청년단 건
물이었다. 건물 앞에는 맥아더의 동상
이 있었는데, 시위대가 전혀 손을 대지
않고, 오히려 꽃다발까지 목에 걸어 주
었지만 언제 어떻게 없어졌는지는 알
길이 없다.

불타고 있는 반공회관

옛 중앙청

옛 조선총독부 청사는 1916년 8월에 착공하여 1926년 10월 1일
준공된 건물로서 일제 강점기를 상징하는 존재였다. 1995년 8월

4.19 효자로에 있는 중
앙청 서문을 통해 공
격하는 시위대

15일, 김영삼 정부는 우리나라의 치부를 지우고 신한국을 건설한 다는 명분으로 옛 조선총독부 돔 상부를 잘라내는 퍼포먼스를 TV 생중계로 진행하면서 해체를 시작했다. 이 상부는 목천 독립기념 관 야외공원에 전시되어 있다. 하지만 이 건물은 해체가 아니라 이 전해서 '독립운동기념박물관'을 만들었어야 했다는 아쉬움을 표하 는 이들이 많다.* 조선총독부는 일제 강점기 기억뿐 아니라 해방 후 4.19 혁명을 포함한 수많은 기억을 간직한 건물이기 때문이다.

젊은 세대는 경복궁 안에 옛 조선총독부 건물이 있었다는 사실 조차 모르고 있으니 무서운 역사 망각이 일어나고 있는 셈이다. 이 건물 앞에서도 4월 19일에 많은 생명이 독재의 총구에 희생되 었다.

---

* 일본에서는 한국 정부가 허락한다면 일본 땅으로 이전하겠다고 제안했지 만 묵살되었다. 국내에서도 일산 호수공원으로 이전하자는 의견이 대두되 기도 했다.

4월 19일 중앙청 앞 총격 희생자

김창무(22세 남), 이창원(49세 남), 구순자(16세 여, 덕성여중 재학),
황규직(21세 남, 서울문리고교〔1964년 명지중·고교로 개칭, 1969년
남산동에서 남가좌동으로 이전〕 3년 재학), 손중근(23세 남, 서울대 재
학), 백남웅(19세 남), 강창조(21세 남), 최신자(14세 여, 덕성여중 재
학), 안승준(23세 남, 서울대 재학)

⚲ 옛 경무대 앞: 효자동 삼거리

4월 19일 동국대생, 동성고생, 대광고생, 서울대생 등을 선두로 한
2만여 명의 시위대는 경무대로 가기 위해 중앙청 옆길에서 바리게
이트를 친 경찰들과 대치했다. 동국대생들은 인근 공사장에 있던
상수도용 철관을 굴려 돌진하여 저지선을 돌파했다. 마지막 저지
선은 효자동 전차 종점이었다. 4~5중의 바리게이트를 친 7, 8백 명
의 경찰들은 중무장을 하고 시위대를 막았다. 당시 전차는 시동이

효자동 공방전 사진. 전차
옆에 동국대학교 현수막이
보인다.

4월 19일 효자로에서 시위대에 쫓기는 경찰들

걸려 있었고, 이를 움직여 바리게이트를 돌파하는 데 성공했지만 경무대 진입은 무장경관의 무차별 사격으로 실패하고 말았다. 4.19 혁명에서 가장 많은 희생자들이 이곳에서 나왔는데, 영화 「효자동 이발사」에서 이 장면이 잘 재현되었다. 서울대 의대 구호반이 가장 눈부시게 활동한 장소도 이곳이었다.

4월 19일 경무대 앞 총격 희생자

송규석(23세 남, 중앙대 재학), 김창무(22세 남), 이창원(49세 남), 김부연(15세 남, 서라벌예고 재학), 이기석(16세 남, 동대문상고, 현 청원고 재학), 유종환(18세 남, 광주제일중 재학), 차성원(19세 남, 홍국상고 재학), 민병록(20세 남, 동북고교 3년 재학), 정태훈(19세 남, 홍국고교 3년 재학), 천인복수(19세 남, 동성고 재학), 전재근(23세 남, 화

4월 19일 오후 1시 5분 효자동 전차 종점. 경무대를 지키던 경찰들의 최후의 방어선이었던 철조망이 시위대의 공격에 무너졌다. 경찰이 버리고 간 3대의 소방차를 밀면서 경무대로 향하던 시위대에 경무대 정문 100m 앞에서 두 번째 철조망을 친 경찰들이 1시 40분 발포를 시작했다. 위 사진은 「동아일보」 이명동 기자가 죽음을 무릅쓰고 찍은 사진이다. 옛 경무대 입구, 지금의 효자동로터리에는 4.19 혁명을 기억하는 건물이 아무것도 남아 있지 않다. 심지어 경무대도 철거되어 사라져 버렸다.

청와대 영빈관 앞에 설치한 〈4.19 최초 발포 현장〉 바닥 동판

4월 19일 오후 5시 경찰관 3백여 명이 소총, 기관총 무장된 장갑차 2대를 앞세우고 시위대 소탕. 장갑차에 기관총이 탑재되어 있는 것이 보인다.

광고등공민학교 재학), 정인석(22세 남, 한양대 재학), 노희두(22세 남, 동국대 재학), 김찬우(17세 남, 광신중 재학), 이향길(15세 남), 이성엽(19세 남), 진삼두(23세 남), 김창필(27세 남), 김왈영(26세 남, 고려대 재학), 나영주(25세 남, 홍익대 재학), 유재식(24세 남, 서울대 재학), 김치호(22세 남, 서울대 재학), 박동훈(20세 남, 서울대 재학), 이청수(19세 남, 국민대학), 채광석(18세 남, 배재중 재학)

📍 옛 서울대 문리대: 현 마로니에공원

* 앞 114쪽 참조

📍 옛 평화극장 터: 현 한일빌딩

4월 25일, 교수단 시위로 인해 다시 불이 붙은 시위대의 분노는 정 치깡패들에게 향했다. 연지동에 있던 이정재의 집과 낙원동에 있는 임화수의 집이 전소되었는데, 밤 9시에 임화수가 경영하는 종로 5가 평화극장도 분노의 표적이 되었다. 소설가 박태순의 중편 소설 「무너진 극장」은 바로 이 사건을 무대로 하고 있다.

인물 열전	임화수

경기도 여주군 출신으로 본명은 권중각이다. 아버지가 죽고 어머니가 재가하자 의붓아버지의 성씨를 따라 임화수로 개명했다. 21살 때 소매치기로 개성형무소에서 2년, 24살 때 장물취득 혐의로 2년을 더 옥살이하였다. 학력도 없고 배운 게 없었지만 영화를 좋아하여 극장 주변에서 일을 하며 생계를 꾸렸다. 광복 후 그는 적산재

임화수

산인 종로5가의 미나토극장을 인수받아 점차 영화계의 대부로 급부상하여 연예계의 대통령으로 군림하게 된다.

이정재와 더불어 동대문파의 2인자로 떠오른 임화수는 이승만의 경호실장 곽영주의 비호 아래 국내 최초의 외국합작영화인 「천지유정」(1957)을 홍콩과 합작해서 만들어냈으며, 또 「길 잃은 사람들」, 「사람 팔자 알 수 없다」 등의 영화 15편을 제작했다.

반공예술인단이라는 단체를 조직해 단장으로서 자유당 정권과 더욱 밀착했으며, 곽영주의 도움으로 이승만을 만난 자리에서 울면서 아버지라고 부를 정도로 신임을 받기도 했다. 그러나 폭력을 함부로 행사했기에 세평이 매우 좋지 않았다. 특히 김희갑의 갈비뼈를 부러뜨린 이른바 합죽이 구타사건으로 많은 사람들로부터 비난을 받기도 하였다. 권력을 위해 출신지와 나이를 속였으며, 예매표를 조작하여 부당한 이득을 챙겼다. 남자 배우들에게 폭력을 가하고, 젊은 여배우들을 권력자에게 상납하는 짓도 서슴지 않았다.

또 그는 이정재가 은퇴하며 물러난 동대문 상인연합회의 회장 자리를 이어받고 신도환의 대한반공청년단에 가입, 대한반공청년단 종로구 책임자가 되었으며, 유지광 등에게 제1공화국 자유당 정권 반대를 외치는 야당 정치인들에 대한 공공연한 정치테러를 지시하였다. 앞서 다룬 고대생 습격사건을 지시하기도 했다. 이 사건은 훗날 5.16 군사정변 후 그가 사형을 당하는 결정적인 원인이 된다.

그는 재판정에서 살아남기 위해서 이정재와 유지광 등에게 모든 책임을 떠넘기려고 하는 등 재판 내내 울먹거리며 갖은 잔꾀를 부렸다. 그가 폭로한 화랑동지회 사건으로 이정재는 범죄단체조직 등의 죄목이 추가되어 사형의 결정적인 원인이 된다. 이는 훗날 유지광의 자서전 『대명』에도 언급되었다. 사형수들이 마지막으로 가족면회를 하던 날에 유지광은 임화수를 만나자 분노를 터뜨리며 그에게 폭행을 가하려고 했다가, 최인규의 강력한 만류로 간신히 진정되는 일도 있었다. 재판에서 이정재, 최인규, 곽영주, 신정식 등과 사형을 선고받고, 1961년 12월 21일에 서대문 형무소에서 곽영주, 최인규, 조용수 등과 함께 교수형에 처해졌다.

📍 동대문

* 앞 143~145쪽 참조

📍 **옛 동대문운동장: 현 동대문역사문화공원**

낙산이 끊어지고 오간수문을 통해 청계천이 흐르고, 이간수문을 통해 남소문동천이 흐르던 동대문운동장 부지는 큰 시설을 짓기 좋은 땅이었다. 조선시대에는 훈련도감 산하에 하도감이라는 군대훈련장이 들어섰고, 일제에 의해 강제 개항된 이후 개화정책에 반대한 구 훈련도감 군대 봉기, 즉 임오군변(1882년)의 현장이 되었다.

일제강점기에는 그 자리에 거대한 경성운동장이 들어섰다. 경성운동장은 일제 경성부가 황태자 히로히토(裕仁)의 결혼기념사업으로 1925년 5월에 기공하여 같은 해 10월 15일에 개장하였다. 개장 당시 수용 인원은 2만 5,800명이었다. 무단통치로 일관하던 일제는 1919년 3.1 독립운동이라는 전 민족적 저항에 부닥치자 통치 수단을 세련되게 바꾸었는데, 이를 위해 신성한 장충단을 공원으로 만들어버렸고(1919년 6월), 창경궁을 창경원(1924년)으로 격하하여 동물원을 설치하고, 야간 개장도 하는 벚꽃놀이 장으로 전락시켰다. 식민지 백성들의 불만을 비정치적으로 발산시키는 데 스포츠만한 게 없다는 것을 잘 알고 있던 일제는 하도감 터에 운동장을 건설했다. 지금 서울 지도를 보면 동대문에서 동대문운동장으로 가는 대로가 직선이 아니고 을지로6가 쪽으로 굽어져 있는데, 이는 훈련장 자리를 그대로 운동장으로 만들면서 생긴 현상이다. 길 하나가 굽어져 있는 것도 역사를 따져 올라가 보면 이유가 있는 것이다.

해방 후 경성운동장은 서울운동장이란 새 이름을 달고 우여곡절이 많았던 역사를 함께해야 했다. 1945년 12월 30일에는 우익 쪽에서 신탁통치반대 국민총동원위원회 주최 국민대회를 이곳에서 개최했다.

나흘 후인 1946년 1월 3일에는 좌익 쪽에서 조선공산당, 서울인민위원회를 비롯한 1백 개 사회단체, 270개 동회 대표 등이 참석한 민족통일자주독립촉성 시민대회를 열었다. 이 대회는 모스크바 3

합동장례식(1960.5.19)

상회의의 결정을 지지한다는 찬탁대회였다. 1946년 노동절 행사 때는 우익인 대한노총 등은 축구장에서, 좌익인 조선노동조합전국 평의회는 야구장에서 행사를 따로 치르기도 했다. 해방 후 수만 명 의 군중이 모일 수 있는 장소로 거의 유일한 곳이 서울운동장이었 기 때문에 생긴 좌우파 동시 집회였다. 지금에는 상상하기 힘들지 만 조선공산당이 합법이던 시절의 일화이다.

1946년 8월 3일에는 민족지도자 여운형의 장례식이 이곳에서 열렸는데, 그는 초대 대한체육회장이기도 해서 손기정이 그의 관 을 메었다.

한국전쟁 이후 이승만, 박정희, 전두환 정권 아래에서는 반공궐

'4.19' 3돌 기념식. 박정희 군사
정권도 처음엔 이렇게 4.19기
념식을 거행했다.(1963.4.19)

기대회로도 유명했으며, 80년대 중반까지 축구와 야구 등 국제대
회는 물론 프로 축구와 야구의 태동도 같이 했던 곳이었다. 고교
야구의 전성기인 70년대 동대문운동장 야구장은 전 국민이 한 번
쯤은 자기 지역 고교야구팀을 응원하기 위해 찾았던 친숙한 곳이
었다. 전 국민적인 감동과 아쉬움이 메아리쳤던 동대문운동장은
2008년 철거되면서 역사의 저편으로 사라지고, 그 자리에 동대문
디자인플라자가 들어섰다. 그래도 그 과정에서 이간수문과 하도감
터 등 유적들이 발견된 것은 다행스러운 일이었고, 그 결과로 부지
의 일부에 역사문화공원이 조성되었다.

서울운동장은 4.19의 기억도 간직하고 있었다. 3.15 부정선거를
자행했음에도 자유당 정권은 후안무치하게도 이승만, 이기붕 당선
축하 권투시합까지 4월 2일에 열었다. 우민화 정책은 일제나 자유
당 정권이나 마찬가지였던 것이다.

1960년 4월 24일 용산 육군야구장에서 자유당 정권이 민심수습
을 위해 서둘러 거행했던 '4.19 희생학생장례식'은 학생들이 관제
장례식이라고 거부하고 뛰쳐나와 버렸다. 1960년 5월 19일, 제대

로 된 4.19 합동장례식이 동대문운동장에서 거행되었다. 동대문운동장은 1963년까지 4.19 기념식 거행 장소로 사용되었다.

하지만 5.16 군사정권의 동대문운동장에서 하는 범국민적 4.19 기념식 행사는 오래가지 못했다. 한일협정 반대 데모가 벌어지던 64년에는 장소가 효창운동장으로, 이후에는 실내체육관으로 바뀌면서 행사가 축소되었기 때문이다. 박정희 집권 기간 4.19 혁명은 감히 부정까지는 이르지 못했지만 계속 축소되었던 것이다.

♀ 국립의료원

한국전쟁에 전투부대를 파병한 나라는 16개국이지만, 의료지원을 보내준 나라도 있었는데, 그중에서 가장 많은 활약을 한 나라가 덴마크, 노르웨이, 스웨덴의 스칸디나비아 3개국이다. 덴마크는 병원선을, 노르웨이는 야전 외과병원을, 스웨덴은 부산에 적십자병원을 운영하여 역할을 분담하였다.

이들은 전쟁 이후에도 철수하지 않고 많은 지원을 했는데, 가장 눈에 띄는 부분이 국립의료원의 건립이다. 1956년 9월에 착공된 국립의료원은 흔히 메디컬센터로 불렸는데, 58년 6월에 완공되어 4.19 혁명 당시에는 가장 최신식 병원이기도 했다.

4.19 혁명 때에는 고혜길, 박동훈, 김창의, 김용근 등 7명의 희생자가 안치되었으며, 120명이 넘는, 가장 많은 부상자를 치료하였다. 1968년에는 스칸디나비아 3국으로부터 정부가 운영권을 인수하여 현재에 이르고 있으며, 2010년 4월 3일에는 국립중앙의료원

으로 개칭되었다. 전태일 열사가 분신 후 가장 먼저 옮겨진 병원도
이곳이었다.

📍 동국대학교 동우탑

4월 19일, 서울시내의 거의 모든 대학이 시위에 참여했는데, 고려
대와 서울대, 중앙대와 함께 돋보인 대학 중 하나가 동국대학교였
다. 19일 오전 11시, 교문(당시는 후문이 정문이었다)을 막고 있는 중
부서 경관들을 밀어버린 2천여 명의 동국대생들은 동국대학교가
쓰인 빨간 플래카드를 선두로 하여 제일병원 앞을 지나 거리로 나
섰다. 필동 삼거리(현 동국대 충무로영상센터) 앞에서 다시 경찰과 대

동국대학교 학생들이 해무청 앞에 집결해 있다.(1960.4.19)

치했으나 가볍게 저지선을 돌파하고 퇴계로4가, 을지로4가, 을지로 입구 옛 내무부 앞을 지나 국회의사당 앞과 대법원에 모였다가 다른 시위대와 함께 중앙청으로 나아갔다. 동국대 시위대는 경무대로 가 대통령을 면담하자고 주장하였고, 이들이 5대의 소방차와 무장경관의 제지를 무릅쓰고 경무대 쪽으로 향하자 서울대 시위대와 동성고 시위대가 뒤를 따랐다.

경무대 앞에서 희생된 법대 노희두 열사의 흉상과 4.19 혁명 참가를 기념하는 동우탑이 같은 해 11월에 건립되었다.

동우탑을 정면으로 보고 왼쪽에 보이는 흉상은 6.3한일협정 반대 시위 당시 희생된 김중배 열사를 기리기 위해 세워졌다.

📍 수유리 4.19 국립묘지

4.19 혁명 다음해인 1961년 2월 1일, 국무회의에서 수유리에 4.19 희생자들의 유해를 모실 공원묘지의 설립을 결의했고, 5.16 군사정변 이후 재건국민운동 중앙본부가 부정 축재자의 재산인 서울 도봉구 수유동 산 9의 1 일대를 환수하여 1962년 12월 21일 첫 삽을 뜨고 1만 2백 43평의 묘역을 가꾸어, 1963년 9월 20일 185위의 희생자들을 안장했다. 이후 부상자 중의 사망자와 유공자 중의 사망자 115위가 추가되어 현재는 300위가 모셔져 있다. 주요 시설로는 유영봉안소, 기념탑과 분향소, 수호자 상, 기념비, 기념관 등이 있다.

4월 학생 혁명 기념탑 비문은 다음과 같다.

1960년 4월 19일. 이 나라 젊은이들의 혈관 속에 정의를 위해서는 생명을 능히 던질 수 있는 피의 전통이 용솟음치고 있음을 역사는 증언한다.
부정과 불의에 항쟁한 수만 명 학생 대열은 의기의 힘으로 역사의 수레바퀴를 바로 세웠고, 민주제단에 피를 뿌린 185위의 젊은 혼들은 거룩한 수호신이 되었다.

해마다 4월이 오면 접동새 울음 속에 그들의 피 묻은 혼의 하소
연이 들릴 것이요, 해마다 4월이 오면 봄을 선구하는 진달래처
럼 민족의 꽃들은 사람들의 가슴마다에 되살아 피어나리라.

📍 미아리 고개

한성여중 2학년에 재학 중이던 진영숙(16세) 양은 오후 10시 30분
미아리 고개에서 시위 중 총탄에 희생된다. 이 때문에 그녀는 4.19
의 유관순이라 불리웠다. 같은 날, 해동상업학원에 재학 중이던 김
현기(20, 남) 열사도 4월 19일 미아리 고개 시위 중 총탄에 희생
된다.

진영숙 양이 죽기 4시간 전에 어머니에게 쓴 유서 같은 편지를
보자.

시간이 없는 관계로 어머님 뵙지 못하고 떠납니다. …… 지금 저의 모든 친구들, 그리고 대한민국 모든 학생들은 우리나라 민주주의를 위하여 피를 흘립니다. 어머님, 데모에 나간 저를 책하지 마시옵소서. 우리들이 아니면 누가 데모를 하겠습니까? 저희 모든 학우들은 죽음을 각오하고 나간 것입니다. 저는 생명을 바쳐 싸우려고 합니다. 데모하다 죽어도 원이 없습니다. 어머님, 저를 사랑하시는 마음으로 무척 비통하게 생각하시겠지마는 온 겨레의 앞날과 민족의 해방을 위하여 기뻐해 주세요. …… 부디 몸 건강히 계세요. 거듭 말씀드리지만 저의 목숨은 이미 바치려고 결심하였습니다.

수유리 국립묘지는 3.1 혁명의 주역 손병희 선생의 묘와 봉황각, 옛 천도교 교당, 여운형과 신익희 선생 묘, 그리고 근현대사기념관과 인접해 있으니 같이 방문해도 좋을 것이다.

4.19국립묘지에 모셔져 있는 진영숙 열사의 묘

서울 외곽에서 촬영된 기동화한 시위대 모습

남산~남영동 민주올레

독립·민주·인권과 만나는

남산-남영동 올레길

운영기간 **2019년 4월~10월**[7, 8월 제외], **토요일**
소요시간 **09:30~12:30** [약3시간] · 한옥마을 집결
운영규모 20명/팀, 하루 총 3팀 운영
참가대상 일반시민 [개인, 단체, 가족]
참 가 비 5천원/1인 · 기념품[모자], 가이드북, 간식 제공
신청방법 **http://dhrm.or.kr** 민주인권기념관 홈페이지

· 10인 이상 단체일 경우 별도 문의 바랍니다. 02-6918-0103

코스구성 한옥마을 → 남산 제1청사[옛 중앙정부 5국] →
서울유스호스텔[옛 중앙정부 본관] → 기억의 터
한양 도성길 → 서울역 광장[701기] / 무임동 →
민주인권기념관[옛 남영동 대공분실]

함께 걷는 민주

남산~남영동 민주올레 코스

TBS교통방송사와
서울시 소방재난본부

중앙정보부 6국 터 · 주자파출소 터

통감관저 터

통감부/총독부 터,
김익상 의거지

남산골 한옥마을

리라초등학교,
숭의여자대학교
(노기신사 터,
경성신사 터)

문학의 집 서울·
산림문학관

남산창작센터와
소릿길 터널

백범광장(조선신궁 터,
이승만 동상 터)

서울유스호스텔과
서울종합방재센터

서울역과 광장
강우규 동상

서울특별시청
남산 1별관

남산타워

후암동 문화주택

용산 미군기지

민주인권기념관
(옛 남영동 대공분실)

한국 근현대사에서 남산과 용산의 역할

애국가 2절에 등장하는 남산은 서울시민들의 대표적인 휴식 공간이자, 케이블카와 서울타워가 있는 관광명소로 잘 알려져 있다. 하지만 정말 가슴 아픈 역사를 가지고 있었다는 사실은, 그정도까지는 알려지지 않았다. 조선시대의 한양은 청계천을 경계로 북쪽은 벼슬아치나 부자들이 살았고, 남쪽은 벼슬 없는 선비와 서민들이 모여 살았다. 하지만 1876년 강화도조약 이후 도성 안에는 외국인들이 살 수 없다는 금법을 무너뜨리고 일본인들이 들어오기 시작했다. 이들은 종로 쪽으로 진출하기에는 아직 힘이 부족했기에 남산 기슭과 그 일대, 즉 지금의 예장동, 충무로, 을지로, 명동 지역에 거류민 촌을 만들었다. 이 시기에 순박했던 남산골 선비들은 거의 사라지고 말았다.

남영南營이란 지명은 이곳에 조선시대부터 도성 남쪽의 군부대가 있었기에 붙여졌다고 한다. 여기에 군부대가 자리한 이유는, 용산·남영 일대는 한강이 가까워 이동에 유리하고, 남대문 바로 밑이라 도성 안에 변란이 날 경우 바로 출동할 수 있는 곳이기 때문이다. 그러나 구한말에는 원세개가 이끄는 청나라 군대가 차지했고, 이후 일본과 미국이 이어받으며 3세기에 걸쳐 130년 이상 외국 군

대가 수도의 한복판을 차지하고 있는 부끄러운 역사의 현장이 되었다. 갑오년 동학농민군의 봉기를 틈타 일본은 오시마 요시마사(大島義昌)* 소장 휘하의 군대를 조선으로 보냈다. 그들은 조선 정부의 항의에도 아랑곳하지 않고 1894년 6월 8일 인천에 상륙, 서울로 진입했다. 일본군은 효창원에 사령부를 설치하고 이태원, 서빙고 등지에 주둔했다.

6월 17일 일본은 청나라에 선전포고하면서, 경야포를 남산에 설치하여 경복궁을 직접 겨냥하였다. 결국 그들은 한양을 장악하고 청일전쟁에서 승리하면서 조선 침략을 가속화하였다. 하지만 열강, 특히 러시아의 간섭으로 물러나야 했으나 다시 이빨을 드러내었다. 이번에도 용산이 주요 목표가 되었다. 그 시작은 1904년 2월 23일이었다. 다시 서울을 점령한 일본은 「한일의정서」라는 군사협정을 강제로 체결했다. 일본군이 원하면 한국 땅 어디라도 점유할 수 있고 한국(대한제국) 정부는 협조해야 한다는 극악한 내용이었다.

전세가 유리해지자 일본군은 영구적인 기지를 만들기 위해 용산 둔지산 일대를 선택했다. 일본군은 이미 3월부터 용산에 병기창을 만들기 시작했으며, 다음해인 1905년 7월 26일까지 토지수용을 완료해 줄 것을 요구했다. 땅의 크기도 크기였지만 용산, 마포 일대에 엄청난 수의 묘가 있다는 것도 심각한 문제였다.

---

* 오시마는 아베 전 일본 총리의 외고조부이자 일본 육군의 주류인 조슈 군벌의 일원이었다.

용산 땅에는 117만 기가 넘는 묘가 있었다고 한다. 물론 정확하게 센 것이 아니라 2평당 묘 1기 정도로 어림한 숫자였다. 가옥은 1,176호, 최대한 줄여도 가옥과 농토 보상비만 89만 원에 달했다. 하지만 일본은 평양과 의주 땅까지 합쳐 20만 원만 내놓았다. 당연히 분묘 이장비는 엄두를 내지 못했다. 분노한 주민들이 내부(內部, 지금의 행정자치부)로 찾아가 격렬하게 항의했지만 일본군에 의해 해산되고 말았다.

1905년 8월 10일 토지수용이 완료되었다. 일본군이 자리잡기 전까지는 효창공원과 용마루 일대를 용산龍山이라고 불렀으므로 일본군은 자신들이 차지한 지역을 신용산新龍山이라고 불렀다. 1906년 6월 남영동에서 지금의 한강대교에 이르는 직선도로(지금의 한강로)가 개통되고, 11월에 2층 887평짜리 용산역이 완공되어 점차 신용산이 아닌 '용산'으로 불리게 된다. 용산역은 경의선과 경부선이 모두 지나는 교통의 요지가 되었다.

1907년 1월 군용지를 117만 평으로 확정했는데, 현재 미군의 사용 부지가 108만 평임을 감안하면 당시와 별 차이가 없음을 알 수 있다. 나머지 200만 평은 철도시설과 도로가 들어서고 1915년 이후 기지가 크게 확장되면서 용지로 사용된다.

1907년 2월 일시적으로 병력이 감축되지만 헤이그 특사 사건과 고종 퇴위, 의병 봉기가 이어지면서 병력이 다시 늘어난다. 6월 러일전쟁 배상금의 일부로 하세가와 사령관 관저를 지으면서 용산의 '일본군 병영화'는 가속화된다. 해방 후에는 미군이 일본군 대신 이 땅을 차지했고, 제6공화국이 들어서면서 이전 논의가 시작되었지만, 최근에야 평택 기지로 이전하였다. 현재는 이곳을 국가적 차원의 공원으로 만들기 위한 각계의 다양한 노력이 시도되고 있다.

1910년 8월 22일, 남산의 통감 관저에서 맺어진 병탄조약 이후에는 정신적 지배의 상징인 거대한 조선신궁까지 만들어 신사참배를 강요했다. 남산의 헌병대사령부는 3.1 운동 진압의 중심지였다. 그 사이 남산과 용산은 대표적인 일본인 거주구역이 되면서 우리 땅임에도 한국인들이 접근하기 어려운 공간이 되었다.

남산과 용산의 불행한 역사는 해방 후에도 계속되었다. 헌병대사령부에는 수도경비사령부가, 중턱의 조선신궁 터에는 거대한 이승만 동상이 들어섰다. 5.16 군사쿠데타 이후에는 중앙정보부가 자리잡으면서 남산은 공포의 대명사가 되었다. 한밤중에 "남산에서 왔습니다. 모시겠습니다"라며 검은 선글라스를 끼고 느닷없이 나타나는 장정들은 저승사자나 마찬가지였다.

남영동과 용산 역시 일본군은 떠났지만 미군이 들어오면서 대한민국의 주권이 미치지 못하는 땅이 되었고, 남영동과 서빙고에는 경찰과 보안사령부의 분실이 설치되었다. 이곳에서 수많은 민주인사들이 고문을 당했는데, 박종철과 김근태가 대표적인 인물이다.

다행히 남산과 용산의 이런 불행한 역사는 거의 막을 내리고 있다. 중앙정보부를 거쳐 국가안전기획부에서 다시 국가정보원으로 이름을 바꾼 국가정보기관은 내곡동으로 이전하였다. 그들이 떠난 남산은 시민들의 공간으로 서서히 변하고 있다. 용산의 미군도 최근 평택으로 떠나면서 거대한 공원으로의 변신을 눈앞에 두고 있다. 공포의 공간이었던 남영동 대공분실은 다소 모호한 성격을 가진 공간인 경찰청 인권센터로 사용되다가, 2021년 6월 10일 착공식을 시작으로 2023년 2월까지 민주주의와 인권을 상징하는 민주인권기념관으로 변신할 것이다.

서울의 남쪽을 지키는 남산과 용산의 남영동은 그 중요한 위치 탓에 외세와 군부독재자들의 근거지가 될 수밖에 없었고, 불행한 역사를 겪었다. 이제서야 시민들에 의해 서서히 제자리를 찾아가고 있는 것이다.

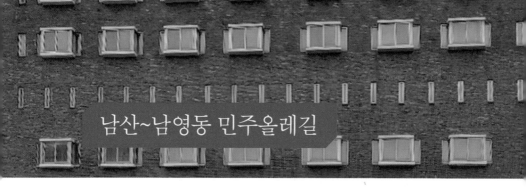

남산~남영동 민주올레길

📍 조선헌병대사령부와 수도경비사령부 터 : 현 한옥마을

지하철 3호선과 4호선이 교차하는 충무로역 3번 출구를 나와서 돌면, 많은 국내외 관광객들이 찾는 남산골 한옥마을이 나온다. 이곳은 일제의 악명 높은 조선헌병대사령부 터였다. 일본군 헌병대의 한국 주둔은 1896년 1월, 을미 의병의 공격에서 군용 전선을 지키기 위해 파견한 임시헌병대에서 시작되었으며, 이들은 의병 진압의 주범이었다. 정식 강점 직전인 1910년 6월, 테라우치 마사다케(寺內正毅) 통감은 한국 정부의 경찰권을 박탈하고, 경무총감부를

남산 한옥 마을. 정면에 보이는 누각은 노태우가 수경사령관 시절에 지은 부대 내 사찰을 개조한 것이다.

충무로

신설하여 헌병대사령관이 경무총감을 겸임토록 했다. 그 악명 높은 '헌병경찰제'가 시작된 것이다.

헌병경찰제도란 군대인 헌병과 민간인을 상대로 하는 경찰이 동일 계통의 명령체계 속에 움직이는 것으로, 즉 헌병이 민사나 행정 업무까지 담당하여 말 그대로 무력에 의한 통치를 실행한 것이었다. 헌병은 한국인의 자유를 빼앗고 인권을 유린했다. 뿐만 아니라 일제는 이곳에서 조선왕조의 왕족들이 사는 창덕궁 돈화문까지 일직선으로 이어지는 새로운 도로, 즉 지금의 충무로를 뚫어 구 황족들에 대한 통제를 강화하였다. 한옥마을 정문 옆에 있는 '한국의 집'에는 조선총독을 보좌하는 총독부의 2인자 정무총감의 관저가 있었으며, 3인자인 경무총감부도 인근에 있었다. 1919년 3월 1일, 태화관에서 독립선언을 한 민족대표 29인도 경무총감부로 체포되어 조사를 받은 다음 서대문형무소에 수감되었다.

조선헌병대사령부 자리에는 해방 후 수도경비사령부(1980년대에 수도방위사령부로 개편됨)가 들어섰다. 주체는 바뀌었지만 군사시설이라는 면에서는 변함이 없었다. 경복궁과 청와대를 정면으로 건

수도방위사령부 터

너다보는 이곳은 여전히 요충지였던 것이다. 한때는 '필동 육군본부'라고 부를 정도였다.

1979년 12월 12일, 전두환의 신군부가 주도한 군사반란이 일어났을 때 이곳에는 가장 강력한 반대파인 장태완 수방사령관이 버티고 있었다. 그가 한 "야! 이 반란군 놈의 새끼야! 니들 거기 꼼짝 말고 있어! 내 지금 전차를 몰고 가서 네놈들의 머리통을 다 날려버리겠어! 역적 놈의 새끼들!"이라고 외친 발언은 유명하지만, 이미 육군본부와 국방부, 특전사 등 주요 기관이 제압되어 대세가 완전히 기운 뒤였다. 그가 신군부에게 무너진 다음 후임자는 바로 노태우였다. 수도방위사령부는 1991년에 남태령으로 이전했다. 한구석에는 수도방위사령부가 있었다는 표석이 있지만 관심을 갖는 이들은 거의 없다. 일반인들 뇌리에서 조선헌병대사령부와 수도방위사령부가 완전히 잊히게 될 날도 얼마 남지 않았다.

해야 할이야기 중정과 안기부라는 조직, 그리고 남산에서 일어난 대표적인 사건들

1961년 5월, 쿠데타로 집권한 박정희는 한 달 후인 6월 10일에 중앙정보부법을 통해 중앙정보부(이하 중정)의 설치를 공식화하였다. 이런 연유로 6월 10일은 중정의 후신인 국정원의 창립일이 되었는데, 이 날은 민주화운동에서 가장 기념비적인 날 중 하나라는 사실을 상기해보면 아이러니를 느낄 수밖에 없다.

초대 부장은 김종필(金鍾泌, 1926~2018)이었다. 중정은 군사정부의 이른바 '혁명과업 수행'에 장애요인을 제거하고, 국가 안전과 관련된 국내외 정보를 수집하고 관련 범죄를 수사하며, 군을 포함한 국가 각 기관의 정보·수사 활동을 조정·감독하는 특수기관이었다. 박정희 정권 18년 동안 중정은 행정부·입법부·사법부, 그리고 정부 여당 위에 군림하는 무소불위의 존재였다.

창설 당시 김종필과 수뇌부는 광화문과 태평로, 그리고 남산 숭의여대 인근과 3호 터널 입구에 사무실을 두었다가 점차 국외 업무 공간은 석관동으로, 국내 업무 공간은 남산으로 옮겨갔다. 따라서 '남산'은 중정이나 안기부를 가리키는 별칭이었다. 중앙정보부장은 '남산의 부장'이었다.

초기부터 일제에 부역했다가 반공투사로 변신한 일본 경찰 출신과 고문 기술자들이 여기에 참가했다. 따라서 '남산'행은 고문을 당하고 간첩으로 낙인찍힌다는 의미였다.

남산~남영동 민주올레

결국 중정의 후신인 국가안전기획부(이하 안기부) 스스로도 '남산'이 가진 부정적인 이미지를 불식시키기 위해 1994년 서울시와의 토지 교환을 통해 현재의 내곡동 청사로 옮겼다. 고문실이나 도청실 등은 사라졌지만 남산에는 그때의 건물이 대부분 남아서 서울시가 사용하고 있다.

초대 부장 김종필은 일본 외상 오히라 마사요시(大平正芳)를 만나 지금도 논란이 되고 있는 한일수교를 주도하여 1964년 6월의 6.3 항쟁을 유발했다. 1968년에는 통일혁명당 사건을 조작하여 신영복 교수가 지하실에서 고문을 받고 20년 동안이나 억울한 감옥살이를 해야 했다. 1973년 서울대학교 법대 최종길 교수는 이곳에서 고문을 받던 중에 사망했으나 투신자살로 조작되었고, 1974년 인혁당 재건위 사건 관련자들이 이곳에서 참혹한 고문을 견디다가 서대문 형무소에서 형장의 이슬로 사라지고 말았다. 1980년 김대중 내란 음모 사건을 조작했음은 물론이다. 1980년대의 구미 유학생 간첩단 사건 등 '수많은 간첩 사건'들도 대부분 이곳에서 처음부터 조작되거나 엄청나게 과장되었다. 법치국가에서 도저히 상상조차 할 수 없는 야당전당대회 개입 등 정치공작, 선거조작, 노동운동 탄압, 이권배분, 정치자금 갈취, 미행과 사찰, 도청, 고문, 납치, 언론과 사법부 통제 등의 갖가지 만행을 자행했고, 심지어 대통령에게 미녀를 '조달'하는 가장 추잡한 짓까지 저질렀다. 이는 김재규와 '채홍사' 박선호가 10.26 '거사'를 하게 된 이유 중 하나가 되었다. 민주인사들, 조작 간첩의 대상자들은 물론 정권 내부의 비판자들까지도 불법으로 납치하여 고문과 협박을 자행했다.

또한 남산은 3선 개헌과 유신헌법의 초안 작성을 주도한 공간
이 되기도 했다. 정부 위의 정부였던 중정과 안기부는 남산에서 무
려 23년 동안이나 대한민국의 민주주의, 법치주의, 언론자유, 노동
과 통일운동을 철저하게 유린하면서 군사독재정권을 떠받쳤던 것
이다.

📍 옛 중앙정보부 5별관: 서울시청 남산별관

남산에서도 가장 악명 높은 공간 중 하나로서 당시 제5별관(국)이
라고 불렀다. 간첩 혐의 등을 조사하는 대공수사국이 위치해 있었
는데, 간첩을 고문으로 '만들어내었던' 곳이기도 했다.

당시 안기부 직원들에게 연행된 이들은 깜깜한 터널을 지나 대
공수사국으로 끌려갔다. 건물 뒤편에 지하실로 가는 출입구가 있
어, 이 건물 지상에서 일하는 이들과 연행자들은 만날 수가 없었다.
이들은 주로 지하 2층에 끌려와 짧게는 수십여 일, 길게는 100여
일 넘게 고문을 받고 강제 자백을 할 수밖에 없었다. 이곳의 고문은
악명 높아서 "다른 데서 받는 고문은 마사지 수준이다"라는 말이
나올 정도였다고 한다. 당시에는 4~5평 넓이의 취조실이 10여 개
가 있었고, 밖에서만 안을 들여다볼 수 있는 창문이 달려 있었지만
지금은 모두 철거되어 지하광장 비슷한 모습으로 바뀌어 있다. 남
아 있는 청사들 중 영화 「남산의 부장들」에 유일하게 등장하는 건
물이기도 하다.

1989년, 대학생이던 임수경은 독일을 거쳐 방북을 감행했다. 군

서울시청 남산별관

사분계선을 넘어 남쪽으로 돌아오자마자 국가보안법 위반 혐의로 체포된 임 씨는 당시 국가안전기획부(안기부) 요원들에게 이끌려 남산에 있던 안기부 '제5별관(5국)' 건물 지하 2층 110호에 갇혔다. 임수경은 "110호에 들어서자마자 물고문용 욕조가 눈에 들어왔다. 조사관들이 드나들 때마다 옆방에서 비명 소리가 끊이지 않았다. 조사관 13명이 돌아가면서 24시간 내내 나를 취조해 시간이 얼마나 지났는지도 알 수 없었다"라고 증언했다. 이곳은 현재 서울시청 남산별관으로 쓰이고 있다.

📍 옛 중앙정보부체육관: 현 남산창작센터와 소릿길 터널

서울특별시 남산별관에서 남산창작센터 사이에는 길이 84미터의 소릿길 터널이 있다.

통로의 끝에는 대형 철제문이 달려 있어 이 터널을 지나간 이들

남산창작센터와 소릿길 터널

에게 더욱 공포감을 심어주었다. 현재 철제문은 철거되었다. 지금
은 이 터널을 소릿길이라고 명명하고, 입구에 있는 버튼을 누르면
철문 소리, 물소리, 타자기 소리, 발자국 소리, 노랫소리가 난다.

남산창작센터는 원래 요원들의 체력단련을 위한 실내체육관으
로, 이명박이 서울시장으로 재직하던 시절, 혼자서 테니스를 즐겨
'황제 테니스' 논란을 불러일으켰던 곳이다.

♀ 옛 중앙정보부 본관: 현 서울유스호스텔

중정의 본관으로 쓰였던 건물로 남산의 건물 중에는 드물게 1972
년이라는 준공연도가 알려져 있다. 1층부터 6층까지 대부분 행정
기능을 하는 사무실로 쓰였다. 6층에 부장실이 있었다고 한다. 이
곳에서 실행된 고문은 다른 건물에서의 고문에 비하면 약한 편이
어서 '마사지'로 불렸다고 한다. 2006년 2월 유스호스텔로 리모델
링하면서, 건물의 앞면이 투명유리로 바뀌어 과거의 흔적은 앞이

건 안이건 거의 사라졌다. 건물 앞에는 당시의 상처를 기리기 위한 인권 우체통이 설치되어 있다.

행동하는 지성의 표상 최종길 교수

최종길 교수

1931년 4월 28일 충남 공주에서 태어난 최종길은 어릴 적 아버지를 따라 인천으로 이사했다. 6년제였던 인천중학교(지금의 제물포고등학교)를 거쳐 1955년 서울대학교 법과대학을 졸업한 뒤, 1957년 동 대학원에서 민법을 공부하여 법학 석사과정을 수료하였다. 같은 해 스위스로 유학해 취리히 대학교 법과대학을 거쳐 1961년 독일 쾰른 대학교에서 법학박사 학위를 받았다. 그해 훔볼트 장학재단 장학생으로 선정되어 이듬해 2월까지 쾰른 대학교 외국사법 및 국제사법연구소 연구원으로 있다가 귀국하였다.

귀국 후 서울대학교 법과대학에서 강사로 있다가 1965년에 조교수가 되어 민법과 서양법제사, 로마법 등을 가르쳤다. 1967년부터 부교수 및 학생과장으로 있다가, 1970년 미국으로 건너가서 하버드 대학교 교환교수로 재직하였다. 1971년 귀국하여 서울대학교 법학도서관장을 지내다가, 1972년부터 이듬해 10월까지 서울대학교 법과대학 정교수를 지냈다.

1973년 10월 4일에 서울대학교 문리대학 학생들의 시위에 이어

법과대학 학생들이 10월 유신 반대 시위에 나섰다가 경찰의 진압으로 체포·연행되어 구금되었다. 이에 그는 교수회의에서 "부당한 공권력의 최고 수장인 박정희 대통령에게 총장을 보내 항의하고 사과를 받아야 한다"고 발언했다. 얼마 후 중앙정보부에서 '유럽 거점 대규모 간첩단 사건'에 관한 수사협조를 요청하자, 10월 16일 당시 중앙정보부에 근무하고 있던 동생 최종선을 따라 중앙정보부로 들어갔다가 10월 19일 중앙정보부에서 변사체로 발견되었다. 중앙정보부에서는 10월 25일 "스스로 간첩 혐의를 자백하고 중앙정보부 건물 7층에서 투신자살했다"라고 발표하였다.

이후 그의 죽음에 대한 의문이 제기되기 시작했고, 1974년 12월 18일 천주교정의구현전국사제단에서 전기고문에 의한 타살로 규정하였다. 다음해 한국기독교교수협의회와 독일 쾰른 대학교 유학 당시 지도교수였던 게르하르트 케겔(Gerhard Kegel) 등이 진상규명을 촉구하였다. 1988년 10월 6일 천주교정의구현전국사제단이 검찰에 재수사를 촉구하였으나, 10월 18일 검찰에서는 공소시효 만료일(1988. 10. 16)이 지났다며 수사 중단을 발표하였다. 그러면서 "타살됐다는 증거나 자살했다는 증거는 찾지 못했으며, 간첩 혐의에 대해선 구체적인 증거가 없다"고 밝혔다.

2002년 5월 27일 의문사진상규명위원회에서 "사망 경위를 중앙정보부가 조직적으로 은폐 조작했고, 중앙정보부가 유족을 찾아가 3,000만 원의 보상금 등을 제안하며 가족을 회유하기도 했다"라면서 "민주화운동과 관련하여 위법한 공권력의 행사로 인하여 사망하였으므로 의문사진상규명에 관한 특별법에 따라 구제 조치를 취

한다"고 결정하여 민주화운동가로 인정받았다. 의문사진상규명위
원회는 한 달 후인 5월 29일에 '유럽 거점 대규모 간첩단 사건'은
중앙정보부가 조작한 사건이라고 밝혔다.

　같은 날, 아들 최광준(경희대 법대 교수)이 "중앙정보부가 아버지
를 숨지게 한 뒤 대규모 유럽 간첩단 사건의 조직원으로 발표해 막
대한 물적·정신적 피해를 입었다"며 국가와 당시 중앙정보부 수사
관을 상대로 10억 원의 손해배상 청구소송을 서울지법에 냈다. 이
에 2006년 2월 14일 서울고등법원은 국가가 유족에게 18억 4,800
여만 원을 배상하라고 판결했다. 법원은 "국가권력이 나서서 서류
를 조작하는 등의 방법으로 조직적으로 사실을 은폐하고, 고문 피
해자를 오히려 국가에 대한 범죄자로 만든 사건에서 국가가 소멸
시효 완성을 주장하는 것은 인정할 수 없다"는 이유를 제시했으며,
법무부는 상고를 포기해 항소심 판결이 확정되었다.

　최 교수의 묘지는 민주열사들이 묻혀 있는 마석 모란공원이며,
서울법대 근대법학교육기념관 1층에 그의 이름이 붙은 홀이 마련
되어 있다. 그의 죽음은 3년 후 등장하는 남영동 대공분실의 설계
에 영향을 미친다.

📍제1별관 터

본관 옆 야외계단으로 올라가면 제1별관 터가 나온다. 제1별관은
안기부가 강남구 내곡동으로 이전하면서 이듬해 폭파·해체되었
다. 주로 통신과 도청·감청이 이루어지던 이곳의 건물 구조가 노

제1별관 터

출되어서는 안 된다는 이유로 추정된다. 현재는 빈 터에 박혀 있는 동판이 그곳이었음을 증언하고 있지만, 눈에 잘 띄지는 않는다. 1별관을 제외한 다른 건물들이 헐리지 않고 서울시에서 인수해서 사용하는 이유는, 서울시가 1990년 11월 남산에 더 이상의 건축 행위를 사실상 금지하여 새로운 건물을 지을 수 없기 때문이라고 한다.

제1별관 터 아래쪽으로 가면 '세계인권선언문'을 볼 수 있다. 인권의 존엄성이 무너지던 곳에 인권선언문을 새겨 넣은 것은 과거를 마주하고 잘못된 역사를 기억하려는 뜻이다.

◉ 옛 중앙정보부 지하벙커: 현 서울종합방재센터

보기에는 1층처럼 보이지만 안으로 들어서면 지하 3층까지 이어진 건물이다. 당시 중정 지하벙커라고도 불렸다.

1968년 1월 김신조 사건과 11월 2일 삼척과 울진에서 무장공비 사건이 벌어졌다. 북한의 대규모 남침이 언제라도 재현될 수 있다는 불안감이 번져갔고, 강남 개발이 본격화되고 남산 요새화 계획이 마련된 것도 이 무렵이었다.

그 일환으로 유사시에 대통령이 이곳에서 지휘를 할 수 있는 시설을 만들었다고 한다.

박정희 대통령은 1969년 신년사에서 그해를 "싸우며 건설하는 해"로 표방하고 북한의 위협에 구체적으로 대응하겠다는 방침을 밝혔다. 그 일환으로 김현옥 시장은 1월 17일 「서울 요새화 계획」을 발표하고 3월 4일에 구체적인 방안으로 「남산 요새화 계획」을 내놓았다. 이 계획의 핵심은 1970년 말까지 전시에 30, 40만 명이 대피할 수 있는 지하시설을 마련하겠다는 것이었다. 7.4 남북공동성명으로 실현되지는 않았지만 남산 1, 2호 터널, 유진상가, 소공동과 종로5가, 영등포 지하상가 등을 유산으로 남겼다.

교통망의 역할보다 전쟁을 염두에 둔, 방공호 목적으로 만들어진 남산 1, 2호 터널. 그래도 1호 터널은 지금 한남대교와 경부고속도로로 이어지는 중추적인 교통 기능을 하지만, 이태원동에서 장충체육관 앞길로 이어지는 남산 2호 터널은 여전히 교통 수요가 적은 '어색한 터널'로 남아 있다. 이에 비해 남산 3호 터널은 강남 개발을 위한 강남고속버스터미널 건설 후 그곳에 접근성을 강화하기 위해 만든 터널로, 서울 도심에서 용산과 반포대교로 이어지는 주요 교통망의 기능을 맡아오고 있다.

이 벙커와 본관 건물과 남산 터널은 지하로 연결되어 있으며, 현재도 보존되어 있지만 출입은 할 수 없다. 여기 지하실에서 고문을 받았다는 증언도 있다.

📍 옛 중앙정보부장 공관과 경호원 숙소: 현 문학의 집과 산림문학관

널따란 정원이 딸린 2층 단독주택을 개조한 '문학의 집'은 원래 중정부장(안기부장) 공관이었다. 유신정권을 끝장낸 김재규, 돈까스라는 별명을 지녔던 김형욱, HR 이후락, 전두환의 오른팔 장세동 등이 이 공관을 사용했다. 그들의 말로가 대부분 좋지 않았음은 널리 알려져 있다. 비데나 와인바 등 당시로는 상상하기 어려운 최고급 시설이 완비되어 있었다. 이곳의 담벼락에는 한국문학의 큰 빛이 된 시들이 전시되어 있으며, 문학을 꽃피우려는 문학인들과 일반 시민들을 위한 문화공간이 되었다. 경호원들이 머물던 숙소는 2005년에 산림문학관으로 개조되었다.

중정부장 공관

경호원 숙소. 리모델
링해 외관은 많이 달
라졌다.

📍 중앙정보부 6국 터

학원 사찰과 수사를 담당한 중정 6국(극악한 고문이 자행되어 공포의 內局으로 불림) 건물인 2청사가 위치했던 곳으로, 주로 민주화운동에 앞장섰던 대학생들이 끌려왔다. 2, 3층에서 조사를 받다가 원하는 대답이 나오지 않으면 지하 1, 2층으로 끌고 가 고문을 가했다. 안기부로 명칭이 바뀐 뒤에도 마찬가지였다.

서울시는 2017년 8월 이 건물을 철거하였고, 고통의 역사를 마주하여 이 자리에서의 희생을 기리는 인권광장과 전시실 '기억 6' 조성을 최근 완성했다. 지하 1층에는 중정의 취조실이 재현되었다. 전시실 외형은 빨간 우체통 모양인데, 과거 국가 폭력에 의한 고통의 공간이었던 이곳을 소통의 공간으로 회복하려는 의미를 담고 있다.

이 공사 과정에서 일본군 장교 관사들의 기초가 발견되었었다. 박정희 정권은 이 관사들을 완전히 철거하지 않고 그 자리에 공포정치의 대명사 '6국' 건물을 세웠다. 1970년 4월에 세웠다는 정초

6국 터에 조성된 조형물

석이 입구에 박혀 있는데, 중정부장 이후락의 이름이 새겨져 있다. 서해성 작가는 "중정이 일제의 군인 숙소에 자신들의 본부를 세운 것이 과연 우연이었겠는가. 대부분 일본군 출신이었던 그들이 비밀정치의 본거지로 다시 이곳을 택했을 것"이라며, "이곳은 일제와 독재가 같은 유전자로 이어지는 역사를 증언하는 공간"이라고 강조하였다.

빨간 우체통 구조물 앞에는 6국의 기초를 잔해로서 남겨 두었고, 예장공원과 이회영기념관을 조성하였다. 이회영 선생과 그 형제들이 남산 밑 명동과 저동에서 살고 있었기 때문이다. 참고로 이 일대의 행정구역명인 예장동은 조선시대 군부대의 무예연습장이 있었기 때문에 붙여진 이름이다. 그래서일까? 악명 높은 기술자 이근안은 이렇게 끔찍한 말을 입에 올렸다.

"고문도 예술이다!"

안기부로 명칭이 바뀐 뒤에도 이 건물 지상에선 조사를 하고, 지하 1, 2층에선 민주인사들에 대한 비인간적인 고문과 취조가 자행되었다.

📍 통감관저 터: 현 기억의 터

1906년 이래 일본의 통감관저가 있던 곳으로, 1910년 8월 22일 총리대신 이완용과 3대 통감 데라우치 마사다케 사이에 한일강제병합조약이 체결된 경술국치의 현장이다. 오랫동안 잊혀져 있다가 2010년 8월 시민들이 힘을 모아 통감관저 터에 표석을 세웠다. 표지석 글씨는 중정의 피해자 중 한 명인 신영복 선생의 작품이다.

2016년 8월, 이 공간은 서울시와 시민들이 힘을 모아 일본군 위안부 문제를 알리고 피해 할머니들을 기억하기 위한 추모공간인 '기억의 터'로 다시 태어났다. 「대지의 눈」, 「세상의 배꼽」 두 작품이 설치되었고, 을사늑약의 주동자였던 하야시 곤스케의 동상 잔해를 모은 '거꾸로 세운 동상'이 함께 어우러져 있어 역사적 의미를 되새기게 한다. 2층 목조인 관사는 청와대 자리에 새 관사가 지어지자 시정 박물관으로 사용되었고, 해방 후에는 임시 국립박물관과 합참본부로 사용되다가 조용히 철거되었는데, 자세한 사항은 알 길이 없다.

2003년, 전국민주화운동유가족협의회 등 18개 인권단체가 당시 이명박 서울시장에게 인권기념공원을 만들자고 제안했지만, 이를 거부했다.

2009년 3월, 오세훈 시장 재임 시절 서울시는 '남산 르네상스 마스터플랜'을 내놓았다. 안기부 건물을 모두 없애려는 계획이었다. 유스호스텔과 도시안전실(당시 균형발전본부)을 시작으로 2015년까

통감관저 터

지 남산별관, 소방재난본부, 교통방송을 철거한다는 방침을 세웠다. 이즈음 학계·시민단체로 구성된 '역사를 여는 사람들 ㄱ'(대표 한홍구)은 통감 데라우치와 총리대신 이완용이 몰래 숨어 한일병합조약을 맺은 장소가 남산이라는 사실을 발견했다. 통감관저 터가 발견되면서 남산의 역사적 가치가 재조명되었고 남산 건물을 철거하려던 오세훈 시장의 계획도 무산되었다.

♀ TBS교통방송과 서울시 소방재난본부

역시 중정과 안기부 청사였던 두 건물은 수사와 행정 기능을 맡았고 소방재난본부 건물에는 유치장이 있었다. 이 두 건물은 중정 청사 중에는 눈에 띄는 위치에 있어 상대적으로 부드러운 기능을 맡았던 것

서울시 소방재난본부

으로 보인다. 마지막 중정부장이기도 한 전두환은 30대 초반 청년 장교 시절 중정 인사과장을 맡아 근무한 바 있다.

♀ 주자파출소 터

주자파출소 터는 중정에 붙잡혀온 자식들을 어렵게 확인한 부모들이 달려와 소재를 확인하기 위해 몸부림치던 곳이다. 민간인들이 가장 가깝게 '남산'으로 접근할 수 있는 곳이었기 때문이다. 변호사

의 접견마저 할 수 없던 시절에 면회는 중구청 옆에 있던 대공상담실에서 이루어지곤 했지만, 이런 경우는 일부에 불과했다.

주자鑄字는 글자를 주조한다는 의미이다. 조선 태종 시절, 파출소 건너편 남산 스퀘어 빌딩 자리에 주자소가 설치되었기 때문에 유래된 것이다. 을지로 인쇄 골목의 역사가 생각보다 훨씬 오래되었다는 증거이기도 하다.

📍 통감부, 총독부 터, 김익상 의거지

을사조약이 체결된 다음해인 1906년 2월에 건설된 통감부 청사는 위치부터가 조선 정복이 목적이었다. 조선왕조 역대 왕의 신위를 모신 종묘를 정남에서 마주 보는 남산 아랫자락이었기 때문이다. 당시 대한제국의 본궁이던 경운궁(지금의 덕수궁)도 훤히 내려다 보였다. 병탄조약 이후에는 광화문 총독부 청사가 완공되는 1926년까지 총독부 청사로 사용되었다.

1921년 9월 12일, 남산 조선총독부 청사의 비서과와 회계과장실에서 굉음이 울려 퍼졌다. 첫 발은 불발이었고, 두 번째 던진 폭탄이 폭발하였다. 근처에 사람이 없어 인명 손실은 없었지만 건물 일부가 파괴되었다. 식민지 통치의 총본산인 총독부에 대한 공격이었기에, 만약 폭탄의 위력이 더 컸으면 엄청난 타격을 입을 수 있었다는 점에서 일제의 충격은 컸다. 이보다 놀라운 사실은 정작 폭탄을 던진 사람은 총독부 관리들이 우왕좌왕하는 사이에 유유히 청사를 빠져나갔다는 점이다. 대담무쌍하게 총독부에 폭탄을 던지고

김익상 의사 의거 터, 한국
통감부, 조선총독부 터

왜경의 수사망을 비웃으며 빠져나간 인물은 바로 의열단원 김익상
이다. 그 자리에는 기념 표지석이 서 있다.

이 건물은 총독부 이전 후 일제의 과학박물관으로 쓰였고, 해방
뒤에는 국립과학관으로 거듭났으나 한국전쟁 도중 불타고 말았다.
정부는 1957년 이 자리에 한국방송공사(KBS) 건물을 지었다. 한국
방송이 여의도로 옮겨간 뒤에는 국토통일원 청사로 쓰이다 서울
애니메이션 센터가 들어섰지만, 최근 이전하고 발굴 작업을 진행
중이다.

♀ 옛 노기신사 터와 경성신사 터: 현 리라초등학교, 숭의여대

일제는 러일전쟁의 영웅 노기 마레스케(乃木希典)를 추모하는 노기
신사를 현 리라초등학교 자리에 건립하였다. 건립 연도는 정확하
지 않지만 빠르면 1925년, 늦어도 1934년으로 추정된다. 러일전쟁
의 분수령이었던 여순 전투를 지휘했던 그는 2만 명이 넘는 전사자
를 내 국민들에게 큰 비난을 받았지만, 1912년 메이지 일왕이 죽자
자결하여 군신으로 받들어졌다. 노기신사는 지금은 거의 사라졌지
만 신사에 들어서기 전 손을 씻는 석제 수조와 신사를 떠받쳤던 기

초석들이 남아 있다.

바로 옆에는 경성신사도 있었는데, 두 신사 옆에는 일본군 통신부대가 있었다. 해방 후에는 중정의 전신이라 할 만한 중앙정보연구위원회가 사용했으며, 5.16 쿠데타 전 이 조직의 책임자는 이후락이었다. 장면 정부의 사람이었던 그는 박정희 정권의 중정부장으로서 무소불위의 힘을 과시하다가 토사구팽 당하고 만다. 지금은 숭의여자대학이 들어서 있다. 숭의여대의 전신 숭의학교는 일제 강점기 평양에 있던 학교인데, 신사참배를 거부하여 폐교되고 말았다.

해방 후 서울로 내려온 숭의학교가 일제의 상징 중 하나인 경성신사 자리에 자리 잡은 것이다. 학교 건물 겉면에 경성신사 자리였음을 나타내는 사진들이 붙어 있다.

옛 어린이회관, 국립중앙도서관: 현 서울특별시 교육청 교육연구정보원

박정희 정권은 유난히 남산에 많은 시설을 지었다. 중앙정보부를 위시하여 자유센터, 타워호텔, 국립극장, 신라호텔, 남산외인아파트, 서울타워, 남산케이블카 등 헤아릴 수 없을 정도이다. 일부는 지금도 잘 쓰이고 있지만, 대부분 외인아파트처럼 헐리거나 민간 기관에 매각되고, 전혀 다른 용도로 사용되거나 활용도가 낮다. 그 중 가장 바보 같은 건축물이 옛 어린이회관이자 국립중앙도서관으로 현 서울시교육청 교육정보연구원과 과학전시관 남산 분관이다.

이 건물은 지하 5층, 지상 13층으로 1970년 7월에 어린이회관으로서 준공되었는데, 사실상의 주인이자 운영자는 영부인 육영수였다. 하지만 급경사 비탈 위에 지은 데다가 아이들이 가기에는 접근성이 너무 좋지 않았다. 그럼에도 영부인을 보아, 당국은 어린이들을 동원하여 하루 약 3천 명의 이용실적을 만들어냈다. 마침 어린이대공원이 착공되어 어린이회관을 그곳에 새로 지어 이전하고, 소공동의 국립도서관이 1974년 12월 이 건물로 옮겨졌다. 불과 4년 만에 벌어진 일인데, 당시 기준으로 8억이 넘는 돈이 개조 공사로 낭비되었다. 문제는 건물 자체가 높아서 책 운반시간이 오래 걸리고, 서고의 절반 이상이 지하라 장서 관리에도 문제가 많았다. 결국 1988년 반포에 새 국립도서관이 지어지면서 다시 이전되었고, 서울시교육청이 인수하여 교육과학연구원으로 쓰다가 현재의 명칭으로 변경되었다.

이뿐만 아니라 박정희 시절에 만들어진 대규모 공공건축물들 다수가 이상한 모습으로 변질되어 있다. 이 건물에서 멀지 않은 곳에 위치한 자유센터는 자유총연맹이 쓰는 사무 공간을 제외하면 남산자동차극장과 자유센터웨딩홀이라는 터무니없는 기능을 '수행하고' 있다. 광진구의 어린이회관 역시 육영수의 좌상이 있는 1층만 쓰이고 있을 뿐, 2층과 3층은 조명조차 꺼져 있는 방치된 공간이다. 그저 올라가는 경사로 벽면에 거의 보는 이가 없는 육영수의 사진들만 걸려 있을 뿐이다. 박정희 정권의 철학이 얼마나 빈곤한가를 그들이 남긴 건축물들이 증언하고 있는 것이다.

📍 조선신궁, 이승만 동상 터: 현 백범광장

일제는 식민지에 예외 없이 관립 신사를 세우고 이를 중심으로 정신적·종교적 지배까지 시도하였다. 1910년 한국을 강점한 일제는 각 지역에 관립 신사를 세우고 이전에 세워진 일본 거류민들의 민간 신사도 관공립화하도록 지원하였다. 나중에 면 단위까지 신사를 설립하는 정책을 밀어붙여, 해방 직전에는 1,400여 개에 이르게 되었다.

'천황제' 이데올로기의 도구로써 관립 신사 설립 계획을 추진하던 총독부는 1912년부터 조선신사 설립 예산을 편성하였다. 위치는 태조 이성계와 무학대사를 모시던 국사당 자리와 그 인근(현 백범광장·안중근의사기념관·남산도서관 자리)으로 정하고, 제신祭神으로는 일본 건국신화의 주신인 아마데라스 오미카미(天照大神)와 한국을 병탄하고 1912년에 죽은 메이지 왕으로 결정하였다.* 국사당은 인왕산 기슭으로 옮겨졌다.

1920년 5월 27일 기공식이 열렸다. 총 부지 127,900여 평 위에 총 공사비 156만 4,852엔을 들여 일본 신사 건축양식에 따라 정전正殿·배전拜殿·신고神庫·참배소參拜所 등 15개의 건물을 배치하고, 여기에 오르는 돌계단과 참도參道를 조성하였다. 공사가 마무리되어 가던 1925년 6월 27일 격을 높여 조선신궁으로 개칭하고, 그해

---

* 대부분의 신사들은 조선신궁처럼 역을 내려다 볼 수 있는 언덕이나 야산 중턱에 위치했다. 필자가 확인한 신사터는 인천, 조치원, 군포, 광주, 목포, 부산 이었는데, 모두 그런 위치였다.

10월 15일 진좌제鎭座祭라는 행사를 갖고 한국인들에게도 참배를 강요하였다.

이후 신사참배 압력이 증대되면서 참배자도 급증하여 1930년 38만 6,807명, 1942년에는 264만 8,365명으로 늘어났다. 하지만 1945년 8월 15일 해방이 되자 일본인들은 이튿날 오후에 폐쇄행사를 갖고 9월 7일부터 해체작업에 들어가 10월까지 그들의 손으로 소각하고 철수하였다. 결국 조선신궁은 우리의 손으로 해체하지 못한 것이다.

해방 후 이 자리에는 황당한 일이 벌어졌다. 1956년 8월 15일, 살아 있는 이승만 대통령의 동상이 들어선 것이다. 이 동상은 1955년 '이승만 대통령 80회 탄신축하위원회 위원장 이기붕'의 발의로 세워졌다. 그해 개천절인 10월 3일에 기공해서 이듬해 광복절에 맞춰 완공했다. 이날 이승만은 제3대 대통령으로 취임했다.

두루마기 차림으로 한 손을 들고 있는 모습인 동상의 높이는 81척, 즉 약 24미터였는데 '80회 탄신을 기준으로 재출발의 첫걸음'을 의미하는 것이라고 한다. 이 동상은 당시 '아시아 최대'니 '세계 최대'니 하는 말을 들었다. 대지면적은 3,000평, 좌대는 270평이었고, 8각의 좌대에는 각 면마다 이승만의 생애를 조각해 놓았다고 한다. 조선신궁이 있던 자리에, 개천절에 기공해서 광복절이자 대통령 취임일에 완공한 점, 전통적인 두루마기 차림으로의 형상화 등을 종합해 보면 치밀한 정치적 상징 조작이 아닐 수 없다. 어처구니없게도 한반도에 들어선 '살아 있는 자'를 위한 첫 동상은 김일성이 아니라 이승만이었던 것이다. 이보다 규모는 작았지만 또 다른

남산에서 철거되는 이승만 동상

동상이 파고다공원(현 탑골공원)에 세워졌다.

1960년 4.19 혁명 당시 성난 시민들은 파고다공원의 이승만 동상을 쓰러뜨려 새끼줄을 목에 걸어 서대문까지 끌고 다녔다. 하지만 남산의 동상은 너무 거대해서 손댈 수 없었기에 중장비를 동원해 그해 8월에서야 철거할 수 있었다. 그 자리에는 조가비 모양의 남산 야외음악당이 1963년 8월에 들어섰는데, 공연 용도로는 아예 쓰이지 못하고 엉뚱하게 관제데모나 구국기도회 같은 행사가 열렸다. 1973년 4월 22일, 남산 야외음악당에서 열린 부활절 기념 예배에 박형규 목사 등 기독교 인사들이 참석해서 민주주의의 부활을 외치는 성명서를 발표하고, 독재정권에 맞서 투쟁할 것을 선언하였다. 정부는 이 사건을 핑계로 긴급조치를 계속 발동하고, 관련자들을 내란예비음모라는 죄목으로 구속하여 고문하는 만행을 저질렀다.

이승만 동상이 철거된 후 그 자리를 차지한 인물은 해방 이후 이승만과 대척점에 섰던 백범 김구와 이시영이었다. 김구의 동상 제막식은 1969년 8월 23일에 열렸는데, 백범의 93회 생일이었다. 좌대와 동상 높이는 각각 6.2미터이고, 1986년 건립된 이시영 선생 동상은 좌상으로 높이 2.7미터, 좌대높이 4.3미터로, 이승만 동상에 비하면 4분 1 정도의 규모다.

📍 옛 서울역 고가도로: 현 서울로 7017

1970~80년대 산업화 과정에서 아현고가를 시작으로 혜화, 청계, 서대문, 문래 등 서울시내 곳곳에 수많은 고가도로들이 놓여졌다. 한국의 산업화는 곧 자동차화이기도 했다. 자동차 전용인 고가도로는 속도와 효율성을 주었지만, 보행인과 자전거의 접근은 불가능했다. 효율만을 숭배하던 고가도로는 많은 편의를 제공했지만 주위를 어둡게 하고 시야를 막는 역효과도 컸다. 최근 도시 교통이 버스 전용차선을 이용하는 대중교통과 보행 위주로 변해 가면서 고가도로의 효용성은 점차 떨어져 갔고, 노후화와 부실공사로 인한 안전문제도 심각해졌다. 결국 하나둘 씩 철거되어 현재는 거의 남지 않았는데, 1970년에 준공되어 서울역 동부와 서부를 이어 주던 서울역 고가도로만은 지역의 새로운 활력을 불어넣기 위하여 보행도로로 재활용하는 '서울로 7017' 사업 대상이 되었다. 그 결과 고립되었던 서울역 일대를 연결하는 '보행길'로 새로운 생명을 얻게 된 것이다. 속도와 효율로 상징되던 개발 독재의 상징이 공간의 민주화를 상징하는 시설로 놀랍게 변신한 셈이다.

'서울로 7017'이라는 이름은 '1970년에 만들어진 고가도로가 2017년에 다시 태어나고, 1970년대 자동차 전용도로에서 17개의 사람 길로 재탄생하는 17미터 높이의 고가'라는 의미를 담고 있다.

또한 서울로 7017에는 관광안내소 및 카페, 목련무대, 달팽이극장, 장미무대, 방방놀이터, 분수대 등 다양한 체험시설과 편의시설이 설치되어 있어 쉬고 거닐며 즐길 수 있다. 수많은 원형 화분에 다양한 수목을 식재한 공중정원이기도 하다.

　서울로 7017은 365일 24시간 개방되어 있어 언제든지 자유롭게 이용이 가능하다. 서쪽의 약현성당과 손기정체육공원, 서소문공원, 중간에 있는 서울역 광장, 동쪽의 남대문시장과 남산을 자연스럽게 연결하는 역할도 맡고 있다.

📍 강우규 의사 동상

강 의사의 호는 왈우曰愚이며, 1859년 6월 2일 평안남도 덕천군德川郡 무릉면 제남리에서 태어났다. 조선시대 내내 극심한 차별을 받았던 서북지방은 유교의 기반이 약해 신학문과 기독교를 다른 지방보다 쉽게 받아들였다. 그 결과 김구, 안창호, 이승훈, 장준하, 리영희, 계훈제, 김준엽, 함석헌, 지학순, 김승훈, 백기완, 윤공희 등

강우규 의사

수많은 지사들을 낳았는데, 그들의 선구자가 강우규 의사라 할 것이다. 경의선 완공 후 그들이 서울역을 통해 상경했음은 물론이다.

　강우규는 30세 때 함경남도 홍원으로 이주하여, 한의학으로 환자를 치료하면서 개신교에 입교하여 장로가 되었고, 학교를 세워 청년들에게 신학문을 가르쳤다. 1910년 국권피탈 후 만주로 건너가 길림성 요하현에 정착하여 신흥촌新

興村을 건설하고 광동중학을 세워 교육사업에 진력하였다. 조국에서 3.1 운동이 일어나자 영국제 폭탄을 가지고 서울에 잠입하였다.

제3대 총독으로 부임하는 사이토 마코토를 폭살하기로 결심하고, 1919년 9월 2일 남대문역(현재의 서울역)에서 그의 마차에 폭탄을 던졌으나 뜻을 이루지는 못했다. 대신 일본 기자 2명이 죽고, 호위 군경 등 상당수가 중경상을 입었다. 이후 피신하던 중 일제 경찰의 부역자인 김태석에게 체포되어, 다음해 11월 29일 서대문형무소에서 사형이 집행되면서 순국하였다. 1962년 건국훈장 대한민국장이 추서되었고, 동상의 건립은 2011년 8월에야 이루어졌다.

📍 서울역과 광장

근대화의 상징이던 철도와 역은 적어도 우리나라에서는 일제의 침략과 전쟁의 소용돌이 속에서 탄생했기에 처음부터 비극적인 운명을 가질 수밖에 없었다. 경인선, 경부선, 경의선, 경원선이 차례로 개통되었으며, 서울역의 전신인 남대문정거장이 탄생했다.

남대문역은 일제 강점기가 시작된 1910년에는 경성역으로 바뀌었으며, 1919년 3월 1일과 5일에는 최대 규모의 만세 시위가 열렸다. 총독부의 공식집계로도 1일은 3~4천 명, 5일은 1만 명이 모였다고 하니, 실제로 서너 배 규모였을 것이다.

르네상스 풍의 옛 역사는 일본 유수의 건축가 쓰카모토 야스시(塚本靖)의 설계로 1926년 9월 30일 완공되었다. 그날 새벽에 도착한 첫 열차가 싣고 온 물건이 바로 조선신궁의 도리이(鳥居, 신사 입구의 문)였다.

해방 후 서울역으로 개칭되었으며. 곧바로 시작된 분단으로 인해 탄생 때와는 완전히 다르게 종착역이라는 이미지가 굳혀졌지만, 여전히 역의 구조는 통과역이지 종착역은 아니다. 서울역이 종착역이 아닌 유럽행 열차의 통과역이나 출발역으로 다시 부활할 수 있는 날은 언제 올까? 사실 일제 강점기에는, 중국에서 갈아타야 하긴 했지만 유럽으로 떠나는 열차표를 팔았으며, 국제선은 별도의 플랫폼이 있었다.

휴전선 이북과 대륙으로는 갈 수 없게 되었지만 서울역은 여전히 중요한 역할을 했고, 「별들의 고향」, 「영자의 전성시대」, 「바보들의 행진」, 「친절한 금자씨」 등 많은 영화에서 상경이나 새로운 출발을 의미하는 장소로 사랑받았다.

민주화 역사에서 서울역 광장은 1980년 5월, 그 유명한 통한의 서울역 회군의 무대가 되었다. 만약 그때 모인 수만 명의 학생들이 해산하지 않았다면 광주가 고립되지 않았을 것이고, 5월의 비극은 일어나지 않았을지도 모른다. 이런 경험은 민주화 세력에게 큰 교훈을 주었고, 7년 후 일어난 6월 항쟁 때에는 전국적인 봉기를 일으켜 전두환 정권의 공권력을 크게 약화시키는 데 성공해 항쟁의 승리를 이끌어 냈던 것이다.

전국 주요 도시는 물론 읍 단위에서까지 전개된 6월 26일 국민평화대행진은 서울에서 25만여 명을 비롯, 광주 20만, 인천 2만 5천, 부산 5만, 대구 4만, 대전 5만, 마산 2만 등 전국적으로 1백여만 명 이상이 참가한 6월 민주항쟁 중 최대 규모의 시위였다. 경찰은 10만여 명의 시위진압 병력을 곳곳에 배치하였으나 시위대를 감당하기에는 역부족이었다. 서울역 부근에서 역 광장과 고가도로, 남영동 쪽 대로를 장악하고 완강하게 버티는 2만여 명의 시위대들과 다탄두 최루탄(일명 '지랄탄')까지 동원, 이들을 해산시키려는 경찰들이 3시간 가까이 밀고 밀리는 대접전을 벌였다. 이날의 시위에서 서울의 2,139명을 비롯해 전국적으로 총 3,467명이 연행되었으며, 수십여 명이 경찰의 최루탄, 구타 등으로 중경상을 입었다.

경찰의 무차별 최루탄 난사와 폭력에 분개한 시민·학생들이 돌과 화염병으로 대응, 경찰서(남대문, 안양) 2개소, 파출소 29개소, 경

전국에서 동시 실시된 '국민평화대행진'에는 전국 270여개 지역에서 180만 명이 시위에 참가했으며 이 가운데 3천여 명이 연행되었다.(사진: 박용수)

찰차량 20대, 이리, 천안시청, 안양, 이리, 대구, 청주 등지의 민정 당사 4개소, 마산 88올림픽선전탑 등이 전소되거나 파손되었다.

6.26 국민평화대행진은 곧 노태우의 6.29 선언을 강제했다는 점에서도 알 수 있듯이, 국민적 힘이 최대로 분출되었다는 데서 그 의미를 찾을 수 있다. 정부 여당은 호헌 철폐와 직선제 쟁취가 더 이상 유보될 수 없는 시대적 대세이자 국민적 요구임을 다시 한 번 확인하였다. 국민들의 대중적 저항에 직면한 정부 여당은 국민들의 요구에 굴복했고, 국민들은 노태우의 이른바 6.29 선언을 획득해낸 것이다.

전국적으로 진행된 이 대회에서 경찰력은 상당히 무력화되었으나 밤이 깊어지고 시위대의 수가 줄어들면서 인천, 대전, 수원 등지에서는 경찰의 무자비한 구타, 연행이 벌어지기도 하였다.

후암동 문화주택

1920년 초에 등장한 '문화주택'은 식민지 한반도에 지어진 서양풍의 주택들을 말한다. 붉은 벽돌과 유리 등 근대적 재료와 장식의 사용, 순백의 커튼과 함께 입식생활을 위한 테이블과 의자, 그리고 당시의 신문물 피아노와 축음기 등 근대적 이기가 놓인 거실을 갖춘 서양식의 건물이었으며, 일본의 영향을 받아 다다미방이 있는 경우가 많았다.

문화주택의 유행은 경성에서 대단했을 뿐만 아니라 고등교육을 받은 젊은 지식인들 사이에서 선망의 대상이 되었다. 하지만 대단

문화주택

히 고가여서 일본인들도 상류층만이 살 수 있는 집이었고, 한국인들이 사는 경우는 그야말로 극소수였다. 그 문화주택이 가장 많이 남아 있는 곳 중 하나가 후암동이다.

📍 옛 용산 미군기지

현재 용산기지 터는 100만 평이 조금 넘는데, 해방 후에 진주한 미군이 70년 동안이나 차지했다. 최근에 와서야 대부분의 미군이 평택으로 이전하고, 2020년부터 공원 조성이 본격화되고 있다. 어느 건물을 존치하고 어느 건물을 철거하며, 어느 건물을 리모델링할지 계속 논의 중이다. 다만 미8군 밴드가 공연했던 건물은 '용산갤러리'로 시민들에게 2018년 11월 30일 개방되었고, 장교 숙소도 2020년에 개방되었으며, 일부는 체육시설이 들어서 일반시민에게 공개된다.

서울의 '센트럴파크'가 될 용산공원에 어떤 역사적 의미가 부여될지 시민들의 관심이 더욱 필요한 시점이다.

옛 남영동 대공분실

'남영동 대공분실'은 '남산'으로 불리던 구 중앙정보부, '서빙고호텔'로 불리던 보안사령부 대공분실과 더불어 잔인한 고문으로 악명 높았던 곳이다. '남영동 대공분실'의 공식 명칭은 '경찰청 보안3과'지만 공식 명칭보다 '남영동 대공분실'이란 별칭이 훨씬 대중적으로 알려졌다. 홍제동에 있는 보안4과와 함께 보안경찰의 외근 부서 중 하나인 남영동 분실은 소위 '안보 위해 사범'을, 홍제동 분실은 '방첩' 분야를 담당했던 것으로 알려져 있다. 여기에서 '안보 위해 사범'이란 시국사범, 즉 반독재 민주인사를 지칭하는 단어이다. 남영동 대공분실은 1976년 치안본부(지금의 경찰청)가 대간첩 수사를 명목으로 세웠다.

이 건물은 당시 가장 유명한 건축가였던 김수근에 의해 설계되었다. 그는 자신의 가장 유명한 작품인 공간사옥처럼 검은 벽돌로 이 건물을 건축했다. 그리고 창문 디자인에서도 두 건물은 닮은 점이 많다. 건축가 조한은 공간사옥을 '지킬'로, 남영동 대공분실은 '하이드'로 비유하기도 했다. 경동교회와 불광동성당 등 종교 건축도 설계했던 그는 인권유린을 위한 건물의 설계도 서슴지 않았던 것이다. 고문 피해자들은 후문으로 들어가 5층 고문실까지 직행하는 나선형 계단을 올라가야 했다.

김수근은 다행인지 불행인지 50대 중반인 1986년 7월에 세상을 떠나, 살았다면 겪었어야 할 논란을 피할 수 있었다.

남영동 대공분실은 다른 수사기관과 달리 조사실(정확하게는 고문실)을 지하에 두지 않고 꼭대기 층인 5층에 두었다는 점이 특이하다.(80년대 2개 층을 더 증축해서 후에 7층 건물이 되었다) 5층은 똑같은 구조의 '조사실'이 들어차 있는데 각 방은 4.09평 공간에 책상과 의자, 침대, 욕조, 변기가 설치되어 있다. 설치된 가구들은 자해를 방지하기 위해 바닥에 고정되어 있다. 각 방에 있는 창문도 폭이 좁아 비명소리가 새어나오기 어렵다. 물론 뛰어내릴 수도 없는데, 이는 3년 전 일어난 최종길 교수 사건의 영향일 것이다. 700만 이상의 관객을 동원한 영화 「1987」은 남영동 대공분실이 가장 중요한 촬영 장소였다.

남영역은 87년 6월 10일에 투쟁의 현장이 되기도 했다. 그날 오후 4시 45분, 경희대생과 외국어대생 600여 명이 이문역에서 지나가던 전동열차를 강제로 세워 탑승했다. 열차를 세운 주인공은 다

남영동 대공분실

음해 외국어대 총학생회장에 당선되는 함칠성이었다. 열차는 서울역을 그냥 지나 남영역에 정차했고, 학생들은 철도의 자갈을 집어들고 대로로 나가 격렬한 시위를 시작했다. 이미 오후 1시에 을지로에서 시위가 시작되기는 했지만 남영역에서의 시위가 그날의 거대한 드라마를 본격적으로 시작한 셈이었다. 공교롭게도 인근 힐튼 호텔에서는 다음 '대통령 선거'에서 민정당 후보로 '선출된' 노태우가 축하연을 즐기고 있었다.

이후 남영동 대공분실은 경찰청인권센터라는 다소 모호한 목적으로 사용되다가, 최근 민주화운동기념사업회로 이관되어 민주인권기념관으로의 재탄생을 위해 공사중에 있다.

해야 할 이야기 5월 18일 박종철 고문치사사건 진상 폭로

1987년 1월 18일, 영등포교도소 격리사동에 갇혀 있던 「동아일보」 해직기자 출신 이부영은 간밤에 들어온 두 명이 박종철 고문치사사건과 관련된 경찰관이라는 소식을 들었다. 그들의 방 옆에는 별도의 교도관이 배치되어 특별감시를 했다.

그런데 교도관을 통해 이상한 소문이 들려왔다. 그들은 가족들이 면회 왔을 때 억울하다는 말을 했으며, 특히 강진규 경사는 시멘트 바닥에 엎드려 엉엉 울면서 칠순의 아버지에게 불효자식을 용서하라고 하소연했다는 것이다. 그리고는 이내 그들의 가족 면회가 금지되었으며, 곧이어 대공수사단의 간부진들이 찾아와 그들 사이에 언쟁이 벌어지고 회유와 협박이 있었다는 얘기가 속속 전해져 왔다. 이들 두 사람 말고도 고문 경찰관이 세 명이 더 있으며, 조직의 보호를 위해 두 사람만이 희생양이 되어 '고문살인 경관'이라는 오명을 쓰고 감옥에 들어왔다는 내용이었다. 대공수사단 간부들은 두 경찰관에게 돈과 조기석방 약속으로 회유했으며, 또한 침묵하지 않으면 밖에 나와서 제대로 살 수 없을 것이라고 협박도 했다. 이부영은 기자 출신답게 감옥 안에서 나름대로 취재한 사건의 축소, 조작의 상세한 전모를 세 차례에 걸쳐 정리하여 그와 오래전부터 알고 지내던 교도관 한재동을 통해 전병용에게 전달했다. 수배 중이었던 전병용은 상당한 시일이 지난 후, 최종 수신자인 김정남에게 편지 3통을 전달했다. 전병용은 이틀 후 경찰에 체포되었다. 역시 수배 중이던 김정남은 편지 3통과 박종철에 대한 신문 기사 스크랩을 참조하여 문건을 만들었다.

5.18이 다가오고 있었다. 편지는 사제단을 통해 발표하기로 결정되었다. 그때 김정남은 고영구 변호사 집에 피신 중이었는데, 독실한 가톨릭 신자였던 고 변호사 부인과 딸을 통해 편지를 함세웅 신부에게 전할 수 있었다.

김수환 추기경도 발표에 신중을 기해달라고 당부하였고, 고심 끝에 사제단은 '5.18 광주민주항쟁 7주기 미사'를 봉헌하는 자리에서 '박종철 군 고문치사사건의 진상이 조작되었다'는 성명을 발표하기로 최종적으로 결정하였다. 발표는 김승훈 신부가 맡았다. 사제단 발표 후 3일째 되던 5월 21일 오후 6시, 검찰은 기자회견을 열어 범인 3명이 더 있다는 사실을 인정하였다. 그리고 5월 29일에는 사건 축소와 조작을 주도한 대공수사 2단 단장 박처원, 5과장 유정방, 5과 2계장 박원택이 범인 도피죄로 구속 수감되었다. 5월 23일, '박종철 군 국민추도위원회'는 '박종철 군 고문살인 은폐조작 규탄 범국민대회 준비위원회'로 확대하고, 6월 10일에 범국민 규탄대회를 갖기로 하였다. 이렇게 6.10 민주항쟁의 서막이 열린 것이다.

박종철 열사

인물
열전

박종철은 1965년 4월 1일 부산에서 공무원인 아버지 박정기 씨와 어머니 정차순 씨의 2남 1녀 중 막내로 태어났다. 부산 도성국민학교, 영남제일중학교, 혜광고교를 졸업할 때까지 그는 공부 잘하는 학생이 걷는 평범한 길을 걸었다. 하얀 얼굴과 재치 있는 언행으로 주위 사람들의 사랑을 받으며 자랐다.

1979년, 부산에서 일어난 부마항쟁의 열기를 온몸으로 느끼며 그는 막연하게나마 자기가 살아가야 할 삶의 방향을 잡았다. 1983년 서울대학교에 응시했다가 실패, 재수를 하면서 당시 서강대 운동권에서 활동했던 형의 생활을 지켜보면서, 또 형의 서가에 꽂혀 있는 책들을 틈틈이 보면서 나름대로의 뜻을 세우게 되었다. 1984년, 그는 서울대학교 언어학과에 입학했다. 입학해서 그의 짧은 생을 마감할 때까지 그는 오직 억압받고 착취당하는 사람들을 위해 자신을 투신하기로 결심한다. 몸소 농촌생활도 체험했고 스스로 노동자가 되어 일하기도 했다. 이로부터 억압받고 착취당하는 사람들이 그들 운명의 주인이 되는 사회를 위해 한 치의 타협 없이 치열하게 싸워 나갔다. 그는 대학 1학년 등 저학년 학생들이 흔히 가질 수 있는 두려움과 회의를 자기와의 끊임없는 투쟁 속에 극복하면서 1984년 봄의 도서관 철야농성, 4.19 기념식을 마치고 4.19 희생자 묘소가 있는 수유리에서의 투쟁 등 학교에서, 거리에서, 농촌에서 싸웠다. 2학년이 되어서는 언어학과 2학년 대표가 되어 선후배

어깨의 붕대를 풀기 전에 잘 아는 형이 축하의 뜻으로 사진을 찍어 주었다.(당시 6세, 박종철 추모문집)

와의 격의 없는 대화를 통해 과 분위기를 새롭게 하면서 과 구성원들을 굳게 결속시키는 역할을 했다.

그러던 그는 1985년 5월 사당동 가두시위와 관련 구류 5일, 6월의 구로 가두시위로 구류 3일을 살기도 했다. 이런 일련의 시련을 겪으면서도 그는 조금도 위축됨이 없이 오히려 그가 막연하게 설정했던 삶의 방향을 한층 구체화시키고 확고히 하는 계기로 삼았다. 그는 항상 노동자, 농민, 도시빈민의 문제를 자신의 문제로 고민했으며, 날로 심화되어 가고 있는, 이 땅 위에 축적되고 있었던 모든 모순을 척결하기 위해 끝까지 투쟁하겠노라 다짐했으며, 그것을 몸소 실천했다. 3학년이 되면서 과 회장으로 선출되었고, 인문대학의 제반 학생활동에 적극적으로 참여하였다. 1986년 4월에

는 청계피복노조 합법성 쟁취대회와 그 시위에 참가해 구속되기에 이르렀다.

그는 감옥에서도 학습을 멈추지 않았고, 꾸준히 운동을 하는 등 심신을 단련하기를 게을리 하지 않았고, 쉬지 않고 자기의 주장을 밝히면서 투쟁의 의지를 강고히 했다. 7월 중순에 집행유예로 나와서는 3개월 동안의 공백을 메우기 위해 보이지 않는 노력을 했다. 1984년 봄부터 86년 4월 구속되기까지 그의 행적은 타오르는 불꽃 그 자체였으며, 오직 하나의 목표를 추구하며 끊임없이 자신을 반성하고, 이 땅의 모순을 직시하는 삶이었다. 우리는 그의 짧았던 생의 편린들을 통해 우리사회 안의 첨예한 모순을 그대로 두고 보지 못하고, 그것을 개선하고자 했던 한 젊은이의 처절한 투쟁을 볼 수 있는 것이다.

(서울대학교 언어학과 학우 일동)

박종철 열사 고문치사와 이에 얽힌 거대한 이야기는 〈관악 민주 올레〉 편에서 다루기로 하겠다.

김근태 당시 민청련 의장은 85년 9월 4일 오전 8시경 서부경찰서 유치장에서 구류가 풀려 나오다가 7~8명의 정사복에게 연행되어 시동이 걸린 포니승용차 뒷좌석으로 태워졌다. 왼쪽과 오른쪽에 한 명씩 앉았다. 한 명이 잠바를 벗어 김 전 의장의 머리를 감싸고 눈이 보이지 않도록 한 채 머리를 짓눌렀다. 차는 30~40분 정도 달렸다. 차에서 내려 잠바를 덮어쓴 채 건물 입구 계단을 올라갔다. 엘리베이터를 탔는데 비좁게 느껴졌다. 5층, 15호실, 건물 왼쪽 맨 끝방으로 끌려갔다.

본인은 9월 한 달 동안, 9월 4일부터 9월 20일까지 전기고문과 물고문을 매일 각 5시간 정도 당했습니다. 전기고문을 주로 하고 물고문은 전기고문으로부터 발생하는 쇼크를 완화하기 위해 가했습니다. …(중략)… 고문을 할 때는 온몸을 발가벗기고 눈을 가렸습니다. 그 다음에 고문대에 눕히면서 몸을 다섯 군데를 묶었습니다. 발목과 무르팍과 허벅지와 배와 가슴을 완전히 동여매고 그 밑에 담요를 깝니다. 머리와 가슴, 사타구니에는 전기고문이 잘 되게 하기 위해서 물을 뿌리고 발에는 전원을 연결시켰습니다. 처음엔 약하고 짧게, 점차 강하고 길게, 강약을 번갈아 하면서 전기고문이 진행되는 동안 죽음의 그림자가 코앞에 다가와, 이때 마음속으로 '무릎을 꿇고 사느니보다 서서 죽기를 원한다'는 노래를 뇌까리면서 과연 이것을 지켜내기 위한 인간적인 결단이 얼마나 어려운 것인가를 절감했습니다. 죽음의 그림자가 드리울 때마다 아우슈비츠 수용소를 연상했으며 이러한 비인간 적인 상황에 대한 인간성의 절망에 몸서리쳤습니다. …(중략)…

과연 인간이 한 인간의 고뇌와 죽음의 몸부림 앞에서 저렇게 냉담할 수 있을까를 생각하니 인간에 대한 신뢰가 산산이 부서지지 않을 수 없었습니다. 그들은 고문을 하면서 "시집간 딸이 잘 사는지 모르겠다", "아들놈이 체력장을 잘 치렀는지 모르겠다" 는 등 자신의 가족에 대한 애정 어린 말들을 주고받았으며 본인에게도 이야기를 했습니다. 어떻게 이처럼 고문과 폭력적 행위를 자행하는 자들이 개인의 가족에게는 인간적인 사랑을 줄 수 있단 말입니까? …(중략)…

결국 9월 20일이 되어서는 도저히 버텨 내지 못하게 만신창이가 되었고, 9월 25일에는 마침내 항복을 하게 되었습니다. 하루만 버티면 나갈 수 있는 마지막 날이 된다는 것을 알았지만 더 이상 버틸 수가 없었습니다. 그날 그들은 집단 폭행을 가한 후 본인에게 알몸으로 바닥을 기며 살려달라고 애원하며 빌라고 하였습니다. 저는 그들이 요구하는 대로 할 수밖에 없었고 그들이 쓰라는 조서 내용을 보고 쓸 수밖에 없었습니다.(1985년 12월 19일 민주화 운동청년연합 전 의장 김근태 제1차 공판 기록 중에서)

김근태와 박종철 외에 이곳에서 고문 또는 그에 준하는 가혹한 심문을 당한 이들 중 저명인사들만 뽑아도 다음과 같다.

고 리영희 교수, 백낙청 교수, 고 박현채 교수, 고 김남주 시인, 임헌영, 이학영 현 국회의원, 임재경, 이태복 전 보건복지부 장관, 강만길 교수, 고 박형규 목사, 최민화, 문용식 나우컴 대표, 김희갑, 장기표, 이부영 전 국회의원, 고 성유보, 서영교 현 국회의원, 고 이돈명 변호사, 김희선 전 국회의원, 지선 스님, 이문구 작가, 송기원 작가……

📍 민주주의, 인권, 평화의 장으로서의 남산과 남영동

많은 나라들에서 과거 아픈 역사의 현장을 보존하여 후대에 기억과 교육의 장으로 활용하고 있다. 폴란드 아우슈비츠와 독일 베를린 슈타지 본부, 베트남 하노이의 호아 로 감옥 같은 곳이 대표적이다. 남산과 남영동은 고통스러운 근현대사의 흔적이 많이 남아 있는 현장이다. 이곳의 슬픈 역사는 영원히 기억되어야 할 뿐만 아니라 미래의 가치를 배우는 소중한 교육장으로 재탄생해야 할 것이다. 역사적 현장이 갖는 절실함을 통해 과거의 만행을 기억하는 이들이 인권과 평화의 가치 위에 세워지는 민주주의와 조국통일의 미래를 꿈꾸도록 만들어야 한다.

더 나아가 아시아와 세계의 인권과 평화, 민주화운동을 연결하는 소중한 연대의 장으로 만들어내야만 할 것이다. 이곳은 일본 제국주의 등 외세가 우리에게 어떤 상처를 남겼는지를 보여주는 곳이기도 하기 때문이다.

남산~남영동 올레길을 진행하고 있는 민주화운동기념사업회는 남영동 대공분실을 민주인권기념관으로 바꾸고 있으며, 더 나아가 서대문형무소, 명동성당, 전태일 다리 등과 연결하여 시민들이 찾는 독립운동-민주화-인권기행 코스로 개발하고, 젊은 세대와 외국 관광객들이 방문하는 명소로 만들어내려고 노력하고 있다.

민주주의를 걷다

부산 민주올레

함께 걷는 민주올레길

부산 민주올레 코스

부산역

4.19혁명희생자위령탑
(민주공원)

혜광고
(박종철 열사 모교)

가톨릭센터

보수동책방골목
(구.양서협동조합)

부산근대역사관
(구.미문화원)

대각사

광복로
(구.미화당)

남포동 지하철역
(구.부산시청)

부마 민주항쟁 직전의 상황과 배경

1970년대 후반에 들어서면서 박정희의 유신정권은 한계에 봉착하기 시작했다. 유신체제에 대한 재야 및 학생들의 저항은 커져 갔고, 지미 카터(Jimmy Carter) 미 대통령이 박정희 정부의 인권 문제를 압박해 오면서 미군철수까지 거론할 정도로 한미관계도 역대 최악이었다. 더구나 1차 오일쇼크로 물가가 크게 오르면서 경제위기까지 닥쳤다. 마침 중동에서의 대규모 건설사업 수주로 수십억 달러가 들어오면서 겨우 넘어가나 싶었지만, 자주국방정책과 맞물려 육성하기 시작한 중화학공업이 시중자금을 빨아들이는 블랙홀이 되면서 중소기업들이 큰 피해를 보게 되었고, 물가상승률까지 두 자리 숫자를 기록하며 경제성장률을 추월하기에 이르렀다. 게다가 무리하게 도입된 부가가치세(이하 부가세)가 물가상승률을 높이는 요인이 되면서 서민들의 극심한 반발을 불러일으켰다.

여기에 1978년 건설주 파동으로 주식시장의 거품이 꺼지기 시작했고, 비슷한 시기에 2차 오일쇼크까지 닥치면서 물가상승률이 20퍼센트 대까지 오르기에 이른다. 이로 인해 우선순위가 밀리는 경공업이 중심인 부산, 마산 지역의 많은 중소업체들은 직격탄을 맞았다. 이렇듯 당시의 경기 불황과 부가세 신설 등의 여파로 인해 유신정권에 대한 부산과 경남지역 민심은 크게 악화되고 있었고, 이는 이후 시민들이 학생들에게 호응하는 원인으로 작용한다.

1978년 12월 12일에 치러진 제10대 국회의원 선거에서 신민당을 위시한 야권이 여당인 민주공화당의 득표율을 앞서는 등 크게 약진했다. 이에 충격을 받은 민주공화당은 부가세 도입을 주도한 이들에 대한 책임론을 강하게 들고 나왔으며, 박정희는 김정렴 비서실장, 남덕우 경제기획원 장관 등을 경질하는 개각을 단행하였고, 유신정우회의 백두진을 국회의장에 앉히면서 국회를 더 완벽하게 통제하려 하였다. 하지만 1979년 5월 김영삼이 신민당 총재 경선에서 온건파였던 이철승을 누르고 총재에 선출된다. 그리고 강경 대여노선을 취하며 과감하게 대여/청와대 투쟁을 이끌었다.

이때 YH 사건이 일어났고 신민당은 마포당사를 여공들의 농성 장소로 내주었는데, 박정희와 여권은 김영삼을 배후로 의심하였다. 결국 당사에 공권력이 투입되어 야당 의원 등과 몸싸움까지 하며 진압 작전을 벌이던 중 당시 21세 여공 김경숙 양이 사망하는 참사가 일어난다. 이런 와중에 신민당에서는 정권이 개입한 공작으로 조일환 등 원외 지구당위원장 3명이 5월 당대회 대의원 몇 명의 자격을 문제 삼아 서울지방법원에 김영삼 총재 직무정지 가처분 신청을 냈고, 결국 전당대회 의장이던 정운갑이 총재 권한대행이 되었다.

한편 YH 투쟁에 자극받은 대학생들은 2학기 개교와 동시에 보다 활발하고 강력한 투쟁을 계획하고 있었다. 2학기의 학생시위는 9월 3일 강원대 학생들의 유신철회 요구 농성으로 시작되었다. 다음날인 4일에는 대구 계명대생 1,500명이 가두시위를 감행했고, 이웃 경북대와 영남대에서도 소규모 시위가 있었다. 11일에는 서울대생 1,500여 명이 1979년 들어 첫 시위를 벌였다. 18일에는 고려대와 경희대에서, 20일과 24일에 다시 서울대에서, 그리고 25일과 26일에는 이화여대와 연세대 학생들이 잇달아 시위를 감행했다. 28일 고연전 후 양교 학생들의 시가행진이 유신철폐 가두시위로 번질 조짐을 보였다. 예전에 비해 현저히 규모가 커진 학생시위에서 주된 구호는 언제나 '유신철폐, 독재타도!' 바로 그것이었다.

9월 12일 김영삼은 「뉴욕타임스」지와의 인터뷰에서 "미국이 공개적이고 직접적인 압력을 통해 박 대통령을 제어해줄 것이며, 이를 위해 대한민국에 대한 원조를 중단하라"는 취지의 발언을 하였고, 이에 발끈한 여권은 국회의원으로서 품위를 잃은 사대주의적인 망동이라며 김영삼 의원직 제명 파동을 일으켰다. 야당이 항의의 표시로 10월 13일 신민당 국회의원 66명 전원, 민주통일당 국회의원 3명의 국회의원직 사퇴서를 제출하자, 민주공화당은 선별적 수리를 하겠다는 어처구니없는 만용을 부렸다.

오랜 독재와 경제 불황, 그리고 부산의 대표 정치인 김영삼을 제거하려는 유신정권의 무리수는 부산시민과 경남도민을 크게 자극하였고, 결국 이 지역의 대표 대학이자 보수적 분위기가 지배적이었던 부산대학교에서 부마항쟁을 시작하게 만든 것이다.

항쟁의 시작과 전개

1974년 이후 부산대학교에서는 5년 동안 단 한 차례의 시위도 없어 '유신대학교'라는 오명을 듣기까지 했다. 하지만 내부에서는 용암이 끓고 있었다. 1979년 10월 15일 부산대학교 학생 이진걸은 '민주선언문'을 인쇄, 학생들에게 나눠주면서 그날 학교에서의 시위를 알리고 있었다. 그가 경찰에게 쫓기자 이번에는 신재식이 '민주투쟁선언문'을 배포했다. 그래서 10월 15일 도서관 앞에 사람들이 모였지만 정작 나서는 사람이 없어서 그날의 시위는 무산되었다. 무력감에 좌절하는 상황에서도 법정대 그룹, 언더 써클 그룹, 아카데미를 비롯한 민주 동아리 계열, 상대 경제사학회 등에서 다시 시위 준비를 했고, 그 결과 10월 16일 오전 도서관에서 드디어 시위가 벌어지기 시작했다. 선언문의 내용은 다음과 같다.

청년학도여, 지금 너희들은 무엇을 하고 있는가. 우리의 조국은 심술궂은 독재자에 의해 고문받고 있는데도 과연 좌시할 수 있겠는가. 이 땅의 위정자들은 흔히 민족을 외치고 한국의 장래를 운운하지만, 진실로 이 나라 이 민족의 영원한 미래를 위하여 신명을 바칠 이 누구란 말인가. 청년학도여! 최근에 일어난 일련의 사태를 돌이켜보게나. …(중략)…
소위 유신헌법을 보라! 그것은 법이 아니다. 그것은 국민을 위한 법이라기보다는 한 개인의 무모한 정치욕을 충족시키는 도구에 지나지 않는다. …(중략)… 모든 정당한 비판과 오류의 시정을 요구하는 순수한 의지를 반민족적 행위 운운하면서 무참히 탄압하는 현 정권의 유례없는 독재. 이러고도 우리 젊은 학도들은 작금에 벌어지고 있는 사회 문제에 방관만 하고 있을 것인가! 너희들의 정열은 어디 있는가. …(중략)…

청년학도여! 부디 식어가는 정열, 잊혀져 가는 희미한 진실, 그리고 이성을 다시 한 번 뜨겁게, 정말 뜨거웁게 불태우세! 혼탁한 시대를 살아가는 젊은 지성인으로서의 사명감, 그리고 책임감으로 우리 모두 분연히 진리와 자유의 횃불을 밝혀야만 하네! …(중략)…

모든 효원인들이여, 드디어 오늘이 왔네! 1979년 10월 16일 10시 도서관으로!

오전 10시에 시작된 부산대생들의 교내시위가 순식간에 4,000여 명으로 불어났다. 상당한 규모로 확대되자 학생들은 자신감을 가지고 교문의 경찰 저지선을 돌파하려 돌진했다. 경찰의 저지가 완강했기에 학생들은 학교 담장까지 무너뜨리고 거리로 나왔다.

시위대는 버스를 타고 온천장 → 명륜동 → 교대앞 → 거제리 → 서면을 거쳐 마침내 시청 주변 시내까지 달려왔다. 버스에서 내린 학생들이 오후부터 부산시청 앞과 광복동, 남포동 일대에 집결하여 '유신철폐'와 '독재타도'를 부르짖었다.

오후 늦게부터는 동아대생들의 합세로 더욱 확대된 시위 대열이 국제시장 일대를 게릴라식으로 종횡무진 누비고 다녔다. 시민들은 박수를 치고 경찰의 진압 작전을 방해하며 쫓기는 학생을 숨겨주는가 하면 빵과 음료수, 담배, 물수건 등을 던져주며 열렬히 호응하고 시위대를 격려하였다. 저녁 7시경에는 5~7만여 명의 인파가 부영극장 앞 간선도로를 꽉 메운 채 거대한 물결을 이루었다. 퇴근길의 회사원과 노동자, 상인, 업소의 종업원, 재수생, 교복 입은 고등학생까지 가세하였다.

밤이 어두워지자 시위는 폭력투쟁의 양상으로 바뀌어 갔다. 11개나 되는 파출소를 부수고 박정희 사진을 끌어내어 불을 질렀다. 그 외에도 어용신문사와 방송사, 경찰차에 투석하고 방화하는 등 이튿날 새벽 2시까지 격렬한 시위가 이어졌다. 부산대가 긴급휴교에 들어간 17일에도 시위는 비슷한 양상으로 전개되어 중구, 서구, 동구 지역의 거의 모든 파출소와 경찰서, 공공기관이 공격당했다. 이틀간의 격렬한 시위로 경찰 차량 6대가 전소되고 12대가 파손되었으며, 무려 21개소의 파출소가 불타거나 파괴되었다. KBS, MBC, 부산일보사, 경남도청, 그리고 TBC-TV 취재 차량이 투석을 당해 크고 작은 피해를 입었다.

마침내 18일 0시를 기해 부산 일원에 계엄령이 선포되면서, 전방공수부대 2개 여단 5,000여 명이 부산에 투입되었고, 서면에는 해병대까지 배치되었다. 그러나 시위는 마산으로 번져갔다. 10월 18일 경남대 학생 1,000여 명이 기동경찰 300여 명과 대치하다 투석전을 벌였고, 3.15 의거탑에서 1,000여 명이 스크럼을 짜서 유신철폐와 독재타도 및 언론자유를 요구하는 시위를 전개하는 등 시내 곳곳에서 대규모 시위가 전개되었다. 저녁부터는 학생들과 시민 수천 명이 시내 중심가를 메우고 경찰과 투석전을 벌이는 대규모

군중 시위를 전개하였다. 마산에서의 시위는 한층 격화되었다.

공화당사, 파출소, 방송국이 어김없이 파괴되었다. 이에 인근의 창원, 진해, 함안 등지에서 경찰 병력이 증원되고, 2개 중대의 군인까지 투입되어 시위대를 진압하였다. 경남대는 18일부터 무기한 휴교에 들어갔으나, 19일 학생들과 시민들의 경찰 차량 방화, 파출소·언론기관·관공서에 대한 공격이 계속되었다. 대학생과 일부 고교생은 물론이고 노동자, 구두닦이, 업소 종업원 등 도시 하층민들이 대거 가세하여 경찰 및 군대와 충돌하면서 격렬한 시위를 벌여나간 것이다. 마산의 항쟁이 수출자유지역에서 일하는 노동자와 고교생까지 합세하며 더욱 확산될 조짐을 보이자, 정부는 10월 20일 0시를 기해 마산과 창원 일원에 위수령을 발동하기에 이른다.

부마항쟁의 역사적 의미와 정리

부마항쟁의 피해자들

당시 부산시가 집계한 자료에 따르면, 부상자는 10월 16일 하루 동안에만 학생 5명, 일반시민 10명, 경찰 95명 등 도합 110명으로서, 그중 중상자는 18명이었다. 그러나 자진신고를 기피할 수밖에 없었던 당시 상황을 감안하면 실제 피해는 그보다 훨씬 컸을 것이다.

항쟁기간 나흘 동안 부산에서 1,058명, 마산에서 505명 등 총 1,563명이 연행되었다. 군법회의에 회부된 87명(학생 37명, 일반인 50명) 중 단순가담자 67명은 소가 취하되었고, 20명(학생 7명, 일반인 13명)은 실형을 선고받았다. 일반 검찰에 송치된 31명(학생 26명,

일반인 5명)은 전원이 소가 취하되었고, 651명(이 중 208명은 부산 봉기 학생)은 즉결심판에 회부되었다. 어쨌든 이렇게 부마항쟁은 '사망자 없음'으로 알려져 왔다.

하지만 40년 만에 마산에서 큰 타박상을 입고 죽은 유치준(당시 51세) 씨가 항쟁 관련 사망자로 처음으로 공식 인정받은 것을 계기로 당시 시위에 참여했다가 숨지거나 다친 이들을 찾아내 합당하게 대우해야 한다는 주장이 제기되었다. 또한 계엄군이 사상자를 은폐하려 한 정황도 확인되었는데, 2019년 9월 9일, '부마민주항쟁 진상규명 및 관련자 명예회복 심의위원회'는 1979년 10월 19일 부마항쟁 당시 국방부 차관과 문공부 차관 등이 부산에서 '계엄업무 현지 간담회'를 열어 "계엄업무 수행 중 사상자가 발생하면 대외비로 하라"고 지시한 사실을 확인했다.

「국제신문」은 2019년 9월, 부마항쟁 당시 '검찰 정보 보고'와 경찰의 '사망 추정자' 내부 보고를 근거로 유 씨를 제외하고 부마항쟁 때 부산에서 4명, 마산에서 2명이 계엄군 또는 경찰에 맞아 숨졌다는 증언과 기록이 있다고 보도했다. 희생자와 그 주변을 추적하는 조사를 멈추지 말아야 할 것이다.

부마항쟁의 특징

10월 16일부터 19일까지 나흘 동안 부산과 마산 일대에서 시위 도중 체포된 사람은 모두 1,563명인데 이 중 500여 명만이 학생이고 나머지는 노동자, 노점상, 샐러리맨 등 일반시민이었다. 부마항쟁은 대체로 다음과 같은 특징을 지니고 있었다.

첫째, 뚜렷한 항쟁지도부가 존재하지 않았다는 점이다. 처음 부산대 시위를 주도한 학생들도 이렇게 엄청나게 일이 커지리라고는 상상도 하지 못했으며, 모여든 시민들을 거리에서 지도할 준비도 전혀 하지 않았다. 시위가 교문 밖으로 번져나간 이후 벌어진 항쟁은 거의 자연발생적인 것이었다.

둘째, 주된 구호는 "유신철폐, 독재타도!"였지만 시민들 속에서는 "김영삼 제명 철회하라!"는 구호도 적지 않게 나왔다. YH 사태 이후 진행된 유신정권의 탄압이 김영삼의 정치적 고향인 부산의 시민들을 시위에 참여토록 촉발하는 계기로 작용했다는 사실을 상당 부분 인정할 수밖에 없다.

셋째, 1979년도 부산지역의 수출증가율이 전국 평균보다 8% 이상 낮은 10.2%에 그쳤고, 9월까지 마산 시내에서 24개 업체가 휴폐업하면서 5천 명 이상의 실직자가 발생한 사실을 감안하면 불황에 따른 경제적 불만이 어느 정도 영향을 주었다고 할 수 있다. 또한 1977년 7월부터 시행된 부가세가 자영업자들에게 큰 불만을 샀다는 점도 빼놓을 수 없다.

넷째, 시기적인 특성이다. 우리나라의 민주-민중항쟁은 대부분 일 년 중 상반기에 일어났다. 이 책에 나오는 3.1 혁명, 4.19 혁명, 5.18, 6월항쟁도 그렇지만 4.3과 사북항쟁이 모두 그러했는데, 부마항쟁만은 가을에 일어났다. 아이러니하게도 항쟁이 절정에 이른 10월 12일은 유신 7주년이었다. 바로 그날 박정희의 사진은 찢겨 거리를 뒹굴었는데, 9일 후에 일어날 참극의 전조가 아닐 수 없었다.

부마항쟁의 의미

그러나 유신정권의 독재와 억압에 대한 불만은 부산시민의 전유물
은 아니었다. 또한 1979년의 불황과 부가세에 대한 불만 역시 전국
적 현상이었음을 고려할 때, 부마항쟁은 유신체제에 대한 강한 불
만이 학생시위를 도화선으로 하여 자연발생적으로 폭발한 것으로
보아야 할 것이다. 다시 말하면 민중의 불만과 증오가 너무나 깊고
폭넓게 쌓여 있어서 한 점의 불씨가 옮아 붙기만 한다면 언제 어디
서든 엄청난 민중항쟁으로 폭발할 분위기였던 것이다.

앞에서는 다루지 않았지만, 부마항쟁이 일어난 16일에 서울 이
화여대에서 시위가 일어났고, 18일과 19일에는 진주에서 경상대와
대동기계공고 학생들을 중심으로 천 명이 넘는 대규모 시위가 펼
쳐졌다. 20일과 21일에는 서울 한양대에서 학생들이 '유신철폐'를
외치며 시위를 벌였다. 25일에는 대구 계명대에서도 2천 명이 참
가한 시위가 발생했으며, 서울대, 연세대, 전남대 등에서는 반정부
유인물과 책자가 살포되었다.

이런 정황으로 보면, 만약 10.26 사태가 일어나지 않았다면 전국
적인 시위와 봉기가 이어졌을 가능성이 컸다. 이런 전후 상황을 감
안하면 부마민주항쟁은 서슬 퍼런 긴급조치로 상징되는 유신시대
의 숨 막히는 억압 구조를 뚫고, 4월 혁명 이후 처음으로 본격적 민
중항쟁의 지평을 다시 연 역사적인 봉기이자 1970년대 반유신운
동의 총결산이라 할 수 있다.

부마민중항쟁은 학생운동과 소수 재야 명망가 그리고 일부 민주 노조들로 제한되어 있었던 70년대의 반독재 민주화운동보다도 유신정권에게 치명적인 타격을 가했으며, 철옹성 같던 유신체제를 붕괴시킨 결정적 계기가 되었다는 점에서 큰 의의를 지닌다.

또한 부마항쟁은 7개월 후에 일어난 광주항쟁과 87년 6월 민주항쟁이라는 대규모 반독재 민주항쟁의 예고편이기도 했다. 부마항쟁은 이런 의미를 인정받아 평가 작업이 상대적으로 부족한 데도 불구하고 4.19 혁명, 광주항쟁, 6월 민주항쟁과 더불어 4대 민주화운동으로 자리잡기에 이르렀다.

부마항쟁의 영향

부마민주항쟁은 당시 전국의 각 대학으로 확산되어 갈 조짐을 보이던 유신말기 반독재 항쟁의 정점으로 박정희 정권 몰락의 결정적 계기로 작용하였다. 그러나 4.19 혁명이 이승만 정권을 직접적으로 무너뜨렸던 것과 달리 부마항쟁은 바로 유신정권을 붕괴시키지는 못했다.

대신 부마항쟁에서 보여준 민중의 힘은 지배집단에 큰 충격을 주어 내부의 분열과 동요를 일으켰다. 민중의 거대한 저항에 직면한 지배집단 내부에서는 일정 부분 양보를 하자는 온건파와 국민을 탱크로 깔아뭉개면서라도 현 체제를 고수하려는 강경파의 대립이 일어났는데, 이는 부마항쟁의 영향 때문이었다. 그리고 이 같은 이견이 내부의 뿌리 깊은 파벌싸움과 얽혀들었다. 항쟁현장을 직접 목격하고, 충분한 정보를 수집한 김재규가 박정희를 사살하기에 앞서 강경파의 대표자인 차지철 대통령 경호실장을 두고 "이런 버러지 같은 자식을 데리고 정치를 하니 올바로 되겠습니까?"라고 일갈하면서 그를 먼저 쏜 것은 당시 지배집단 내부의 갈등을 명확히 보여주는 장면이다. 또 이러한 이견과 파벌싸움이 10.26으로 끝나지 않고 12.12 쿠데타를 불러일으켰다는 사실을 감안하면, 김재규의 항소심 최후진술은 주목할 만한 가치가 충분하다고 하겠다.

7년이라는 유신체제의 억압이 계속되는 사이에, 국민의 유신체제의 폭압에 대한 누적된 항거의식은 전체 국민 사이에 팽배해 있었다. 작년의 부산과 마산 사태는 그러한 국민적 항거의 표본이었고 삽시간에 전국 5대 도시로 확산된 것으로 확인되었다. 이승만 대통령은 4.19 혁명의 마지막 순간에 국민의 희생을 뒤늦게나마 염려하여 하야할 것을 결심하였으나, 박정희 대통령은 이승만 대통령과는 다르다. 그는 끝까지 권력을 유지하려 했을 것이다. 그 과정에서 많은 수의 생명이 희생될 것임이 명약관화하였다. 나는 부마사태의 본질과, 그것이 전국으로 확산될 조짐을 박 대통령에게 보고했으나 박 대통령은 국민의 항거가 거세지면 스스로 저항하는 국민에 대해 발포명령을 하겠다고 하였다. 10.26 사태가 없었다면 그 결과가 어떠하였겠는가? 우리에게는 다른 길이 없었다. …… 유신체제는 그 자체가 꽉 짜인 억압과 폭력의 조직이었기 때문에 그것을 풀 수 있는 길이 없었다. 구멍이 없었다. 박정희 대통령이 살아 있는 한 지속시키려 했을 것이다. 따라서 조국의 민주화는 20, 25년이 앞당겨진 것이다.

중앙정보부의 총수답게 그는 사태의 본질을 제대로 파악하고 있었다. 그의 말은 유신 지배집단 내부에 온건파와 강경파의 대립과 충돌이 있었고, 그 결과 10.26 사건이 일어났음을 입증한다. 그러나 김재규 덕분에 우리의 민주주의가 수십 년 앞당겨진 것은 결코 아니었다. 그는 박정희만 제거하면 유신체제가 무너지리라고 믿었지만, 그렇게 되지 않았다. 국민을 탱크로 깔아뭉개서라도 기득권을 지키려고 하는 세력이 그대로 남아 있는 한 그들은 어떤 형태로건 유신체제의 실질적 부활을 획책할 것이었기 때문이다. 김재규는 '야수의 심정'으로 '수많은 희생을 막고자' 박정희와 차지철을 쏘아 죽였지만, 유신세력과 민중 사이의 대격돌을 막을 수 없었다. 아니 오히려 그가 박정희를 죽인 바로 그 순간에 엄청난 유혈과 희생이 잉태되었으며, 그는 운명과도 같이 다가올 대결의 시기를 앞당겼던 셈이다.

10.16 오전 10:00 : 부산대생 4천여 명 교내시위

- 오전 2시~10월 17일 새벽 1시 : 부산지역 학생과 시민 5만 명 중구, 서구 일원 시위, 11개 파출소 공격
- 오후 10시 : 부산지역 통행금지 연장 방송

10.17 오전 10시 : 동아대생 2천여 명 교내시위

- 오후 6시~10월 18일 새벽 1시 : 중구 일대 시위, 21개 파출소, 경남도청, 중부세무소, KBS, MBC, 부산일보, 동사무소 공격
  시위 진행 방향: ① 충무동 - 서부경찰서 - 동대신동 - 구덕운동장. ② 영선고개 - 초량 - 구 KBS부산방송국고관 - 동부경찰서

10.18 자정 : 부산 일원 계엄령 선포, 계엄군 1만여 명 주둔

- 오후 2시 : 마산 경남대생 시위
- 오후 7시 : 마산 학생, 시민 1만여 명 / 3.15 의거탑 불종거리-오동동다리 방면 시위. 검찰청, 법원, 공화당사, 마산MBC, 파출소 공격
- 오후 10시 : 마산·창원지역 통행금지 연장 발표

10.19 오후 8시 30분~20일 새벽 3시 : 마산지역 학생, 시민 6천 명, 창종 - 오동동 - 남성동 - 시청 방면 시위 / 공격대상은 전날과 유사

10.20 오전 12시 : 마산·창원 일원에 위수령 발동

10.26 저녁 서울 궁정동에서 김재규에 의해 박정희 피살

부산 민주올레길

부산 민주올레는 1979년 10월, 부산지역의 학생과 시민들이 유신독재에 항거하며 일어난 부마민주항쟁과 1987년 6월 항쟁의 현장과 부산지역 민주화운동 유적지를 걸으며 역사적 의미와 민주주의 가치를 되새기고자 만든 코스이다. 코스의 세부 경로는 다음과 같다.

부산역 → 남포동 지하철역(구 부산시청) → 광복로(구 미화당) → 부산근대역사관(구 미문화원) → 가톨릭센터 → 보수동 책방골목 (구 양서협동조합) → 혜광고(박종철 열사 모교) → 4.19광장 → 민주공원

♀ 부산역 광장

부산역 광장은 4.19 혁명 이래로 300만 부산시민의 민주주의의 요람으로 자리매김해 왔다. 주요한 시기 시기마다 민주주의를 실현하려는 청년학생들과 시민들의 만남의 공간으로서 기능을 수행해왔으며, 다양한 집회 및 시위가 끊이지 않는 살아 있는 광장이었다. 부마항쟁 당시에는 계엄군의 탱크가 진주하기도 하였고, 권위주의와 반민주에 맞선 시민들의 항쟁 현장으로 변모하기도 하였다. 부

산역 광장은 1987년 6월 항쟁 시기에 주요 시위 거점 중 하나였으며, 특히 7월 9일 이한열 열사 추모제 겸 직선제 쟁취 기념 부산시민대회가 열렸는데, 노무현 변호사와 최성묵 목사가 연단에 올라 추모 연설을 하였다. 2009년 5월 노무현 대통령이 서거하자 광장에 분향소가 꾸려졌고, 수많은 시민들이 그의 넋을 기렸다.

부산역 광장은 시민공원화 되어 지금도 많은 시민들이 즐겨 찾는 곳 중의 하나이며, 여전히 민주주의적 여론과 공론의 장으로서 기능을 수행하고 있다. 오늘도 여전히 수많은 집회와 모임이 끊이지 않고 이어지고 있는 살아 있는 민주주의의 요람이면서도 삶과 축제의 장으로서 역할을 다하고 있다.

📍 옛 부산시청: 현 롯데백화점 광복점

10월 16일 시위대는 "가자, 2시 시청으로!"를 외쳤다! 그날의 시민들은 부산시의 행정 중심인 시청을 점거해서 독재타도의 깃발을 꽂고 싶었던 것이다. 16일과 17일 이틀간 도심지 여러 곳에서 도시게릴라식으로 시위를 진행했지만 시위대의 지향점은 늘 시청이었다. 시위대가 시청을 향한 것은 우연이 아니었다. 과거 역사에도 동학과 민란 등이 일어났을 때 주요 타격 대상은 관아와 지방의 최고 행정기관이라는 무의식적인 공감대가 있었다. 7개월 뒤 5.18 민주항쟁이 일어났을 때 시민들이 일관되게 도청을 향해 나아간 것도 이러한 인식의 연장선 위에 있었던 것은 아닐까? 그러나 시위대의 열망과는 달리 시청 앞은 좁아 많은 학생들이 모이기에는 여건이 좋지 않았다. 그리하여 부영극장, 미화당백화점, 동아데파트, 시청 앞 등 네 곳을 중심으로 약간의 시차를 두고 학생들의 시위가 시작되었다.

미화당백화점 앞길의 창선파출소 근처에서 2~3천여 명의 시위대가 연좌농성을 하고 있었다. 아스팔트에 주저앉은 학생들은 서로 어깨를 걸고 누군가의 선창에 따라 노래를 부르기 시작하였다. 이때 양옆을 둘러싸고 있던 시민들 사이에서 한 무더기의 종이 태극기가 시위대의 머리 위로 뿌려졌다. 태극기는 순식간에 앞에서 뒤로, 뒤에서 앞으로 전달되었다. 학생들은 손에 손에 태극기를 흔들며 「우리의 소원」, 「애국가」, 「선구자」 등의 노래를 부르며 시청을 향해 나갔다. 시청 앞으로 향한 400미터의 4차선 도로가 태극기의 물결로 출렁거렸다. '유신철폐!'와 '언론자유!'를 외치며 그 물결이 시청을 향해 나아갔다.

📍 남포동 대각사 일대

대각사 일대는 87년 박종철 고문치사사건 이후 형성된 추모대회가 중심적으로 펼쳐졌던 곳이다. 이곳은 시내 한복판에 있었기에 시민들과 시위대의 자연스러운 결합이 가능했다. 이러한 추모대회와 도심지 곳곳에서 시위가 가능했던 지리적인 요건은 '박종철 고문치사사건'에 대한 국민적인 공분을 이끌어 낼 수 있는 중요한 기반으로 작용하였다.

이러한 요건들이 추모대회와 이후의 '호헌조치'와 맞물리면서 6.10 대회에 이르는 동안 광범위한 민중적 저항으로 터져 나와 6월

부산 최중심가에 위치한 대각사는 일제강점기에는 일본인들의 사찰이었다. 부마항쟁 당시 대각사 주지 경우 스님은 다음해 일어난 10.27 법난의 희생자가 되었다.

민주대항쟁이라는 역사적 사건이 펼쳐지게 되었다.

1987년 2월 7일 대각사 일대는 박종철 군 고문치사에 대한 '2.7 추도대회'가 예정되어 있었는데, 부산시경은 야당과 시민운동 지도부에 대해 '가택연금'과 '압수수색' 등으로 대응하였다. 중구 광복동에서 부평동 파출소까지와 창선파출소에서 미문화원에 이르는 도로변의 주차를 일체 금지시키고, 미문화원을 중심으로 하는 시내버스 정류장을 폐쇄하였다.

2월 7일 12시쯤 검은 리본을 단 신민당 청년당원들이 대각사로 들어가려다 제지당하자 심한 몸싸움을 벌이고 시위가 이루어졌다. 만여 명에 이르는 시위군중은 부마민주항쟁 이후 처음이었다. 3월 3일에도 49재를 맞아 열린 추모대회를 마치고 대각사 주변과 남포동, 충무동, 사상 등지에서 시위가 벌어졌다.

6월 10일 오후 6시에 "박종철 군 고문살인 은폐 규탄 및 호헌철

폐 부산시민대회"가 예정되어 있던 대청동 대각사 일대는 원천봉
쇄되었고, 시민들에 대한 무차별 과잉진압으로 오히려 시민들의
분노를 초래하였다. 시민들의 분노는 극에 달하였으며, 이에 경찰
이 시민들에 의해 무장 해제되기도 하였다.

⑨ 옛 미문화원 : 현 부산근현대역사관

1982년 3월 부산 미문화원에 화재가 발생했다. 이 건물은 1929년
동양척식주식회사 부산지점으로 지어져 식민지 수탈 기구로써 기
능한 어두운 역사가 있었다. 같은 시각 인근의 백화점과 극장에서
전두환 군사독재와 미국을 비난하는 전단이 뿌려졌다. 이 과정에
서 도서관에서 책을 읽던 무고한 동아대 학생 장덕술이 희생되고
말았다.

  이 사건은 5.18 민중항쟁에서 군부의 시민 학살을 승인한 미국에
대한 항의의 표시로 문부식, 김현장 등 부산의 대학생들이 일으킨
것이다. 이 사건으로 대학생, 원주교구의 최기식 신부 등 모두 22
명이 구속되었다. 사건의 담당 검사 중 한 명은 3선 의원에 오르는
최병국, 사건 당시 피의자들 중 허진수와 김화석을 변호한 변호사
가 훗날 16대 대통령 노무현이었으며, 사건을 재판한 담당 판사 중
한 명이 이회창이었다.

  그 전인 1980년 12월, 광주 미문화원에도 방화사건이 일어났지
만 당국에 의해 누전사고로 날조된 바 있었기에, 이 사건은 우리 사
회에서 미국의 문제를 고발한 사실상 첫 사례로서 많은 사람들에

부산근대역사관

게 '우리에게 미국은 어떤 나라인가?'를 성찰하게 만들었다.

이들이 밝힌 방화의 목적에서도 드러나듯이, 불평등한 한미관계와 80년 광주민중항쟁에서의 미국의 책임을 묻기 위해서였다는 것은, 우리나라에서 외세에 대한 문제제기와 본격적인 반미자주화운동의 기점이라는 의의를 가진다고 하겠다.

또한 부산에서의 미문화원 사건 이후 '반미'의 문제가 학생운동 진영에 핵심적인 쟁점으로 부각되면서 반미와 자주화를 중심으로 하는 운동이 다양한 형태로 나타나기 시작하였다. 이러한 결과로 같은 해 11월, 광주 미문화원에서 2차 방화 사건이 일어났고, 1985년도에는 전국학생총연맹(전학련) 소속 학생들에 의해 서울에서 '미국문화원 농성사건'이 일어났다.

이러한 반미시위와 사회적인 운동의 결과, 미문화원 건물은 1999년에 반환되어 부산시민과 관광객들에게 살아 있는 역사 교육을 위한 부산근대역사관으로 활용되다가, 부산근현대역사관으

가톨릭센터는 30여 년 전의 모습을 그대로 간직하고 있다.

로 재탄생을 위한 수리로 휴관중에 있다. 2022년 6월에 다시 시민
들을 맞을 예정이다.

📍 가톨릭센터 : 6월 항쟁 당시 농성 투쟁 장소

시위가 다시 치열해진 6월 16일. 남포동, 대청동, 충무동 일대를 장
악한 시위대의 평화적 연좌시위에 대해 경찰과 백골단의 무차별
폭력진압이 가해졌다. 폭력진압에 항의하던 시위대 5백여 명이 가

톨릭센터로 들어가게 되면서, 가톨릭
센터 농성이 시작되었다. 22일까지
계속된 이 기간 동안 부산에서는 가
톨릭센터 농성 투쟁을 중심으로 시위
가 더욱 가열되었다.

6.10항쟁 기념비

　명동성당 농성이 끝나가면서 다소

식어가던 항쟁의 열기는 여기서 다시 불타올랐고, 결국 6.29 선언을 이끌어 내게 된다. 영화 「변호인」에서 박종철 열사의 사진을 들고 집회하는 장면이 이 건물 앞 도로에서 촬영되었다. 2017년 6월에 6.10항쟁 30주년을 맞아 이 건물 앞 화단에 기념비가 세워졌다.

여기서 당시 가톨릭센터 벽에 붙여진 어느 여고생과 전투경찰의 편지를 소개하고자 한다.

혁명의 전사들에게

언니, 오빠들에게 저희들은 더 이상 할 말이 없습니다. 다만 감사하다는 말씀 외엔…… 아무것도 알지 못하는 저희들도 이제 언니, 오빠들에게 진지한 태도에 감동하지 않을 수가 없습니다. 어떻게 할 수도 없는 우리들 입장이지만 마음으로만은 언제나 격려하고 또 걱정하고 있다는 것을 믿어 주시고 저의 작은 정성을 받아주십시오. 김밥, 랩 그리고 이 모든 일은 많은 희생들이 쓸모없는 한 줌의 잿더미가 되지 않기를 매일, 매일 기도드립니다.

-1987.6.19. 여고 3년 ○ ○ ○

애국 민주 전경으로부터

독재타도와 호헌철폐의 선봉에 서서 민주화의 열망에 대하여 많은 노력과 분투를 계속하고 계시는 부산지역 애국 학생, 시민 여러분! 이 땅의 같은 아들딸로 태어나 여러분에게 최루탄을 쏘아야 하는 현실이 정말 안타깝습니다. 여러분! 비록 최루탄을 쏘는 전경이지만 이 나라의 민주화를 기대하는 마음은 같다는 것을 아시고 여기 조그만 정성으로 3,000원을 보내니 민주화를 위해 쓰여지길 원하고, 여러분의 건강과 그날이 올 때까지 고군분투를 바랍니다.

－분단 42년 6월 21일 아침, 나라를 사랑하는 애국 전경

📍 보수동 책방골목과 옛 양서협동조합

보수동 책방골목은 한국전쟁 이후 미군부대에서 흘러나온 잡지를 팔면서 시작되었다. 이곳에서 부산민주화 운동의 거점인 양서협동조합이 탄생한 것은 아주 자연스러운 결과였다. 양서良書를 매개로 한 협동조합인 양서조합은 세계 최초라고 할 만큼 독창적이고 선구적 방식으로 운동 세력을 결집하고, 교육하고, 확산시켜 낸 부산 특유의 사회운동 조직이었다. 부산의 의식 있는 사람들에게 양서조합은 서로 좋은 책과 정보를 교환하며 흉금을 털어놓고 시국을 걱정할 수 있는 만남의 광장이기도 했다. 양서조합은 교회와 학교, 사회에 흩어져 있던 의식 있는 청년들을 불러 모으고, 그들을 다시 무엇인가 함께하도록 묶어서 배출하는 커다란 저수지가 되어, 700명이 넘는 회원이 참여하기에 이르렀다. 74년의 민청학련 사건과 75년의 김오자 사건*으로 그 중심세력이 대부분 감옥에 들어간 이

---

*   김오자는 부산대 73학번 재일교포 유학생으로, 유신 독재 시절 김기춘이 조작을 주도한 '재일동포 학원침투 북괴간첩단' 사건의 주범으로 몰려 고문을 받고 수감생활을 했다. 2019년 8월 재심에서 무죄가 확정됐다.

래 침체에 빠져들었던 부산의 학생운동도 이처럼 양서조합과 중부
교회를 중심으로 70년대 말부터 다시 살아나기 시작했다.

부마민중항쟁은 바로 그 즈음에 발생하였다. 그래서 이미 정보
기관에게 '불순분자'들이 모이는 단체로 주목받고 있던 양서조합
이 '부마사태의 배후'라는 구실로 1979년 11월 19일 강제 해산 당
한 것은 당시에는 전혀 놀라운 일이 아니었다. 그보다는 차라리 부
산 양서조합을 뒤이어 두 해 사이에 대구·광주·전주·마산·울산·
수원·서울까지 계속 이런 조합들이 생겨나게 만든 '원조'로서 그
시대의 놀라운 성과로 기억해야 할 것이다.

현재 양서협동조합 건물의 모습

70년대의 부산지역 민주화운동에
서 가장 특징적인 양상 중 하나가 서
울 출신의 활동가들이 지역연고를
통해서 부산지역에 진출하면서 형성
되었다는 점이다. 이들은 주로 70년
대 초반의 민청학련 사건이나 종교
적 민주화운동을 경험하면서 성장한
세대들이었다. 이들이 부산지역 대
학의 사회과학 서클과 학교 밖의 사
회적인 활동의 매개로서 이용한 조
직 겸 공간이 바로 "양서협동조합"이
었다.

이렇게 양서조합은 부산지역에서
자생적인 민주화운동 세력의 형성과

그 주체를 만들어내는 데 중요한 역할을 하였다.

📍 부산 민주화운동의 거점 : 중부교회

기독교장로회 계열의 중부교회는 일반 교회들과 달리 매우 개방적이고 진보적인 시국관을 견지하고 있었다. 74년부터 이 교회 강사로 참여한 이래 76년 전도사를 거쳐 78년 담임목사가 된 최성묵과 그를 도와 이 교회 청년회원들을 이끌던 이명수, 박상도 등이 이 교회의 방향성을 확립하는 데 커다란 역할을 하였다. 서울로부터의 지하 유인물이나 갖가지 민권운동 정보들은 당시 대부분 중부교회를 매개로 부산지역에 전파되었다.

각종 강연회와 사례발표회, 구속자를 위한 기도회, 대학생들의 그룹스터디 등도 자주 이곳에서 열렸다. 당시 민주화를 주제로 한 강연을 위하여 동광교회, 전포성당, 제일감리교회, 중앙성당, 영락교회, 부산진교회 등도 가끔 장소를 제공하였으나 YMCA 강당과 중부교회가 가장 자주 쓰였다. 이런 분위기 때문인지 중부교회 교인들 가운데 1975년에서 79년 사이에 긴급조치 제9호 위반 등 혐의로 구속된 이들만도 10여 명이나 되었다.

이 교회의 청년부원들 중에는 동아대

현재의 부산중부교회

나 부산대에 재학 중인 비판적 학생들과 졸업생 또는 제적생들이 많았다. 그래서 중부교회는 부산의 민주화운동에서 사회운동 세력과 대학의 학생운동 세력을 연결시키는 매개체로서의 역할도 컸다. 즉 76년경부터 정기적으로 이루어진 중부교회 스터디그룹은 부산시내에 산발적으로 흩어져 있던 비판적 청년 학생들을 끌어모으는 흡인력을 발휘했고, 학생운동을 자극하는 요소를 새로이 공급했던 것이다. 이러한 중부교회의 역할은 다양한 인터뷰 자료에서도 등장한다.

> 보수동 책방골목에 위치한 중부교회가 새로운 사회운동의 세력으로 등장하게 되었는데, 이 중부교회와 직·간접으로 관련되어 있던 사람들이 창립한 '부산 양서협동조합'은 70년대 말 부산 운동 세력의 커다란 저수지 같은 구실을 하였다. 당시 부산에서 민주화운동이나 민권운동에 참여했던 인사들은 대부분 거기에 관련을 맺고 있었기 때문이다.(민주운동사: 396)

당시 중부교회는 전국의 민주화운동 세력들과 교류가 이루어지는 부산의 유일한 공간이기도 했다. 다른 지역의 활동가들이 부산을 방문하면 찾는 곳이었으니, 초기 부산지역 출신으로 서울에서 학생운동을 하고 있던 이들 몇몇은 방학이면 중부교회를 자주 찾았다. 부산지역에도 학생운동의 씨앗을 뿌려보려는 동기에서 중부교회 청년회를 활용하려 했던 것이다. 당시 서울공대를 다니던 최준영, 서울농대의 차성환, 송세경, 소진열, 설동일 등이다. 차성환은 최성묵 목사가 세상을 떠난 후 평전을 집필하였다.

교회의 종탑은 유인물을 숨기는 최고의 공간이었고, 1987년 2월 7일 박종철 열사 추도회 때, 청년이 이 종탑에 올라 거침없이 '선전 선동'을 펼치기도 했다. 5월 4일에는 부산목회자정의평화실천협의회 소속 젊은 목사들이 삭발 단식 농성을 벌여 6월 항쟁의 기폭제 역할을 했다. 6월 항쟁 직전에는 제임스 릴리 주한 미 대사가 중부교회를 방문하기도 했다. 즉 미국은 전두환 정권의 강경탄압을 반대한다는 메시지를 간접적으로 전달한 것이다. 최근 교회로 올라가는 계단에 중부교회의 역사를 알 수 있는 사진들이 부착되었다.

인물열전   부산 민주화운동의 거목 최성묵 목사

최성묵崔聖黙은 1930년 11월 11일, 경상북도 영일군 흥해면 중성동(현 포항시 북구 흥해읍 중성리)의 개신교 집안에서 태어나, 흥해제일교회 소년회 회장으로 활동하는 등 종교적 환경에서 성장하였다. 1951년 부산으로 피난 온 서울대학교 수학과에서 공부하고, 포항고등학교 등에서 교편을 잡기도 하였으나, 결국 한국신학대학에 편입하여 신학을 공부하였다. 1959년 한신대학교를 졸업하고 제천에서 교사로 재직하다가, 제천제일교회에서 전도사로 일하였다.

1960년대에는 서울에서 기독교 학생운동의 지도자로 활동하였다. 1960년대 초에 한국기독학생회(KSCM) 대학부 간사로 일하면서 대학YMCA, 학생YWCA, KSCM으로 나누어져 있던 기독 학생 조직을 통합하는 사업에 힘을 쏟았다. 이를 위해 결성된 조직이 한국학생기독운동협의회(KSCC)였고, 최성묵은 총무를 맡았다. 이후 통합 작업은 KSCM과 대학YMCA가 합쳐 한국기독학생총연맹(KSCF)을 결성함으로써 결실을 맺었다. 이 과정에서 최성묵은 헌신적으로 노력하였고, 이사회가 책임지지 않는 부채를 아내가 간신히 마련한 천호동 집을 처분하여 정리하기도 하였다. 1968년 2월 연세대학교 연합신학대학원을 졸업한 뒤에 1969년경에 부산으로 이주하였다.

부산에서 최성묵은 목회자이자 신학자, 재야 민주화운동 지도자이자 사회사업가로 활동하였다. 부산으로 이주한 후 최성묵은 부산미국문화원 학생 담당관을 역임하다가, 1972년 4월 부산YMCA 총무를 맡아 기독교 청년운동을 지도하였다. 1970년 후반에 최성묵은 박상도 등과 함께 도시산업선교회를 통해 노동자들의 생존권 투쟁을 지원하는 활동을 전개하였다. 1977년 4월 3일에 중부교회 목사로 취임하면서 인권운동, 사회사업 등을 본격적으로 전개하였다.

유신 치하에서도 정의구현기독자회, 기독교인권선교협의회, 엠네스티 부산지부 등의 결성에 참여하였다.

이에 그치지 않고 최성묵은 장애인 자활 교육, '생명의 전화' 사업 등 소외받은 이들에 대한 사회사업에도 지속적으로 참여하였다. 문화 불모지 부산이라는 오명을 탈피하기 위해 부산시향후원회를 구성하는 데 앞장서고, 사회체육시민운동을 지원하는 등 그의 활동은 광범위하였다.

고 최성묵 중부교회 목사(오른쪽 셋째), 고 노무현 전 대통령(오른쪽 넷째), 문재인(오른쪽 다섯째) 현 대통령이 경찰 최루탄을 맞고 범일 고가도로 위에서 추락해 숨진 이태춘 열사 노제를 이끌고 있다.(1987.6.26)

1979년 10월 부마항쟁이 일어나자 유신정권은 최성묵을 체포하여 배후 주동자로 조작하려 하였다. 다행히 10.26 사건으로 유신체제가 붕괴하면서 그 계획은 무산되었다. 1980년 5월 신군부의 5.17 쿠데타(5.17 내란)가 일어나자 체포를 피해 서울로 갔던 최성묵은 뇌출혈로 쓰러졌으나 위험한 고비를 가까스로 넘겼다. 이후 중부교회로 복귀한 최성묵은 어려움 속에서도 인권과 민주화를 위한 투쟁을 계속하며 노무현과 김광일 변호사, 송기인 신부 등과 함께 부산의 민주화운동을 이끌었다. 1985년부터 1987년까지 부산민주시민협의회의 부회장과 회장으로 활동하였고, 1987년 6월 민주항쟁에서 '호헌반대 민주헌법쟁취 범국민운동 부산본부'의 상임 공동대표를 맡아 노무현 상임집행위원장 등과 함께 앞장서 싸웠다.

하지만 6월 항쟁의 성과로 얻은 대통령 직선제 선거에서 정권 교체에 실패하고, 1990년 3당 야합으로 민주자유당이 출범하자 김대중을 지도자로 하는 신민주연합당의 최고위원으로 입당하였다. 설교집조차 남기지 않을 정도로 자신을 내세우지 않았던 그였기에 주위 사람들은 깜짝 놀랐다. 이런 그의 행동은 지역주의를 타파하기 위한 고육책이었다. 물론 주변 사람들은 입당을 반대하였으나 3당 합당으로 보수대연합이 형성된 상황에서 자신을 던져 지역주의와 싸워야 한다는 신념을 굽히지 않았다. 그러나 그 보람도 없이 총선을 앞두고 최성묵은 1992년 3월 22일 과로로 세상을 떠나 경주 강동면 국당리에 있는 선영에 잠들었다. 민주공원 상설전시실에는 부산을 대표하는 민주열사로서 영정과 유품이 전시되어 있다.

해야
할이야기 **군사정권과 공수부대**

대한민국 현대사의 중요한 특징 중 하나는 1961년 5월부터 1993년 2월까지 30년 이상 이어진 군부통치이다. 박정희가 남긴 유산 중 가장 부정적인 부분이 군대를 정치에 동원하여 민간 분야를 직접 통제한 것이다. 그중에서도 공수부대가 가장 눈에 띈다.

1961년 5월 16일 군사쿠데타에 참여한 부대 중 제1공수여단이 있었고, 중대장 차지철을 포함한 부대원들은 남산의 방송시설과

반도호텔*의 장면 총리 숙소를 장악했다. 1964년 6월 3일, 한일 국교정상화를 반대하는 시민들과 학생들이 경찰의 저지선을 무너뜨리고 청와대로 향하자, 그날 밤 비상계엄령을 선포하고 1만 7천 명의 병력을 서울에 투입시켰는데, 이 중에도 제1공수여단 병력 386명이 포함되어 있었다.

박정희 정권은 공수부대에 시위진압 훈련인 '충정훈련'을 실시하여, 자신들이 필요할 때 공수부대를 정권 안보에 투입시킬 수 있도록 해놓았다. 전두환, 노태우, 장세동 등 하나회의 핵심들이 모두 공수부대장을 거친 것은 우연이 아니다.

결국 공수부대는 1979년 부산에 투입되었고, 1980년 전두환 일당이 권력 탈취 의도를 굳히기 시작한 1980년 2월부터는 충정훈련이 일과의 대부분을 차지하기에 이르렀다. 4월에 광부들이 들고 일어난 사북항쟁 때도 공수부대 투입이 심각하게 검토되었지만, 다행히 투입되기 직전에 노사 간의 합의가 이루어져 실행되지는 않았다. 하지만 충정훈련에 지친 병사들은 이런 훈련을 '하게 만든' 학생 등 시위대에 대한 분노를 품게 되었고, 이는 1980년 5월의 비극을 낳고 말았다. 충정훈련은 1993년에야 폐지되었다.

---

* 소공동 롯데호텔 자리에 있던 호텔이다. 흥남 질소비료공장과 압록강 수풍댐을 건설하고 운영했던 일본인 재벌 노구치 시타가후(野口遵, 1873~1944)가 세웠다. 반도호텔은 지하 1층 지상 8층 규모로 당시 전국에서 가장 높은 건물이었다.

📍 혜광고등학교의 박종철열사추모비

"철아 잘 가그래이, 아부지는 아무 할 말이 없대이."

이 땅의 민주화를 열망하는 시민의 힘을 확인시켜 준 1987년은 한 대학생의 죽음으로 시작되었다. 1월 14일 치안본부 대공분실에서 취조 중이던 서울대 학생 박종철이 '민중의 지팡이' 경찰이 가한 고문으로 사망하였다. 이 사건에 대해 경찰은 가혹행위는 없었으며, '탁' 하고 치니 '억' 하고 쓰러졌다고 발표하여 전 국민의 분노를 자아냈다.

1월 28일 서울에서 김대중, 김영삼 등 각계 대표 9,782명이 참가한 '박종철 국민추도회 준비위원회(국민추도위)'가 발족할 무렵, 박종철의 고향인 부산에서는 사건의 진상을 폭로하고 고문을 규탄하는 민주 세력의 활동이 활발해졌다.

'부산민주시민협의회(부민협)'는 기관지 「민주시민」과 각종 인쇄물을 제작 배포하였으며, 천주교정의구현사제단의 추모미사가 준비되었다. 기독교교회협의회를 비롯한 민주화운동 단체는 물론 사회 지도층 인사들의 항의성명이 줄을 이었으며, 추모예배와 법회, 고문 근절을 위한 공청회와 각종 규탄 행사가 이어져 사회적 관심을 확산시켰다.

'국민추도위'가 추도일로 공고한 2월 7일, 경찰은 이틀 전부터 전국적인 검문검색을 통한 민주인사의 연행과 가택연금을 실시하고, 당일에는 추도회 장소를 비롯한 인근 도로까지 통제하여 추도대회를 막으려 하였다. 그러나 이러한 원천 봉쇄를 뚫고 부산을 비롯한 각지에서 6만여 명의 시민과 학생들이 2.7 추도대회에 참여하여 "고문철폐", "독재타도", "민주쟁취"를 소리 높여 외쳤다.

2004년에는 혜광고에 펜 모양의 추모비가 건립되었다. 본래 교정에 흉상을 세우려 했지만, 학교에서 반대하여 추모비 건립으로 타협했다고 한다. 영화 「1987」의 주연 배우 김윤석이 혜광고 출신이어서 화제가 되기도 했다. 최근 들어서는 혜광고 재학생들이 박종철 열사 관련 추모 행사에 참석하기 시작하였다.

♀ 4.19 혁명위령탑

용두산 공원에 세웠다가 2007년 민주공원 들머리로 옮긴 4.19 혁명희생자위령탑은 전국의 4.19 기념 건조물 가운데 유일하게 시민 모금을 통해 조성한 기금으로 건립한 조형물이다.

4.19 시민혁명을 비롯하여 박정희 군사독재정권 치하에서의 부정선거 규탄시위와 민중들의 민주화를 위한 수많은 항쟁은 부산지역 전역에 걸쳐 이루어졌다. 그중에서도 시내의 중심부에 위치하고 있는 용두산 공원은 중요한 장소적 의미를 지녀왔다고 볼 수 있다. 즉 암울한 시기에 부산지역에서 광범위하게 펼쳐졌던 시민항쟁의 근거지로서의 장소적 의미를 지니고 있으며, 영도를 굽어보며 광복동과 영주동, 남포동, 중앙동이 맞닿는 지리적 위치 또한 시민들에게 민주항쟁의 기념비적 공간으로 각인시키는 의미도 크기 때문이다.

📍 민주공원

한국 근·현대사의 발전에 있어서 부산지역 시민사회운동은 결정적인 공헌을 해왔다. 4.19 민주혁명에서 부마민주항쟁까지, 그리고 이러한 시민의 민주주의를 위한 항쟁은 6월 민중대항쟁으로 면면히 계승되어 왔다.

부산시민의 숭고한 희생정신과 민주주의에 대한 열망을 기리고 계승·발전시키기 위해 부산지역 민주주의의 역사와 민중민주운동의 흐름을 모아서 조성한 공간이 바로 민주공원이다.

민주공원의 목표에서도 "이를 역사의 산 교육장으로 활용하여 시민의 자부심을 고취시키고 아울러 민주화의 산실인 부산의 역사적 위상을 높이고자 한다"고 밝히고 있다.

부산 민주공원은 역사적 의미를 떠나 부산시내를 바라보는 경관만으로도 가볼 만한 가치가 있다.

민주주의를 걷다

5.18 민주올레

함께 걷는 민주올레길

5.18 민주올레 코스

전남대학교

광주역광장

5.18 최초 발포지
(광주고교 앞)

시외버스공용터미널 옛터

광주YMCA 옛터

광주MBC 옛터

녹두서점 옛터

전일빌딩 245

금남로

구 상무관

광주YMCA

광주공원 광장

5.18 민주광장

구 전남도청

구 광주적십자병원

남동성당

조선대학교

전남대학교병원

광주기독병원

배고픈다리 일대

5.18 민주항쟁의 배경

1979년 10.26 직후, 전두환 일당은 12.12 군사반란을 일으켜 정승화 계엄사령관을 체포하면서, 군부는 물론 정부의 실권까지 장악하였다. 1980년 초부터 그들은 K-공작 계획을 실행하여 언론을 조종하고 통제하기 시작했다. 전두환은 같은 해 4월 14일, 중앙정보부장 서리까지 차지해 대한민국 내의 모든 정보기관을 장악하는데 성공했다.

1980년 5월부터 정권을 장악하려는 그들을 반대하는 학생시위가 발생하는 등 국민들의 민주화 열망이 불타올랐다. 같은 달 국회에서는 계엄 해제와 개헌을 비롯한 정치 현안에 대한 논의를 본격적으로 진행하기 시작했다. 따라서 신군부는 정상적인 방법으로는 집권이 불가능했기에, 자신들의 정권 장악에 방해가 되는 세력들을 제거하기 위해 집권 시나리오를 짜 실행에 옮겼다.

그들은 이미 1980년 3월부터 5월 18일 직전까지 공수부대에 시위 진압을 위주로 한 충정훈련을 실시했고, 5월 초부터 군을 사전 이동 배치하고 신군부에 반발하는 시위를 진압할 준비를 마친 상태였다.

5월 17일 24시에 비상계엄을 제주도까지 포함한 전국으로 확대하였고, 계엄 포고령 10호를 선포하여 정치활동 금지령·휴교령·언론 보도검열 강화 같은 조치를 내렸다. 신군부는 김대중, 김영삼, 김종필 등을 포함한 정치인과 재야인사들 수천 명을 감금하고 군 병력으로 국회를 봉쇄했다.

한편 광주지역 대학생들은 5월 18일에 '김대중 석방', '전두환 퇴진', '비상계엄 해제' 등의 구호를 외치며 시위를 시작했다. 5월 광주의 비극은 이렇게 시작되었다.

5.18 광주민주항쟁은 3.1 혁명과 4.19 혁명 당시의 서울과 마찬가지로 사실상 광주 전역이 항쟁의 기억을 담고 있는 셈이지만, 그 중에서도 가장 상징적인 곳들만 코스에 넣었다.

이 책의 사적 설명은 5.18기념재단 홈페이지 자료실의 '5.18 민중항쟁 사적 안내'와 '광주민중항쟁일지'(한국현대사사료연구소)를 토대로 다른 자료를 보충하여 집필했다.

5.18 민주올레길

📍 박관현 열사 추모비

전남대 정문을 들어가 왼쪽의 야트막한 언덕을 올라가면 까만 기단 위에 하얀 비가 서 있다. 바로 5.18 당시 전남대 학생회장을 맡아 단식 끝에 산화한 박관현 열사의 추모비이다.

열사는 전라남도 영광군 출생으로 그곳에 도 추모비와 동상이 세워졌다. 원래 사법고시를 준비하면서 도서관에서 공부만 하던 그는 교육지표 사건 이후 사회현실에 눈을 뜬다. 1980년 3월, 3학년 재학 중에 '민주화의 새벽 기관차'라는 기치를 내걸며 70퍼센트라는 압도적인 지지율로 총학생회장으로 당선되었다. 그 전에 그는 들불야학에서 강학*으로 열심히 활동했기에 출마를 사양했지만 전남대 선배인 윤상원 열사의 설득을 받아들여 출마를 결심하였다. 윤 열사는 얇

박관현 열사 추모비

---

* 들불야학에서는 교사를 강학, 학생을 학강이라고 불렀다. 강학이란 가르치면서 동시에 배우는 자이고, 학강은 배우면서 동시에 가르치는 자라는 의미이다.

은 점퍼와 단벌 바지에 검정고무신을 신고 다니는 '촌놈' 박관현을 당선시키기 위해 은행에서 입던 자신의 양복을 내어주고 구두도 신겨주었다고 한다.

5.18 직전까지 광주시민과 학생들의 반독재투쟁을 주도하면서 탁월한 연설로 광주시민들에게 '제2의 김대중'이라는 찬사까지 들었다.

전두환 일당이 5.17 비상계엄 전국 확대 조치와 동시에 보안사에서 민주화 인사들을 체포하자 광주를 빠져나가 여수로 피신했다. 이후 서울로 피신하여 공장에 취업했다가 1982년 4월 5일 체포되었다. 내란예비음모, 계엄령 위반 등 내란중요임무종사 혐의로 체포돼 모진 고문을 받았으며, 5월 4일 기소되어 9월 7일에 징역 5년을 선고받고 광주고등법원에 항소하여 재판 계류 중 50일 간의 옥중 단식투쟁 끝에 순국했다. 5월에 희생된 동지들에 대한 부채의식을 끝내 떨칠 수 없었기 때문이었을 것이다.

📍 전남대학교 정문

전남대학교 정문은 한국 민주주의 역사에 찬연히 빛나는 5.18 광주민중항쟁이 시작된 곳이다. 1980년 5월 17일 자정, 불법적인 비상계엄 전국 확대에 따라 전남대에 진주한 공수부대가 도서관 등에서 밤을 새워 공부에 몰두하고 있던 학생들을 무조건 구타하고 불법 구금하면서 항쟁의 불씨가 뿌려졌다.

이어 18일 오전 10시경, 교문 앞에 모여든 학생들이 학교 출입을

5월 15일, 민족민주화성회에 참여하기 위해 학교 정문에서 전경과 대치하고 있는 전남대생들.(사진: 나경택)

막는 공수부대에게 항의하면서 첫 충돌이 일어났고, 교수들까지 폭행을 당하자, 학생들은 광주역과 금남로로 진출해 항의 시위를 벌였다.

계엄군은 항쟁 기간 중 시내에서 끌고 온 시민들을 학교 종합운동장과 이학부 건물에 강제수용하고 집단구타를 자행하였는데, 그 과정에서 희생자가 나왔고, 주검은 학교 안에 매장되었다가 이후에야 발굴되었다.

당시 정문 앞에는 용봉천이 흐르고 그 위에 다리가 놓여 있었으나, 지금은 복개되었다. 학생과 시민들을 불법 감금했던 이학부 건물도 철거되었으며 교문도 외관이 바뀌었다.

"만약 휴교령이 내려질 경우 그 다음날 오전 10시 일단 학교 정문 앞에 모이자. 그리고 정오쯤 이 도청 앞 광장에 집결하자"라고 5월 15일 도청 앞 분수대에서 박관현 총학생회장은 학생과 시민에게 외쳤다. 이 약속을 지키기 위해 5월 18일 일요일 아침 전남대 교문 앞에는 오전 10시가 넘어서자 100여 명이나 되는 학생들이 모여들었다. 하지만 학생운동 지도부의 절반은 사전 검거되었고, 반은 피신 중이었기 때문에 아무도 나타날 수 없었다. 즉 약속을 지키기 위해 나선 일반 학생들에 의해 역사적인 항쟁이 시작되었던 것이다.

서울에 있는 많은 대학교에서도 지도부는 '계엄령이 내려지면 어디로 모이라'고는 했지만 계엄군의 무력에 저항한 학교는 하나도 없었다. 하지만 광주는 달랐다. 교문 앞에 모인 학생들 사이에서 불만이 튀어나왔다. 학교 정문에는 공수부대원 8, 9명이 완전무장한 채 학교에 들어갈 수 없으니 돌아가라고 명령했다. 학생들이 차츰 불어나자 공수부대 중대장이 직접 정문앞 다리 앞에까지 나와 메가폰을 들고 귀가를 종용했지만 그럴수록 맞서는 학생들의 불만도 커졌고, 전체가 술렁이기 시작했다. 학생들은 자연스럽게 다리 부근에 모여 앉아 농성을 시작했다.

50여 명 정도가 다리 위에 앉아 노래를 부르며 구호를 외치기 시작했고, 나머지 학생들은 주위에 웅성거리며 서 있었다. 학생들은 200~300명쯤으로 불어났다. 그러자 그들은 과감하게 '계엄해제', '전두환 물러가라', '계엄군 물러가라', '휴교령 철회하라'는 구호들을 외쳤다. 그때 갑자기 "돌격 앞으로" 하는 명령과 함께 공수대원들이 으악 소리를 내지르며 학생들 사이로 파고들면서 곤봉을 후

려치기 시작했다. 몇몇 학생들이 피를 쏟으면서 땅바닥에 나뒹굴었다. 그리고 학생들은 7, 8명의 공수대원들에게 밀려 순식간에 골목으로 숨어들었다. 학생들은 다시 무리지어 길모퉁이로 나아가 돌을 던지기 시작했다. 잠깐 동안 투석전이 계속되고 나서 공수대원들이 돌진해 들어와 곤봉으로 머리를 강타했고 실신하면 질질 끌고 가곤 했다. 반시간쯤 밀고 밀리는 공방전이 진행되었다. 그러나 시위 진압훈련과 특수훈련을 받은 최강의 공수부대에 학생들이 맨손으로 맞서는 것은 처음부터 무리였다. 대열을 지휘하던 학생들은 여기서 계속 싸운다면 자신들의 피해만 계속 늘어갈 뿐이라고 판단하고, 시내로 나가 시민들에게 알려야 한다면서 흩어지는 학생들에게 광주역으로 재집결하라고 외쳤다.

학생들은 전남대 정문 앞에서부터 광주역을 거쳐 공용터미널을 돌아서 가톨릭센터에 이르는 3킬로미터 이상의 길을 단숨에 달려갔다. 11시쯤 가톨릭센터 앞 도로에 모여든 학생들은 연좌농성을 시작했다. 학생들의 숫자는 5백여 명으로 불어났고 시내의 교통은 차단되었다. 사방에서 수천여 명의 시민들이 몰려들었다.

학생의 시위가 커지고 차츰 격렬해지자 오후 1시 시내 수창국민학교 교정에 집결하여 출동준비를 마친 공수부대들이 오후 2시부터 3시 사이에 시외버스터미널 부근부터 투입되기 시작했다. 이때부터 공수부대의 만행이 본격적으로 시작되었다. 공수부대원들은 서너 명이 한 조가 되어 학생처럼 보이는 청년들은 무조건 쫓아가서 곤봉으로 머리를 때리고 공을 차듯이 가슴과 배를 내질렀다.

조금이라도 반항하는 기색이 보이면 그들은 가차 없이 대검으로

배를 쏘셨다. 시위군중들은 불과 십여 분도 못되어 산산이 흩어질 수밖에 없었다. 공수대원들은 골목마다 뛰어다니면서 주변에 숨어 있는 청년들을 두들겨 패고 나서 손목을 뒤로 돌려 포승으로 묶고는 트럭에다 던져 올렸다. 차 위에서는 무전병이 기다리고 있다가 체포되어 올라온 즉시 발가벗기고 굴비 엮듯 엎드리게 하고는 계속 난타했다. 거리에는 일시에 살기가 맴돌았고 골목마다 비명과 흐느낌이 요란했다.(황석영,『죽음을 넘어 시대의 어둠을 넘어』에서 발췌하고 일부 보충)

당시 광주 일원에는 공수특전사 소속의 제7공수여단(여단장 신우식 준장)이 주둔하고 있었으나, 18일 0시를 기해 계엄이 확대되자 주둔지를 이동한다.

1. 제7공수여단 제31대대(대대장 박중일 중령)는 18일 새벽 0시 05분을 기해 전북대학교 교정을 장악하여 42명의 학생을 연행한 후 그곳에 주둔한다.

2. 제7공수여단 제32대대(대대장 이종환 중령)는 18일 새벽 1시 25분 충남대학교를 장악하였다. 이미 학생은 없었다.

3. 제7공수여단 제33대대(대대장 권성만 중령)는 18일 새벽 2시 전남대학교 교정을 장악하여 32명의 소요학생을 연행한 후 주둔한다.

4. 제7공수여단 제35대대(대대장 김일옥 중령)는 18일 새벽 2시 30분에 조선대학교 교정을 장악하여 23명의 소요학생을 연행한 후 주둔한다. (월간『말』. 1988. 5)

5월 18일 당시의 상황이 워낙 급박했기에 당일의 사진은 한 장도 남은 것이 없다. 비극은 사흘 후인 21일에도 일어났다.

그날, 5만 명의 시민들이 전남대로 몰려들었고, 이 과정에서 공수부대의 조준사격이 자행되면서 2명의 사망자와 여러 명의 부상자가 나왔다. 그중 한 명이 당시 23세였던 임산부 최미애였다. 8개월이던 태아도 같이 희생되었다.

📍 광주역 광장

이곳에서 광주민중항쟁 당시 광주시민과 계엄군 사이에 치열한 공방전, 일명 '광주역 전투'가 벌어졌다. 5월 20일 오후 3시, 그동안 광주시내를 누비면서 직접 목격한 공수부대의 만행에 격분한 택시

기사들이 이곳에 모였다. 시작은 약 50여 대였다. 이는 곧 저녁에 금남로에서 벌어진 대규모 차량 시위로 이어졌고, 거의 같은 시간 광주역에 주둔해 있던 계엄군은 시민들을 향해 발포하여 5명의 사망자와 11명의 부상자가 나왔으며, 공수부대의 첫 '순직자'*

21일 새벽 동틀 무렵, 계엄군에 잔인하게 희생된 시신 2구가 광주역에서 발견되었다.

---

* 최근까지 광주항쟁에서 목숨을 잃은 계엄군 병사들은 법적으로 전사자였지만, 현재는 순직자로 신분이 바뀌었다.

도 여기서 나왔다. 그럼에도 시위대에 밀린 공수부대는 다음 날 새벽 4시, 전남대로 철수해야만 했다. 몇 시간 후 이곳에서 계엄군이 미처 거두지 못한 주검 2구가 발견되었다. 이들 주검이 전남도청 앞 광장으로 옮겨지자 소식을 들은 시민 수십만 명이 적극 동참함으로써 항쟁은 절정으로 치달았다.

📍 옛 시외버스 공용터미널 일대 : 현 광주은행 본점

이곳은 5.18 광주민중항쟁 당시 시외버스 공용터미널이 있는 교통중심지였다. 5월 19일 오후 이곳에서 계엄군의 잔혹한 진압을 규탄하는 대규모 시위가 열렸다. 계엄군은 대합실과 지하도에까지 난입하여 총검을 휘둘러 일대는 순식간에 피비린내 나는 아수라장으로 변했다. 이 소식은 시외버스를 타고 바깥으로 나간 시민들에 의해 곳곳으로 전파돼 항쟁이 전남 전역으로 확산되는 계기가 되었다. 이곳에서의 시위와 진압은 20일까지 이어졌고, 시외버스운행은 22일부터는 완전히 중단되었다. 이곳은 한때 공수부대의 숙

1980년 당시 하늘에서 본 공용터미널 전경.(사진: 금호그룹)

영지로 사용되기도 했다.

대인동 공용버스터미널 주차장에는 7, 8구의 시체가 차곡차곡 쌓여 있었고, 무등경기장 스탠드 아래쪽에는 10여 구의 시체가 즐비하게 늘어져 있었다. 이날 공수부대원의 대검에 찔리거나 몽둥이에 맞아 죽은 사람들이었다.

이 같은 시체들은 '공수부대원들이 부녀자나 노인들에게까지 무차별 난타해서 많은 사람을 죽였다', '머리통을 때려 즉사시켰다', '임산부를 죽였다'는 풍문들이 사실이라는 증거물이 된 셈이다.

K씨(40세)는 이렇게 증언하고 있다.

저는 이날 낮, 시골에서 올라오는 어머니를 마중하러 공용터미널에 갔었습니다. 그러나 시외버스들이 제대로 운행되지 않아 돌아오려고 광남로 쪽으로 나 있는 문을 나와 걸어오는데 시외에서 버스가 들어오는 입구 안쪽에 시체들이 차곡차곡 쌓여 있었어요. 아마도 7, 8구는 되었을 겁니다. 더욱 제가 놀란 것은 맨 위의 시체가 엎어져 있었는데 등에 ×표로 칼자국이 나 있더군요. 얼마나 무섭고 두려웠는지 모릅니다.

(5.19. 18시경, 김영택, 『10일간의 취재수첩』, 사계절, 1988)

📍 5.18 최초 발포지 : 동구 계림동 250-91번지

광주고등학교가 인접한 이곳은 5.18 광주민중항쟁 때 계엄군이 비

무장 시민을 향해 최초로 발포를 했던 장소이다.

5월 19일 계엄군 장갑차가 시위 군중에게 포위되자 군은 시민을 향해 발포하면서 당시 조대부고에 다니던 학생이 총상을 입었다. 이 사실이 알려지자, 그러지 않아도 계엄군의 만행에 격분한 상황인 시민들의 투쟁이 한층 더 거세지는 계기가 되었다.

♀ 광주MBC 옛터

광주 동구 제봉로 145에는 5.18 광주민중항쟁 당시 광주문화방송국(MBC)이 있었다는 표지석이 서 있다. 계엄 하에서 군부의 검열을 받던 언론은 항쟁 열기는 물론이고 계엄군의 과잉진압 행위마저 제대로 보도하지 않고 노래와 쇼만 방영하여 시민들의 빗발치는 항의를 받았다.

시민들이 진상을 사실대로 보도하라고 거세게 항의하는 과정에서 5월 20일 밤 광주MBC, 다음날 새벽 광주KBS 건물이 불탔으며 광주세무서 건물에도 불길이 올랐다. 그러나 현재까지 누가 방화했는지는 정확하게 알려지지 않았다. 시민들이 방송국 외부를 공격한 것은 사실이지만, 내부에 불이 난 시기는 공수부대가 방송기술자들을 데리고 철수한 직후였다. 즉 방송장비가 시민군의 손에 넘어갈 경우 광주의 진상이 전국에 알려질지도 모른다는 두려움에 계엄군이 불태웠을 가능성도 충분하기 때문이다. 참고로 당시 두 방송국은 컬러 방송 준비를 하고 있었다.

19일 오후 9시 40분 계엄 당국이 신문방송 등 전 언론을 장악한 다음, 공수부대에 저항한 광주시민들을 '폭도'로 몰자 여기에 분노한 시민들이 궁동에 소재한 MBC방송국을 태우고 이어 신안동에 위치한 KBS방송국을 불태웠다.(사진: 황종건)

궁동 쪽에서 갑자기 하늘을 찌를 것 같은 불기둥이 솟구쳐 올랐다. 대낮같이 밝은 불기둥, 아니 포항제철의 용광로 불길처럼 새빨간 불기둥이 문화방송국에서 치솟아 오르고 있었다. 시위군중들이 불을 지른 것이다.

이날 문화방송국에 불을 지른 것은 오후 7시 뉴스에 계엄당국이 발표한 거짓투성이의 보도문이 나온 데 대해 분개한 군중들이었다. 이날 전남북 계엄분소는 '친애하는 광주시민 여러분'으로 시작된 담화문을 작성해 도청 기자실과 지방신문사, 지방방송국에 보내 이를 보도토록 했던 것이다. '광주사태'가 시작된 이후 처음으로 있었던 공식반응인 담화문의 내용은 이러했다.

"지난 18일과 19일 양일간의 소요진압 과정에서 연행된 학생과 일반인은 군에서 잘 보호하고 있으며, 그중 가벼운 범법자와 잘못을 반성하는 일부 학생을 석방조치했으며, 나머지 학생에 대해서도 조사가 끝나는 대로 선별해서 추가 석방할 것이며, 소요 주모자나 범법행위가 지나친 학생은 엄히 처리할 것입니다."

계엄분소는 이 발표문과 함께 광주시 신안동 135의 14번지 한승철 씨 등 167명을 석방했다고 그 명단을 공개했다.

그런데 군중들은 시위를 했건 안 했건 눈에 띄는 사람이면 무조건 두들겨 패고 강제로 연행해 가버린 상태에서 누구더러 소요 주모자요, 범법자라고 하느냐는 것이었다. 특히 "소요진압 과정에서 일부 부상학생은 정성껏 치료를 받고 있음을 알려드립니다. 중상자는 없습니다"라는 내용이 시민의 분노를 샀다. 곳곳에서 두들겨 맞아 중상자가 수두룩한데 사망자는커녕 중상자도 없다는 데 분노한 것이었다. 이날 밤 역시 불에 탄 KBS도 같은 이유였다. 5층짜리 방송국 건물이 활활 타고 있어도 당국은 속수무책이었다.

(5.20. 21시 50분, 김영택, 『10일간의 취재수첩』, 사계절, 1988)

녹두서점 옛터

1977년 7월, 원래 광주고 부근 계림동에서 문을 열었던 이 서점의 이름은 문병란 시인이 지어주었다. 10.26 직후인 79년 12월에 도청 부근인 동구 제봉로134로 이전하였다. 암울한 시대에 청년 학생들이 모여 열띤 시국토론을 벌이던 사랑방이기도 했다. 5월 17일 밤 전국에서 많은 민주인사들이 예비 검속되자, 윤상원을 비롯한 청년 학생들이 모여 격문과 현수막을 제작하면서 민주화를 촉

1980년 5월 22일부터 광주 YMCA 외벽에는 들불야학 식구들과 극단 광대 단원들이 만든 투사회보가 나붙어 광주 시민의 눈과 귀가 되었다.(투사회보 5호)

구하는 궐기대회를 준비하고 대책을 논의한 항쟁의 산실이기도 하다.

항쟁 기간 중 광천동 '들불야학'에서 활동하던 강학들과 노동자들도 이곳을 중심으로 정보를 수집하고 서로 연락을 하면서, 전혀 역할을 하지 못하고 있는 기존 언론 대신 '대안 언론'인 「투사회보」를 광주시내에 배포하여 광주민중항쟁 소식을 시시각각 시민들에게 알렸다.

광천동은 원래 비만 오면 잠기는 상습 침수지역이었다가 광주천에
제방을 쌓아 피난민과 부랑자 수용소를 세우면서 생긴 마을이다.
이후 식품과 의복 관련 경공업 공장, 그리고 기아자동차에 납품할
부품을 생산하는 공장들이 주변에 대거 들어오면서 광주의 구로공
단 같은 곳이 되었다. 주민의 대다수는 하루 벌어 하루 먹고사는 극
빈층이었다. 광주시는 1970년 7월, 이곳에 총 184세대, 한 세대 당
6, 7평 정도 되는 시민아파트를 지어 주민들을 입주시켰다. 광천시
민아파트는 광주 최초의 아파트였지만, 사실상 시멘트로 만든 판
자촌이나 다름없었다. 여기에 YMCA 출신 운동가들이 신협활동을
시작했고, 나중에는 들불야학의 근거지가 된다.

들불야학의 창시자는 20대 초반의 전남대생 박기순이었다. 그녀
는 광주 출신으로 귀향을 선택한 전복길(서울대), 최기혁(외국어대),
김영철(서울대) 등의 도움을 받고*, 조비오 신부의 주선으로 광천동
성당 교리실을 빌려 35명의 학생들과 7명의 강학들이 조촐한 입학
식을 거행하면서 1978년 7월 23일 들불야학을 시작하였다. '들불'
이란 이름은 박기순이 제안한 것으로 전해진다. 그녀는 동학농민

---

*   동향인 서울 소재 대학 출신자들의 도움을 받았다는 점에서는 부산 양서
협동조합과 비슷한 면이 있지만 지역 대학 출신들의 역할은 광주 쪽이 더
컸던 것으로 보인다. 수유리에 살던 전복길의 고모는 박관현을 숨겨주기
도 했다.

광천동 성당과 시민아파트

혁명을 소재로 쓴 소설 『들불』(유현종 저)을 읽고 "들불처럼 번져간 동학혁명의 뜻을 기리자"는 의미로 이 이름을 택했다고 한다. 들불야학은 1979년 1월에 광천동 성당 옆 시민아파트 다동 2층 방으로 학당을 옮겼는데, 이 기간에 들어온 인물이 윤상원과 박관현이다.

1980년 5월 광주민주화운동 이후 강의를 하던 학생들의 자취방을 옮겨 다니며 명맥을 유지하다가 1981년 4월에 문을 닫을 때까지 4기의 졸업생을 배출했다.

들불야학이 짧은 활동 기간에도 불구하고 광주에서 큰 의미가 있는 이유는 1980년 5월 광주민주화운동 기간 동안 들불야학 학생과 강학들의 적극적인 활동 때문이다. 주요 언론사의 왜곡보도에 맞서 시민들의 피해와 사태의 진실을 알리고자 윤상원과 그의 의형제였던 박용준 등이 중심이 되어 「투사회보」를 제작한 곳이 시민아파트 들불야학 학당이었다. 박용준의 글씨로 투사회보가 제작되었고, 그의 글씨체는 최근 디지털화되어 '박용준 열사체'라는 이름이 붙었다.

들불야학이 열렸던 광천동 성당의 교리실은 건물 자체가 노후화
된 데다가 2004년 도로가 개설되면서 헐리게 되었으나 출입문 쪽
벽체 일부를 보존하도록 성당과 협의함으로써 '대건 안드레아 교
육관'이란 간판과 함께 남은 벽이 5·18 민중항쟁 사적으로 지정되
었다.

광주지역 민주화운동사 아니 한국 민주화운동사에 커다란 발자
국을 남긴 들불야학은 개교 이후 20년 동안 관련자들 중에서 무려
7명의 열사(박기순, 윤상원, 박용준, 박관현, 신영일, 김영철, 박효선)를
배출하였는데, 그들을 '들불 7열사'라고 부른다. 그들의 얼굴을 북
두칠성 모양으로 새긴 조형물이 2002년 5월 19일에 5.18자유공원
에 세워졌다. 들불야학은 불과 4년 정도밖에 존속되지 못했지만 말
그대로 5월 광주를 위해 태어났다고밖에 볼 수 없다. 따라서 광천
동 성당과 시민아파트는 80년 5월 계엄군과의 전투가 벌어진 곳은
아니지만 5월 광주와 떼놓을 수 없는 공간인 것이다.

상록수와 님을 위한 행진곡의 헌정자 박기순

연유야 어찌되었건 「상록수」와 「님을 위한 행진곡」 두 노래를 모르
는 한국인은 드물 것이다. 너무나 유명한 이 두 노래는 겨우 22살
에 세상을 떠난 한 여성을 위해 만들어진 노래였다. 그 주인공은 앞
서 소개한 들불야학의 창설자 박기순이다.

광주학생운동의 중심이었던 전남여고를 졸업하고 전남대학 사

범대에 입학한 박기순 열사는, 1년만 더 공부하면 안정된 교사가 될 수 있었지만 스스로 포기했다. 대신 아시아자동차(현 기아자동차)에 부품을 납품하는 동신강건사에 일당 800원을 받는 조립 견습공으로 입사해 낮에는 일을 하고 밤에는 야학 강의를 하는 '주경야독'의 생활을 시작했다. 이는 광주 전남 지역 최초의 위장취업으로도 알려졌는데, 평전 『스물두 살 박기순』을 펴낸 그녀의 고교 동창이자 동아리 친구였던 송경자 작가는 "기순은 위장취업한 것이 아니라 스스로 노동자로 살고자 했다"고 강조하고 있다.

1978년, 윤상원을 끈질기게 설득해 들불야학의 강학으로 불러 앉힌 인물도 그녀였다. 그 해 크리스마스이브, 광천동 성당에서 들불야학 학생들과 강학들은 전남대 연극반 출신 박효선이 만든 노동현실 고발극 「우리들을 보라」를 공연하고 윤상원의 광천시민아파트 자취방에서 밤새 뒤풀이를 했다. 크리스마스날 저녁까지 강의실에 쓸 땔감을 구하기 위해 박기순은 그들과 함께 화정동 광주소년원 뒷산에서 나무와 솔방울을 모았고, 자정이 다 되어서야 쉬기 위해 오빠 집으로 향했다. 그러나 이틀 만에 겨우 잠든 그 단잠은 영원히 깰 수 없었다. 일산화탄소, 즉 연탄가스가 그녀의 목숨을 앗아간 것이었다.

12월 28일, 스물두 살 박기순의 영결식이 전남대 병원에서 열렸다. 김제에서 농사를 짓다가 비보를 듣고 달려온 김민기가 자기가 만든 노래를 불렀다. "우리들 가진 것 비록 적어도 손에 손 맞잡고 눈물 흘리니 우리 나갈 길 멀고 험해도 깨치고 나가 끝내 이기리라." 훗날 「상록수」라는 제목이 붙여진 노래가 작곡자 스스로에 의

박기순

해 처음 '발표'되는 순간이었다. 군복바지와 낡은 티셔츠를 즐겨 입고 다니면서 최희준의 〈하숙생〉을 걸걸한 목소리로 불렀던 여학생 박기순은 그렇게 남은 이들의 흐느낌 속에서 광천동 성당에서의 영결미사를 끝으로 망월동에 안장되었다. 물론 그 자리에는 윤상원도 있었다. 그는 "불꽃처럼 살다간 누이여 / 왜 말 없이 눈을 감고만 있는가… 그대는 정말 죽었는가… 훨훨 타는 그 불꽃 속에 기순이의 넋은 한 송이 꽃이 되어 / 우리의 가슴 속에 피어난다."라는 추모시를 남겼다. 그리고 1년 반 후에는 윤상원과 박용준이 망월동에 묻혔다.

1982년 2월 20일, 광주민중항쟁의 마지막 수배자 윤한봉의 여동생이자 박기순의 올케이기도 한 윤경자의 제안으로 박기순과 윤상원의 영혼결혼식이 열렸다. 이 결혼식은 혼수도 준비하고 축의금도 받았으며, 피로연도 열어 일반 결혼식과 같은 방식으로 진행되었다고 한다. 다만 장소가 묘지였을 뿐이었다. 문병란 시인이 「부활의 노래 – 어느 젊은 혼령들의 결혼에 부쳐」라는 제목의 헌정시를 올렸는데, 그 가운데 "죽음을 넘어 시대의 어둠을 넘어"라는 시구는 황석영을 대표 작가로 내세운, 광주항쟁을 처음으로 기록한 역사서의 제목이 되었으며, 이 책은 바로 수십만 부가 나갔다는 '어둠의 베스트셀러'가 되었다. 두 달 후 그 결혼식을 기념하는 창작극 '넋풀이'가 공연되었는데, 이 자리에 헌정된 노래가 바로 그 유명한 「님을 위한 행진곡」이다.

📍 광주YWCA 옛터

광주 YWCA는 조아라 회장을 중심으로 광주지역의 청년과 여성, 민주화 운동의 중심이었을 뿐 아니라 여러 협동조합을 운영하는 생활의 중심이기도 했다. 동구 중앙로 196번길은 5.18 민중항쟁 당시 광주YWCA 건물이 있던 자리로, 2층에는 부산에서 전파된 광주 양서협동조합이 있었다. 항쟁 전날인 17일 저녁 7시, 민족경제학자 박현채 선생의 강연회가 이곳에서 열렸고, 광주시민과 학생 300여 명이 참석하여 1층과 2층을 가득 메웠다.

항쟁 기간인 5월 24일부터 그 건물 안에 있던 신용협동조합 관

「투사회보」 제작팀 등 많은 학생들과 시민들이 최후까지 항전했던, 헐리고 없는 옛 YWCA 건물. 수많은 총알에 폐허가 된 유리창과 전남대학교 버스 창문이 그날의 처절했던 상황을 보여준다.(1980.5.27) (사진: 신복진)

계자들과 들불야학 청년들은 「민주시민회보」를 제작해 항쟁 소식을 전국에 전했으며, 민주인사들은 이곳에서 시민의 희생을 막고 사태를 수습하기 위한 대책회의를 수시로 가졌다.

결국 5월 27일 새벽 전남도청을 공격하던 계엄군의 주요 공격목표가 되어, 총기는 물론 유탄발사기 공격까지 받았다. 최후의 항전에서도 많은 시민군이 희생되었는데, 대표적인 인물이 '들불 7열사' 중 한 명인 박용준이었다. 전일빌딩 3층에는 'YWCA 전투'를 재현한 실물 디오라마가 만들어져 있다.

> 광주시 대의동 소재 YWCA 소강당에서 정상용은 김영철, 이양현, 윤개원, 박효선, 이행자, 정유아, 정현애 등과 함께 성명미상 청년 대학생 10명이 모여 그간의 도청 앞 시민궐기대회의 성과를 분석한 후 시민들의 호응도가 높아 좋았다는 결론을 내린 다음, 계엄당국과 유리한 협상을 하기 위해서는 보다 더 조직적이고 대규모적인 시민선동 궐기대회를 계속 추진할 것 등을 결의하고, 이에 대한 준비기구로 기획담당을 윤개원, 김영철, 이양현, 홍보·집회담당에는 박효선, 궐기대회 비용 및 유인물 제작 비용은 정유아, 이행자, 정현애 등이 담당하되 궐기대회장 등지에서 모금키로 한다는 것 등을 결의.
>
> (5.24. 공소장)

학생, 청년수습위는 시내 민주인사들의 의견을 모으기 위해 YWCA 2층에서 회의를 가졌다. 홍남순 변호사, 이기홍 변호사,

이성학 장로, 송기숙 전남대 교수, 명노근 전남대 교수, 장두석 신협 이사, 윤영규 장로, 조아라 YWCA 회장, 이애신 YWCA 총무, 대동고 교사 박석무, 윤광장 교수 등이 참석했고, 학생·청년 대표로는 정상용과 윤상원이 참석했다.

이 자리에서 명노근 교수는 "더 이상의 시민 희생을 막기 위해 무기를 회수해야 한다"고 주장하는 반면, 학생·청년 측은 "민주화를 앞당기고 지금까지의 투쟁을 무의미하지 않게 하기 위해 계속 싸워야 하며 무기반납은 할 수 없다"고 반대하고 나섰다. 특히 학생·청년들은 "싸움은 우리가 할 테니 어른들은 새로운 도청 수습위에 합류하여 우리들을 지원해 달라" 하고 호소했다. 이에 이성학, 윤영규 등은 학생·청년들의 입장을 지지하고 나머지는 반대하거나 개입하지 않겠다고 말했다.

(5.25. 10시경, 김영택, 『10일간의 취재수첩』, 사계절, 1988)

📍 금남로

금남로는 광주시민들이 계엄군에 맞서 5.18 광주항쟁 기간 중 거의 매일 격렬하게 저항했던 항쟁의 거리다.

5월 18일, 가톨릭센터 앞에서 최초의 학생연좌시위가 있었으며, 5월 19일부터 수많은 시민들이 끊임없이 모여들었는데, 이때부터 항쟁의 주역이 학생에서 시민으로 바뀌었다. 5월 20일 저녁에는 택시를 중심으로 100대 이상의 각종 차량이 참가한 대규모 시위대가 이 거리를 누볐다. 21일 계엄군의 집단발포 전까지 30여만 광주

시민이 매일 운집, 군사독재 저지와 민주화를 촉구했던 금남로는 그야말로 5.18 광주민중항쟁을 상징하는 거리다. 5.18 광주민중항쟁 이후에도 5.18의 진실을 밝히려는 투쟁이 이 거리를 중심으로 전개되었고, 가톨릭센터에서는 민주화를 위한 시민 집회가 계속 열렸다.

금남로3가 가톨릭센터 바로 앞이었다. 희한한 일이 벌어지고 있었다. 30명이 넘는 젊은 남녀가 팬티와 브래지어만 걸친 채 알몸으로 붙잡혀 기합을 받고 있었다. 네 열로 줄지어 선 젊은이들. 나중에 필자가 좀 더 가까이 다가가 세어보니 어떤 줄은 7명, 어떤 줄은 8명이었다. 정확하게 세어보지는 못했으나 이 가운데 여자는 10여 명쯤으로 짐작되었다. 거의가 20대의 젊은 사람이었고, 두어 명쯤 30대로 보이는 사람도 있었다. 여자들의 신발은 하이힐이 많았다. 10여 명의 공수부대 원들이 손에 방망이를 들

5월 19일, 광주 시민들은 등에는 곤봉 자욱이 벌겋게 난 채 쓰레기처럼 실려가야 했다.(사진: 양해영)

고 이 무리를 빙 둘러서서 지키고 있는 가운데 하사관인 듯한 군인이 줄 가운데서 구령을 하고 있었다.

"엎드려뻗쳐, 뒤로 누워, 옆으로 누워, 다섯 번 굴러, 쭈그리고 앉아, 손을 귀에 대고 뛰어, 엎드려 기어, 한 발 들고 서" 등 수없는 갖가지 동작을 강제로 하게 했다.

만약 어떤 구령에 조금이라도 따라 하지 않거나 느리게 할 경우 몽둥이가 가차 없이 날아갔다. 이 같은 몽둥이를 맞고 피를 흘린 사람도 있었고, 어느 젊은이 등은 회초리로 갈겨진 듯 벌건 줄이 쭉쭉 그어져 있었다. 특히 여성들의 곤욕스러움은 눈뜨고 볼 수가 없었다. 숙녀가 팬티와 브래지어 바람으로 길 복판에서 봉변을 당하고 있다고 상상해 보라!

이 광경은 많은 시민들에 의해 목격되었다. 특히 가톨릭센터 6층에 있는 천주교 광주교구 주교관에서 윤공희 대주교와 조비오 신부가 내려다보고 있었고, 교구 사무실에서는 수녀와 일반 직원들이 내려다보고 있었다. 당시의 상황에 대해 윤공희 대주교는 이렇게 술회했다.

"내가 그 광경을 보고 난 후 옆길을 보니까 어떤 젊은이가 두 군인에게 붙들려 수없이 두들겨 맞고 있었어요. 머리는 무엇으로 찍어버렸는지 모르지만 피가 낭자했어요. 내가 보기에 그대로 놔두면 죽게 될지도 모른다는 생각이 들었어요. 그러나 내 자신이 무서움이 들어 감히 좇아 내려가 만류하지 못했어요. 그 뒤 그 사람의 생사가 궁금했지만 왜 내가 내려가 만류하지 못했을까? 성직자로서 지금도 가슴이 아프고 또 두고두고 가슴이 메게

십자완장을 찬 위생병마저 페퍼포그 차량 옆에서 저항 의지도 없는 학생을 곤봉으로 무자비하게 내려치고 있다. 5월 19일. (사진: 나경택)

하는 광경이었지요. 나는 그때의 일을 두고 수없이 참회하고 하느님께 용서를 빌었습니다."

(1980.5.20. 10시 20분, 김영택, 『10일간의 취재수첩』, 사계절, 1988)

시민들이 항쟁에 적극적으로 참여하게 된 이유 중 하나는 금남로의 역사성도 상당 부분 작용했다. 조선 중기의 무신인 금남 정충신(鄭忠信, 1576~1636)에게서 유래한 이 거리는 전남도청이 위치한 광주의 중심가로서, 민간과 공공의 핵심적 기관들이 몰려 있었다. 해방 직후 건국준비위원회가 금남로에 위치한 동방극장에서 결성되었고, 4.19 혁명 당시에도 고등학생들이 중심이 된 시위가 일어나 6명의 희생자가 나왔던 장소였다. 60~70년대 민주화 시위 당시에도 학생 시위대의 목표는 금남로였다. 물론 80년 5월 이후에도 금남로는 민주화운동의 중심이었고, 특히 6월 항쟁을 전후해서는 10만이 넘는 시민들이 이 길에 모여 민주화를 외치며 도청으로 향했으며, 경찰들은 감히 진압을 시도하지 못하고 도청 방어에만 급급했을 정도였다.

♀ 옛 광주가톨릭센터: 현 5.18 민주화운동기록관[*]

1980년 5월 광주를 세상에 알린 것은 기록이었다. 전두환 일당은 진실을 숨기기 위해 교통과 통신을 차단하고 언론 보도를 통제했지만, 시민과 기자들은 문자와 영상, 음성으로 광주의 참상을 기록했기 때문이었다. 이후에도 통제는 계속되었지만 광주의 진실은 묻히지 않고 조금씩 알려졌다. 6월 항쟁을 계기로 얻은 1988년 청문회를 통해 5월 광주의 실상이 전 국민에게 공개됐다. 믿고 싶지 않을 만큼 잔인했지만 기록은 그것이 진실임을 증명했다. 1994년 광주광역시(당시에는 직할시)는 '5.18 민주화운동자료실'을 설치해 96년부터 본격적으로 관련 기록물과 유품 등을 수집하기 시작했다. 당시에는 실을 수 없었던 기자들의 기사, 일기, 연설문, 사진, 병원의 진료기록지와 수술대장 등 민간의 자료와 계엄포고령, 사태일지, 회의록 등 국가 행정 자료까지 방대한 양의 기록물이 모였

---

[*] 이 부분은 민주화운동기념사업회 홈페이지 중 공간, 기억을 만나다 메뉴의 「진실을 발굴하고 보존하는 5·18민주화운동기록관」(박한나 작가)의 글을 기초로 했다.

다. 2009년부터 이 기록물의 중요성에 공감한 이들이 모이기 시작했고, 다음해 '5.18 민주화운동기록물 유네스코 세계기록유산 등재추진위원회'를 만들었다. 유네스코는 1년여에 걸친 심사 끝에 총 4,217권 858,904쪽에 달하는 '1980년 인권기록유산 5.18 광주민주화운동 기록물'의 세계기록유산 등재를 2011년 5월 25일에 승인했다.

유네스코의 기록유산 사업의 목적은 세계적 관점에서 중요한 기록물을 보존하고 보다 많은 사람이 접하는 것이기에, 세계기록유산 등재는 해당 기록의 역사적 중요성과 기록물의 진정성을 인정한다는 의미이다. 실제로 유네스코는 "5.18 민주화운동은 한국의 민주화에 중추적인 역할을 하였을 뿐만 아니라 민주화를 쟁취함으로써 동아시아의 다른 국가들에도 영향을 미쳤다"(유네스코한국위원회 홈페이지 발췌)라고 평가한다. 즉 1980년 5월 광주항쟁은 국가권력에 저항한 시민들의 민주화운동이었으며 민주주의 발전에 이바지했다고 국제사회가 공인한 것이다.

5.18 민주화운동기록관 조성은 기록유산 등재 심사과정에서 한 유네스코와의 약속으로, 등재 이후 준비과정을 거쳐 2015년 5월에 개관했다. 5.18 민주화운동기록관 건물은 그 직전까지 광주가톨릭센터로 사용되었는데, 항쟁의 중심 금남로에 위치하고 있으며, 옛 전남도청과는 불과 300~400미터밖에 떨어져 있지 않다. 1987년에는 광주대교구 신부들이 호헌조치에 저항해 단식 투쟁을 벌인 장소이기도 하다. 리모델링을 했지만 외관은 당시 그대로 유지하고 있다.

6층에 가면 관련 기록물과 1973년 부임하여 시민 편에 서서 노력한 윤공희 대주교 집무실과 숙소가 보존되어 있는데, 사진 등이 전시되어 있어 광주대교구가 광주에서 어떤 역할을 했는지를 알 수 있다. 참고로 윤공희 대주교는 평남 진남포 태생으로 지학순과 함께 월남하여 나란히 주교에 올랐다.

주요 기록물은 1~3층에서 전시하고 있다. 1층은 항쟁을 주제로 각종 사진과 영상, 조형물 등을 통해 당시 상황과 시민들의 마음을 생각할 수 있게 하는 공간이다. 2층에는 시민들이 생산한 성명서, 선언문, 취재수첩, 일기를 비롯해 구술 증언 등 기록물을 중심으로 광주항쟁의 전개 과정을 살펴볼 수 있다. 3층은 세계기록유산 등재 과정과 의미를 설명하는 공간이다. 등재 인증서와 세계 각국의 인권 관련 기록유산을 살펴보면서 인권의 가치를 되새기게 한다. 4층은 광주항쟁에 관한 자료와 도서를 읽고 대여할 수 있는 열람실이며, 5층은 기록관의 심장이라 할 수 있는 수장고로, 다른 기념관과 구분되는 특징적 공간이다.

기록관에서는 전시와 기록물 보존뿐 아니라 새로운 증언을 기록하고 숨어 있는 자료를 찾아 수집하며 확보한 기록물을 체계적으로 정리한다. 기획 전시를 열거나 기록관이 아닌 학교나 다른 지역에서 전시회를 열기도 한다. 이 밖에 인권교실 같은 교육 프로그램이나 체험 프로그램 등을 운영하며, 전문가 포럼 등을 개최하여 5.18 기록물이 사회적으로 가치 있게 활용되도록 애쓰고 있다.

기록물 수집 및 관리를 총괄하는 김태종 연구실장은 당시 열린 궐기대회에서 사회를 맡았고, 많은 사람이 자필로 쓴 선언문이나 연설문을 낭독했는데, 낭독이 끝나면 그걸 달라고 했다. 그 외에도 유인물 등 관련 기록물을 모아 보관했다가 2005년 기증했다. 그가 기증한 자료는 모두 유네스코 세계기록유산으로 지정되었다. 최근 대구와 광주가 '달구벌-빛고을, 달빛동맹'이란 이름으로 많은 교류를 하고 있다. 대구 시민들이 기록관에 와 전시 관람을 하고는, "내가 오해했다. 참 고생했다"라는 반응을 보인다고 한다.

📍 광주 YMCA

광주 YMCA는 5.18 광주민중항쟁 당시 항쟁지도부가 자주 옥내집회를 열었던 장소다. 5월 26일에는 계엄군의 무력진압을 막기 위한 자위적 수단으로 시민군에게 총기훈련을 실시했으며, 26일 도청함락 당시 계엄군의 주요 목표이기도 했다. 항쟁 이후에도 광주

현재의 광주 YMCA 건물

항쟁정신을 계승하기 위한 수많은 집회가 이곳에서 열렸다. 60년
대 이후 군사정권에 저항하는 반독재, 반유신운동의 거점 역할을
수행해 온 공간이기도 하다.

📍 전일빌딩 245

구 전남도청 앞 민주광장 바로 건너편에 있는 빌딩으로, 과거에는
광주일보사가 37년간, 전일방송은 9년간, 호남신문, 전남신보 등
신문사와 방송사 그리고 전일다방과 남봉미술관. 서예원 등이 대
거 입주해 있던 광주 최초의 미디어문화복합 빌딩이었다. 언뜻 보
면 평범해 보이지만 한국 현대사에서는 상당한 의미를 갖고 있는
빌딩이다. 처음에는 지하 1층 지상 7층이었지만 10층으로 증축되
었고, 주변 땅을 사들여 면적을 넓히는 등 10여 차례 이상의 증축
을 거친 후에 현재의 전일빌딩이 만들어진 것이다.

광주의 상징적인 건물이기에 선거철이 되면 후보들의 선거 사무

전일빌딩

실이 많이 입주하기도 했다. 21세기 들어 건물이 매우 노후화된 데다가 도청의 이전으로 가치가 떨어졌다. 결국 건물의 소유주인 전일실업이 이 건물을 내놨고, 경매 끝에 2011년 광주시 산하 공기업인 광주광역시도시공사가 138억 원에 전일빌딩 소유권을 낙찰받았다. 공사에서는 2013년 7월부터 지상 1층을 제외한 건물 전체를 폐쇄하였다.

광주도시공사는 바로 앞에 있는 옛 도청을 개조한 국립아시아문화전당의 주차 공간을 넓히기 위해 전일빌딩을 철거하기로 계획하였지만, 5.18 관련 시민단체 등에서 이 빌딩이 갖고 있는 역사적 가치를 이유로 철거를 반대했다. 결국 광주시는 건물의 완전 철거에서 리모델링으로 건물 정비의 방향을 바꾸기로 했는데, 이 과정에서 충격적인 역사적 증거들이 나타나기 시작한다.

현장 검증 차 국립과학수사연구소에 건물에 대한 감식을 의뢰한 결과 이 건물 10층에서 총탄 자국이 발견되었다. 5.18 이후 목격자의 증언에도 불구하고 군 당국에서 부인하던 헬기 사격의 증거가 확인된 것이다. 즉 계엄군이 이 빌딩으로 피신한 시민들을 상대로 헬기 안에서 내부의 시민들을 향해 기관총을 쐈다는 소문이 사실로 증명된 것이다.

이 건물에서 발견된 탄흔은 10층에서만 177개에 달하며, 3, 8, 9, 10층 외벽을 합치면 모두 245개의 탄흔이 발견됐다. 이렇게 되자 광주시는 2017년 8월 15일 이 건물을 28번째 5.18 사적지로 지정했다.

광주시는 2019년 2월 리모델링에 착수했고, 2020년 5월 11일

5.18 민주항쟁을 기념하는 공간이자 시민문화시설로 변신한 전일빌딩 내부

'전일빌딩 245'라는 이름으로 새롭게 개장했다. 245는 도로주소 체계에 따른 주소로 인해 부여된 번호이다. 그런데 공교롭게도 245라는 숫자는 이 빌딩에서 발견된 탄흔 개수와도 일치한다.

다시 태어난 전일빌딩은 외관은 그 전과 거의 같지만 내부는 사무실 용도가 아닌 시민문화시설로 변신했다. 지하 1층부터 4층까지는 시민문화 공간, 5층부터 7층은 문화콘텐츠 창작 공간, 9층과 10층은 5.18 기념 공간, 8층과 옥상은 휴게 공간으로 사용된다. 10층에 있는 헬기 사격을 형성화한 예술품이 인상적이다.

특히 옥상 공원인 '전일마루'에서는 조선대학교 본관과 옛 전남도청, 무등산을 제대로 조망할 수 있다. 외벽에서 발견된 총탄 자국을 부각하기 위해서 총탄 자국 주변에 주황색 페인트를 칠해 놓았는데, 자세히 보면 주황색 점들이 많이 찍혀 있는 것을 확인할 수 있다.

📍 옛 상무관

민주광장에 위치하고 있는 상무관은 5.18 광주민중항쟁 당시 희생자들의 주검을 임시 안치했던 곳이다. 본래 상무관尙武館은 뜻 그대로 전남 소속 경찰들과 전남 유도회 소속 회원들이 체력 단련을 하는 곳인데, 1930년대 일제에 의해 건축되었다. 흰 천이 내려진 상무관은 수십 개의 관들이 놓이고 빈소가 차려져, 항쟁 기간 내내 많은 시민들이 방문하여 시신을 확인하고 가신 이들의 넋을 달랬다.

집단발포와 무자비한 진압으로 주검이 된 시민들이 이곳에 안치되자 시민들은 또다시 눈물을 흘리지 않을 수 없었다. 전설적인 시

빈소가 차려진 상무관에는 매일 많은 시민들이 찾아와 죽은 이들의 넋을 위로했다.(1980.5.27) (사진: 나경택)

현재의 상무관

청률을 기록한 드라마 「모래시계」에서 그 장면이 재현되었는데, 촬영장소 역시 이곳 상무관이었다. 이곳은 한강 작가의 장편소설 『소년이 온다』의 주무대이기도 하다.

상무관 안은 시신 썩는 냄새와 포르말린과 향냄새가 섞여 역한 악취가 났지만, 시민들은 아랑곳하지 않고 긴 줄을 지어 분향을 하며 희생자들의 넋을 위로하면서 저항 의지를 더욱 불태웠다. 28일에 합동 장례식이 열릴 예정이었지만, 27일에 도청이 함락되면서 이루어지지 못했다. 29일, 이곳에 모셔졌던 주검 126구는 짐짝처럼 청소차에 실려 망월동 시립묘지로 옮겨졌다.

♀ 5.18 민주광장

5.18 민주광장은 한국 민주주의의 상징적 장소다. 5.18 광주민중항쟁 당시 광주시민들이 이곳에 있는 분수대를 연단으로 삼아 여러 집회를 열어 항쟁 의지를 불태웠기 때문이다.

5월 18일, 이전 3일 동안 학생과 시민들은 이곳에 모여 대규모 '민족·민주화대성회'를 열고 시국선언문을 발표하며, 군부통치 종

식과 민주화를 촉구하였다. 이 집회에는 광주시내 고등학생들도
대거 참여하였다.

전남대, 조선대, 광주교육대, 조선대공전, 동신실업전문, 송원전
문, 성인경상전문, 기독교병원 간호전문, 서강전문대 등 광주시
내 9개 대학생 2만여 명은 전남도청 앞 광장에서 시국성토대회
를 벌였다. 학생들은 오후 2시 각 대학별로 스크럼을 짜고 교문
을 나서 가두시위를 벌이며 도청 앞으로 집결했다. 성토대회에
서 학생들은 대학별 학생대표들이 연합하여 '제2시국선언문'을
낭독했으며, 복학생을 대표하여 정동년 씨(전남대 공대 4년)가 메
시지를 읽어 분위기를 고조시켰다. 학생들은 오후 6시 30분부터
한 시간 동안 도청 주변을 돌며 시위에 들어갔다. 밤 7시 도청 앞
광장에 다시 모여 1시간 뒤인 8시부터 2개조로 나누어 계엄철폐
등 구호와 정의가를 부르며 야간 횃불시가행진을 벌였다.
학생들은 준비한 200여 개의 횃불과 각종 구호를 쓴 현수막, 피
켓을 들고 조선대(동신전문대, 광주교대)를 선두로 한 1개조는 금
남로 – 유동삼거리 – 복개상가 – 중앙여고 – 현대극장을 거쳐
금남로로 되돌아왔고, 전남대를 선두로 한 1개조는 광주체신청
– 산장입구 – 산수동 오거리 – 동명파출소 – 노동청을 거쳐 출
발지인 도청 앞 광장에 1시간 30분 만에 되돌아와 밤 10시 30분
자진 해산했다. (조선일보, 1980.5.17)

5월 21일 계엄군 철수 이후 끊임없이 민주화 투쟁 결의를 다지

5.16 민족민주화대성회가 열렸던 5.18민주광장. 전남대 총학생회장 박관현이 분수대 단상에서 "만약 휴교령이 내려질 경우 그 다음날 오전 10시 일단 학교 정문 앞에 모이자. 그리고 정오쯤 이 도청 앞 광장에 집결하자"고 열변을 토했다.

는 각종 궐기대회가 열렸던 이 광장은 5.18 광주민중항쟁 정신을 낳은 가장 중요한 공간이라 할 것이다. 항쟁 후에도 전국에서 벌어진 민주화 투쟁 과정에서 산화한 이한열, 조성만 등 많은 민주 열사들의 영혼이 이곳에 들러 시민들의 분향을 받았으며, 시민들의 투쟁 의지를 일깨웠다.

이 광장에 서 있는 시계탑은 매일 "시계탑은 알고 있다"라는 기

5월 23일 도청 앞 민주광장에 몰려들고 있는 시민과 시민군의 모습

사 때문에 농성광장으로 강제 이전되었다가 2015년 즈음에 원래
자리로 복원되었다. 매일 오후 5시 18분이 되면 광장에는「님을 위
한 행진곡」이 울려 퍼진다.

📍 옛 전남도청: 현 아시아문화전당

1932년에 지어진 전남도청은 서울시청, 충남도청, 경남도청, 충
북도청과 함께 몇 남지 않은 일제시기 청사 중 하나이다. 항쟁 초
기 이곳 도청은 군부독재에 대한 시민들의 항의와 분노의 표적이
었다.

　앞서 반 년 전, 부산에서 시민들이 부산시청으로 몰려간 것과 같
은 심정이었던 것이다. 이는 "가자, 도청으로!"라는 짧은 구호 속
에 잘 응축되어 있다. 계엄이 불법 확대되면서 이곳에 주둔하고 있

5월 21일 시민들이 도청을 접수하고 있다.

던 공수부대는 집단발포로 엄청난 희생을 치른 광주시민들의 결사항전에 쫓겨 5월 21일 오후 광주시 외곽으로 철수하였다. 5.18 광주민중항쟁본부가 있던 곳이며, 6일 동안이지만 시민들에 의해 행정이 운영되고, 시민수습대책위원회가 수습책을 논의하는 등 시민공동체의 중심이 되는 한국 역사상 유례없는 일이 일어났다. 도청회의실 지하에는 화순 탄광에서 입수한 다이너마이트 등 많은 무기들이 보관되어 있었다. 5월 27일 새벽 계엄군의 무력 진압에 맞서 싸운 시민군 최후의 결사항전지로, 많은 시민군들이 산화하였다. 그 대표적인 인물은 윤상원 열사이다.

　이후 전남도청은 무안으로 이전하였고, 현재는 아시아문화전당으로 리모델링되었다.

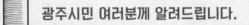

광주시민 여러분께 알려드립니다.

청사에 길이 빛나는 칼날은 무서움을 모르는 채 사랑하는 내 시민을 짓밟아 버리는 천추에 맺힌 한, 원한에 맺힌 한을 어느 누가 풀어 줄 길이 없어 시민 모두가 일어선 5. 18 광주민중봉기는 우리 민족의 슬기와 민주화 염원에 의한 투쟁의 결과입니다. 그러나 우리의 궁극적인 목표는 달성된 것이 소수뿐이기에 투쟁은 계속되어야 합니다만, 어디까지나 평화적이어야 하며, 이 평화적 투쟁을 계속하기 위해서는 무엇보다도 시민의 질서회복이 시급한 문제입니다. 이 질서회복이 최선의 방법이며 우리들의 피해를 줄이는 최선의 길입니다. 지금까지의 투쟁이 헛되지 않게 스스로가 합심동체가 되어 이 난국을 타개합시다.

1. 계엄군은 진주하지 않고 우리와 일체 교전을 하지 않을 것을 약속했습니다.
2. 총기는 책임질 수 있는 사람이 휴대해야 하며, 통제권에서 벗어날 경우 시민의 안전을 위해 회수되어야 하오니 협조하여 주시기 바랍니다.
3. 시민 여러분께서는 각 직장별 일상 업무에 복귀할 수 있는 이성을 회복합시다.
4. 일부 무기류 휴대자들에 의한 오발사고와 약탈행위는 철저하게 근절되어야 하오니 협조를 바랍니다.
5. 이번 투쟁에서 희생된 사망자는 엄숙한 시민장으로 거행되어야 합니다.

이상의 사항을 전파하는 데 모든 분들의 협조를 바라며, 앞으로의 사태 추이에 귀를 기울여 주시기 바랍니다.

1980년 5월 23일

시민대책위원회, 학생수습대책위원회

갑자기 소나기가 쏟아졌다. 시민들은 몇 사람을 제외하고는 모두가 미처 우산을 준비하지 못했음에도 자리에서 이탈하지 않고 계속 비를 맞으면서 대회를 지켜보았다. "이 비는 억울하게 숨져 간 우리 민주 영령들이 흘리는 눈물입니다." 사회자가 큰소리로 외쳐댔다. 그러자 시민들 중에는 "옳소" 하는 사람도 있었으나 대회장은 점차 숙연해지고 있었다. 대회에서는 국민의례에 이어 80만 광주시민 일동의 명의로 된 '전 국민에게 드리는 글'이 낭독되었다.

이어 임시 시민수습위원장 이종기 변호사가 마이크를 잡고 그동안의 수습대책위원의 협상결과를 보고하려고 하자 여기저기서 "집어 치워라", "필요 없다", "간단히 말해라"라는 소리가 나오는가 하면 심지어 "끌어내쳐라"라는 심한 말까지 나왔다. 시민수습위원 등에 대한 어떤 불신감이 그대로 노출되는 광경이었다. 그러자 이종기 변호사가 내려오고 조비오 신부가 등단했다. 조신부가 "여러분! 나는 성직자지만 총이 있으면 나도 살상만행을 저지른 공수부대원을 쏴버리고 싶은 심정입니다"고 말하자 박수가 터져 나왔다. 시민의 심정 또한 조비오 신부와 같았을 것이다. (5.23. 16시 38분, 김영택, 『10일간의 취재수첩』, 사계절, 1988)

아니나 다를까, 지척에서 별안간 총성이 나기 시작했다. 각종 중화기, 소형화기의 발사음이 도청을 원심으로 반경 2Km의 일원까지 2, 3초 간격으로 계속 울려 퍼졌다. 가두방송을 듣고 도청을 향해 집을 뛰쳐나온 300여 명의 시위대들이 도청을 포위하고 있는 계엄군들의 포위망에 걸렸다. 100~200명가량이 체포되고 나머지가 총살당했다. 순식간에 40~50구가 도청 앞에 나뒹굴었다. 가두방송을 하던 여학생(신원미상)은 법원 앞에서 차에 탄 채로 총에 맞아 숨져 있었다.

김창길 군을 중심으로 한 온건파 학생 20~30명이 이미 떠나고 도청상황실에는 200~250명가량이 남아 있었다. 한 청년이 역설했다. "총을 버리고 투항하자. 우리야 잡혀서 갇히거나 죽을 것이지만, 여기 있는 고등학생들은 두들겨 맞아 병신이 되더라도 다시 풀려나올 것이다. 그들은 역사의 산 증인이 되어야 한다. 질기게 살아남아 힘차게 증언해야 한다. 우리는 빛나는 미래와 후손을 위해 자폭의 길을 거두고 투항하자." 청년의 눈에는 빛이 번득였다. 장내는 숙연했고 수류탄을 껴안고 있던 중·고등학생들이 울먹였다. (5.27. 3시 30분경, 조선일보 취재일지)

윤상원(尹祥源, 1950.9.30~1980.5.27)은 노동운동가이자 5.18 광주민
주화운동 당시 시민군으로서 맹활약했다. 그는 1950년 광주광역시
광산구 신룡동(옛 전라남도 광산군 임곡면 신룡리)에서 태어났다. 생가
는 현재 보존되어 기념관으로 바뀌었다.

윤 열사는 임곡국민학교, 북성중학교, 살레시오고등학교, 전남대
학교 정치외교학과를 졸업(1978년)했다. 살레시오고와 전남대에는
그의 흉상이 다른 형태로 서 있다. 1979년에 들불야학 1기에 참여
하여 일반사회를 가르쳤다. 상경하여 주택은행에 취직하여 봉천동
지점에서 근무했지만, 교육지표 사건*이 일어나자 반 년 만에 운명
적인 귀향을 선택하고, 들불야학의 강학으로 활동하였다.

5.18 광주항쟁 당시 '민주투쟁위원회'의 대변인과 광주시민의 눈
과 귀와 입이었던 「투사회보」의 발행인으로 활동하였다. "총을 들
고 싸워야지 이런 유인물이 뭐가 중요하냐"고 하는 들불야학 출신
후배에게 이런 말을 남겼다고 한다.

"야, 이 자식아, 유인물 작업이 얼마나 중요한지 알아? 총칼 들고
싸우는 거나 마찬가지야. 너 지금 혼자 시내로 뛰어가서 분노 하나
로 시민들을 조직하고 통제할 수 있어? 시민들의 투쟁을 조직하고

---

* 1978년 6월 27일, 전남대학교 교수 11명이 국민교육헌장의 내용을 조목
   조목 비판한 뒤, 이는 우리의 교육지표가 될 수 없다고 주장한 민주화운동
   이었다.

늘 침착하며 사람들에게 따뜻했던 윤상원 열사. 도청 항쟁 지도부 대변인을 맡아 마지막까지 도청을 지키다 산화했다.

통제하면서, 그 투쟁을 한 차원 높이기 위해, 우리가 지금 이 고생을 하는 거야. 저놈들은 지금 총을 든 한 사람보다 천 사람이 총을 들게 만드는 한 장의 유인물을 더 무서워한단 말이다. 이 자식아!"

윤 열사는 한때 외교관이 되는 것이 꿈이었기에 영어에 능통했고, 덕분에 외신기자들을 상대하는 역할도 맡았다. 결국 열사는 전남도청 사수대로서 싸우다가 5월 27일 2층 민원실에서 계엄군의 총에 맞아 절명하고 말았다. 윤상원의 사인을 두고 '자상', '화상', '총상'이라는 엇갈린 견해가 있었지만, 목격자들의 증언으로 총상이라는 사실이 밝혀졌다. 항쟁지도부 기획실장 김영철이 윤상원을 매트에 눕혔는데, 최루탄 때문에 불이 붙은 커튼이 떨어지면서 시신에 화상 흔적이 남게 되었던 것이다. 도청과 그 주변에서 희생된 시민군은 모두 16명이었다.

윤상원은 마지막 순간 중고생들과 여대생들을 집으로 돌려보내고자 등을 억지로 떠밀면서 남긴 '예언'은 이러했다.

"너희들은 이 모든 과정을 지켜보았다. 이제 너희들은 집으로 돌아가라. 우리들이 지금까지 한 항쟁을 잊지 말고, 후세에도 이어가길 바란다. 오늘 우리는 패배할 것이다. 그러나 내일의 역사는 우리를 승리자로 만들 것이다."

그런 다음 선배 정상용과는 이런 대화를 나누었다.

"상원아, 이제 마지막이 될지 모르는데 후회하지 않냐?"

"형님, 무슨 말씀이십니까? 이런 역사의 현장에서 목숨을 바칠수 있다는 것이 오히려 영광입니다."

윤상원은 단호하게 죽음 앞으로 걸어 들어가며 80년 오월을 '사건'에서 '역사'의 자리로 밀어 올렸던 것이다. 그는 주위 사람들의 평대로 '마치 5월 항쟁을 위해 태어난 인물'이었다.

📍 남동성당

1980년 5월 22일, 당시 김성용 주임신부를 비롯하여 홍남순 변호사, 명노근, 송기숙 교수, 조아라 등 광주의 유력한 민주인사 12명이 모여 시민들의 희생을 막기 위한 수습대책을 논의한 곳이다. 녹두서점이 주로 청년들이 모이는 곳이라면, 남동성당은 원로급들이 모이던 장소라고 할 수 있다. 도청 전투 직전 도청에 있던 여성들이 피신했던 곳도 이 성당이었다. 또한 1980년 당시 전남대학교 총학생회장으로 민주화운동을 이끌었던 박관현 열사가 1982년 교도소에서 단식농성을 하다 숨을 거두었을 때 빈소가 차려진 장소이기도 하다. 영화 「화려한 휴가」 중 신부(송재호 분)가 청년들과 회의를 하는 장면이 이곳에서 촬영되었다. 현재는 5.18민주화운동 기념성당이라는 명예로운 호칭이 덧붙여졌다.

남동천주교회에서 신도 약 300여 명이 모인 가운데 김성용 신부가 미사를 하던 중 "이제 우리는 네 발로 기어 다녀야 하며, 개돼지처럼 입을 밥그릇에 처박고 먹으며 짐승처럼 살아가야 한다. 폭력과 살인을 일삼는 유신잔당들이 우리를 짐승처럼 치고, 박고, 끌고 가며 찌르고, 쐈기 때문이다", "두 발로 걸으며 인간답게 살려면 목숨을 걸고 민주화 투쟁에 헌신해야 한다. 지난날의 침묵, 비굴했던 대가를 지금 우리는 치르고 있는 것이다. 부마사건 때 숨진 사람들은 유신괴수 박정희 일당의 죽음으로 피의 값을 받았다. 그리고 유신괴수 박정희 일당의 죽음으로 피의 값을 받은 이때에 자유와 인권을 위해 죽어간 수많은 우리 시민들의 피의 값도 마땅히 보상받아야 할 것이 아닌가?", "이제 우리는 결단의 시기를 맞이한 것이다. 비굴하게 짐승처럼 천한 목숨을 이어가든지 아니면 인간답게 민주시민으로서 살기 위해 목숨을 걸고 싸워야 한다"라고 주장.(공소장)

광주민중항쟁 2주기를 맞은 1982년 5월 18일 오후 3시 남동 천주교회에서 희생자와 구속자를 위한 기도회가 열렸다.

새 민주수습위원회 회의가 남동성당에서 속개된 끝에 시민의 여론과 계엄분소 간의 대화 창구를 일원화하기 위하여 기존 수습위와 합류하기로 결정하고, 오후 4시에 도청 부지사실에서 연석회의를 속개해 27명이 서명했다. 수습위는 4가지 사항, 즉 ①국가 최고원수인 대통령은 광주사태를 인정할 것, ②사과하고 용서를 청할 것, ③보상과 복구를 책임질 것, ④정치적 보복은 절대 있을 수 없다는 것을 정부는 온 국민 앞에 공개, 천명할 것을 만장일치로 통과시켰다.

남동성당 유치원에서 홍남순, 김성용, 명노근, 송기숙, 이기홍, 오병문, 조아라, 이성학 등과 김성용이 주관하여 회합을 갖고, 김성용으로부터 도청 내 시민대표수습대책위원회가 무능하여 체계가 없이 산발적으로 운영됨으로써 대치하고 있는 계엄군과 조직적인 투쟁을 할 수 없으므로 여기에 모인 사람들이 중심이 되어서 폭도들과 합류하여 목적 달성을 위하여 투쟁을 하기로 하고서, YWCA에서 결의한 3개 항인 "김대중 석방하라, 계엄령 해제하라, 정치일정 단축하라"를 재확인하고 이 요구사항이 관철될 때까지 무력으로 대항하자는 제의를 받아 전부가 찬동. (5.25. 공소장)

♀ 조선대학교

조선대 학생들은 전남대 학생들과 함께 5.18 광주민중항쟁 이전부터 이 지역 민주화운동에 앞장섰으며, 항쟁 기간에는 시민군 지도부에서 중요한 역할을 맡았다.

5월 17일 자정, 불법적인 비상계엄 확대조치가 실행되자 조선대에도 계엄군이 바로 진주했으며, 5월 18일부터 21일까지 시내 곳곳에서 연행되어 온 수많은 시민과 학생들이 체육관, 야전막사 등에 수용되어 계엄군에게 잔혹한 폭행을 당한 현장이기도 하다.

조선대학교의 재단은 박철웅이란 자가 '주인'이었는데, 대표적인 부패사학으로 많은 학내 문제를 안고 있었다. 하지만 조선대 출신 인권변호사 이돈명이 1988년 총장을 맡은 후 정상화되었다. 뾰쪽한 지붕에 하얀 색의 본관 건물은 광주의 랜드마크 중 하나로 유명하다.

민주시민들이여!

민주시민아! 일어서라!!
각 대학에 공수부대 투입!
광주시내 일원에 특수부대 대량투입!
무자비한 총칼로 학생, 젊은이, 시민 무차별 구타!
"최소 시민 3명, 학생 4명 이상 사망 확인!"
"500여 명 이상의 부상자 속출"
"전주 일원의 유혈 폭력"
학생 젊은이 1,000여 명 조대 운동장에 불법 감금!

아! 이럴 수가 있는가?

공수부대 제7여단 제35대대가 주둔한 조선대 정문에 기관총과 함께 당분
간 휴교한다는 공고문이 붙어 있다. 광주항쟁 기간 동안 금남로와 도청에
투입된 공수부대원들은 주로 조선대에 주둔하고 있었다.

저 개 같은 최규하, 신현확, 유신잔당 놈들과 유신독재자의 아들

전두환 놈은 최후의 발악을 시작하였다.

아! "민주"의 앞길에 먹구름이 가리는구나!

민주시민들이여!

지금은 이 민족이 죽느냐, 사느냐다.

당신의 아들딸들이 죽어가고 있다.

일어서라! 일어서라!! 끝까지 투쟁하자!!!

(오늘부터 시내 각처에서 대규모 시위 전개)

(매일 12시, 오후 3시에 도청, 시청 앞 집결)

1980년 5월 19일

조선대 민주투쟁위원회

(전남사회문제연구소 편, 『5.18 광주민중항쟁자료집』, 도서출판 광주,

1988)

그 외 장소들

📍 전남대학교병원

항쟁의 중심인 전남도청에서 1킬로미터밖에 떨어지지 않은 전남대병원은 5.18 광주민중항쟁 당시 부상당한 시민과 시민군을 헌신적으로 치료하여 의료인의 참모습을 보인, 광주항쟁의 야전병원이었다. 복도에까지 밀려든 부상자, 치명상을 입고 신음하는 중환자들 속에서 의사와 간호사들은 부상자들을 한 사람이라도 더 살려내려고 밤낮없이 혼신의 노력을 다했고, 자발적인 시민 헌혈 행렬은 도청 광장까지 이어졌다. 전남대병원은 광주 시내에서 가장 시설이 좋았기에, 중환자들이 많이 옮겨졌다.

시민군은 이 병원 옥상에 경기관총을 배치했지만 의사들의 만류

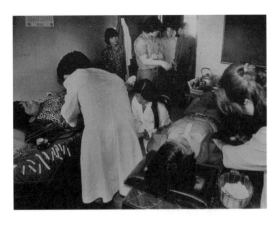

수많은 부상자들로 초만원을 이룬 광주시내 각 병원에서 피가 부족하다는 소식이 알려지자 많은 광주시민들이 팔을 걷어부치고 헌혈에 앞장섰다.(5월 22일) (사진: 황종건)

로 철거하였다. 이에 비해 21일 도청에서 철수하던 계엄군은 병원에 화풀이 식 사격을 가해 수술실 유리창이 깨지고 천장에 총알이 박혔다. 전남대병원과 광주기독병원, 적십자병원의 응급실 기록 그리고 의사와 간호사들의 증언은 훗날 공수부대의 만행을 구체적으로 확인할 수 있는 중요한 자료가 되었으며, 『5.18 10일간의 야전병원』이라는 제목의 책으로 정식 발간되었다.

당시 인턴이었던 유용상은 이렇게 증언했다. "병원의 가운은 학생들과 시민을 숨겨주는 유일한 도구였으며, 우리는 그야말로 또 한 쪽의 시민군이었다."

📍 광주기독병원

기독병원은 항쟁 당시 부상당한 시민들을 헌신적으로 치료한, 민주 의료 현장이다. 병원에 있던 의료진은 일시에 밀려든 부상자를 치료하기 위해 침식을 잊을 정도였으며, 수혈할 피가 부족하다는 소식이 전해지자 수많은 시민들, 심지어 유흥업소 종사자들과 어린 초등학생들까지 자발적으로 헌혈에 동참해 민주시민의 뜨거운 열정을 보였다. 당시 긴박한 상황에서 광주

"광주의 꽃"으로 불리우는 박금희 학생

시민은 남녀노소 없이 한 덩어리가 되어 서로 돕고 위로하였다.

당시 춘태여상 3학년생으로 재학중이던 박금희는 5월 21일 기독병원에서 헌혈을 마치고 돌아가다 계엄군의 총탄에 희생당했다.

다음은 이광영 씨의 증언이다.

5월 21일 부상자 구호활동을 벌이던 이광영 씨는 오후 6시께 양
림동에서 헌혈을 하고 싶다는 여학생을 만나 기독병원으로 안내
한다.

"한 여학생이 헌혈을 하겠다고 졸라 기독병원으로 데려다 준 뒤
또다시 부상자 수송작업에 나섰다. 잠시 후 다시 기독병원에 와보
니 많은 사람들이 웅성이며 울부짖고 있었다. 어느 여학생이 머리
에 총탄을 맞아 즉사했다는 것이다. 시체를 확인해 보니 조금 전에
내가 실어다 준 그 여학생이었다. 헌혈을 마치고 집으로 돌아가다
공수부대의 총탄에 맞아 쓰러진 것이다. 내가 병원으로 실어다 주
지 않았다면 그 여학생은 죽지 않았을 것이라는 생각에 지금도 괴
롭다."

기독병원은 항쟁이 끝난 다음에도 부상자들을 가족처럼 치료하
고 돌봄으로써 기독교 정신을 빛냈다.

📍 옛 광주적십자병원

적십자병원은 5.18 광주민중항쟁 당시 부상당한 시민과 시민군을
헌신적으로 치료하고 돌본 곳이다. 광주항쟁에서 첫 번째 희생자
였던 청각장애인 김경철이 옮겨진 곳도 이 병원이었는데, 부상당
한 공수부대원들도 치료해 주었다. 참고로 시민군들은 포로로 잡
은 계엄군을 한 명도 고문하거나 살상하지 않은 놀라운 자제력을
보여주었다. 이 병원의 헌혈차는 광주시내 곳곳을 돌며 시민들의

현재의 광주적십자병원

피를 받았다.

당시 긴박했던 상황에서 이 병원의 의료진도 산부인과에서 새우잠을 자면서 부상자들의 생명을 돌보고 살리기 위해 헌신적이고 희생적인 활동을 폈다. 항쟁 후에도 계속 부상자들을 따뜻하게 치료해 주면서 적십자정신을 빛낸 곳이다. 이후 서남대학이 인수하여 부속병원으로 사용했지만 운영난으로 문을 닫아 한동안 방치되었지만, 최근 광주시가 매입하여 기념시설로 활용할 계획이라고한다.

📍 광주공원—시민군 편성지

일제강점기 광주 신사가 있었던 이 공원은 계엄군의 집단발포로 많은 사상자가 나자, 자위수단으로 인근 시군지역에서 총과 탄약을 가져와 시민군을 편성하고 사격술 훈련을 실시했던 장소이다.

시민군은 처음에는 일정한 지휘체계가 없었지만, 이곳에서 자연

광주공원에 있는 시민군
본부에서 기관총 실탄을
손질하며 계엄군 진입에
대비하고 있는 시민군들

광주공원 앞을 순찰하
고 있는 시민군들

스럽게 지도부가 결성되면서 24일 도청으로 통합될 때까지 광주시
내 순찰과 차량 등록 등 잠시 치안 관련 업무를 보았다. 5월 27일
계엄군이 진압해 올 때 이곳도 주요목표였다.

　공원 입구에는 고아 출신으로 시민군에 참가해 싸우다 희생된
김군의 반신상이 서 있다. 영화 「김군」은 그를 기리기 위해 만들어
졌다.

📍 양동시장

양동시장은 대인시장, 서방시장, 남광주시장과 함께 당시 상인들이 자발적으로 나서 '후방지원'을 맡아 광주정신을 발휘했던 장소이다. 당시 상인들이 모두 떨쳐 일어나 주먹밥을 만들고, 김밥과 떡, 음료수, 약품, 김치 등을 모아 리어카에 가득 실어 시민군을 지원하고 격려했던 모습은 지금도 시민들 가슴을 훈훈하게 하고 있다. 시장 입구에는 주먹밥을 든 손을 형상화한 조형물이 서 있다.

📍 배고픈다리 일대

배고픈다리는 다리 모양이 오목해서 시민들이 지은 이름인데, 지금은 홍림교라고 부른다. 이 일대는 항쟁이 치열하던 5월 21일, 시민군이 시내 중심가에서 계엄군을 물리친 후 모범적인 지역방위를 보여주었던 곳이다.

조선대학교 뒷산으로 퇴각한 계엄군이 시내 재진입에 대비, 그날 해질 무렵부터 이 지역 예비군이 주축이 되어 시민군을 편성하고, 이 다리를 중심으로 방어망을 구축하여 물샐틈없는 경계를 폈다.

22일 자정 무렵에는 인근 숙실마을에서 내려오던 계엄군과 30여 분간 총격전을 치르며 그들을 물리치기도 했다. 주민들은 밥을 지어 오고 담배와 음료수를 가져다주면서 시민군과 한몸이 되어 이곳을 지켰다.

📍 주남마을 인근 양민 학살지

5.18 광주민중항쟁 당시인 5월 21일, 광주시내에서 조선대학교 뒷산을 넘어 퇴각, 이곳 주남마을에 주둔하던 공수부대가 광주~화순 간 도로를 오가는 차량들에게 무차별 총격을 자행하였다.

특히 5월 23일경에는 승객 18명을 실은 미니버스에 무차별 사격을 가해 승객 가운데 17세의 소녀 홍금숙만이 살아남았다. 이때 계엄군은 부상자 2명을 주남마을 뒷산으로 끌고 가 살해하였으며, 이곳에 묻혀 있던 시신은 2002년에야 주민의 신고로 발굴되어 5.18 민주묘지로 안장되었다.

📍 광목간 양민 학살지(진월동, 송암동)

80년 5월 24일, 계엄군 간의 오인사격 여파로 무고한 양민이 무참히 희생당한 곳이다.

5월 24일 오후 1시경 광주시내에서 조선대학교 뒷산을 넘어 퇴각했다가 다시 광주비행장으로 이동하려던 공수부대와, 이곳에 잠복해 있던 보병학교 교도대 사이에 오인사격전이 벌어져 계엄군 10여 명이 죽거나 부상당했다. 이때 계엄군은 총소리에 놀라 몸을 피하던 이웃 원제, 진월부락 주민들에게, 심지어 저수지와 운동장에서 놀던 어린이들에게까지 무차별 총격을 가해 많은 사상자가 발생했다.

또한 계엄군은 화풀이 삼아 광목 간 도로변 주택을 수색하여 무고한 주민들을 살상하였으며, 항쟁 기간 중 이곳을 지나던 민간인

농성광장에 설치된 상징 조형물

차량들에 무차별 사격을 가해 많은 사상자가 발생했다.

　민간인 학살과 별개로, 전술훈련을 맡는 보병학교 교도대와 최정예인 공수부대 사이에 오인사격이 일어났다는 것은, 전두환 일당이 이미 정식 지휘체계를 무시하고 부대를 지휘하다가 일어난 지휘계통 이원화의 증거 중 하나일 것이다.

📍 농성광장 격전지

80년 5월 22일 광주시내에서 쫓겨 온 계엄군이 통제선을 설치하고 농성광장의 시민군 방어선과 대치하면서 인근 주택가에 무차별 총격을 가해 무고한 시민이 희생당한 곳이다.

또한 시민군과 계엄군이 이곳에서 대치하고 있을 때 시민수습대책위원들이 사선이나 마찬가지인 이곳을 넘나들며 상무대에 있던 계엄사를 방문해 중재와 협상을 시도했고, 5월 26일 아침에는 계엄군이 시내로 다시 진입하려 하자 시민수습위원들이 이곳 농성광장에 맨몸으로 누워 저항한 '죽음의 행진'을 했던 현장이기도 하다. 즉 농성광장 일대는 시민군과 계엄군의 경계를 이루는 공간이었다. 상무지구 개발은 20년 후에야 이루어지므로, 당시는 군부대와 촌락, 논밭들만 있었기 때문이다.

📍 옛 상무대: 현 5.18 자유공원

이곳은 상무대(육군전투병과교육사령부)가 있었던 자리로 5.18 광주민중항쟁 당시 계엄사령부 전남북계엄분소가 설치되어 있었다. 계엄군 주요 지휘관회의가 이곳에서 자주 열렸고, 시민수습위원들도 몇 차례 방문하며 군 수뇌부와 협상을 벌이기도 했다. 마지막 협상도 이곳에서 진행되었다. 항쟁 기간 그리고 그 후에 시민 3천여 명이 붙잡혀 와 이곳 헌병대 영창에서 상상을 초월하는 무자비한 고문과 구타를 당했으며, 이곳 군사법정에서는 시민들에게 내란죄를 씌워 사형과 무기 등 중형을 선고했다.

그때의 헌병대 사무실과 영창, 군사법정 건물은 상무대지구 택지개발에 따라 인근에 옮겨져 복원되어 있다.* 입구에는 전두환이

---

* 당시 군은 상무대 자체를 없애버리려 했지만, 시민들의 반발로 이전 복원

말이 법정이었지 총을 든 군인들에게 둘러싸인 공포스런 상무대 법정에서, 잡혀 온 시민들은 그저 폭도일 뿐이었다.(사진: 나경택)

1983년, 전남 담양 11공수여단의 부대 준공식에 참석한 것을 기념하는 기념표지석을 거꾸로 박아놓아, 방문하는 시민들이 밟을 수 있도록 해놓았다.

♥ 무등경기장 정문

이곳은 5월 21일, 계엄군의 과잉진압에 격분한 운전기사들이 모여 항쟁 참가를 선언하고 차량시위를 시작한 곳이다.

에 합의할 수밖에 없었다. 이에 비해 12.12쿠데타의 현장이었던 용산육군본부는 계룡대로 이전하면서 전쟁기념관을 짓는다는 명분으로 흔적도 없이 완전히 사라지고 말았다. 서빙고 보안사 분실, 신길동과 장안동, 부산 초량동 대공분실도 마찬가지로 소리 소문 없이 다 사라져버렸다.

운전기사들은 대형버스를 앞세워 경적을 울리고 전조등을 비추며 금남로로 향했다. 시내버스와 택시 등 100대 이상의 차량이 참가한 이 시위는 실로 장엄한 드라마였으며, 시민들에게 강한 연대의식과 항쟁에 대한 자신감을 불어넣었다. 이 차량시위 정신을 기리기 위해 5월 21일을 '민주기사의 날'로 정하여 기념하고 있다.

1980년 5월20일 2백여 대의 택시 부대가 집결. 출발한 무등경기장

군인들의 만행을 규탄하고 나선 영업용 택시 운전기사 200여 명이 공설운동장에 집결, 궐기한 후 30여 대의 택시를 앞세우고 대형버스, 트럭들과 함께 4대씩 행렬을 지어 도청을 향해 밀고 들어왔다. 충장로. 금남로, 노동청 앞길 등 3개 대로로 헤드라이트를 켠 채 크락션을 울리며 기세 좋게 가톨릭센터까지 압축해 들어간 60여 차량들은 빗발치는 최루탄과 M16총알로 인해 한일은행 조금 못 미치는 지점에서 해산되고 말았다.

그러나 광전교통 소속 버스 1대만은 쏜살같이 군 저지선을 뚫고 도청으로 질주하여 광주관광호텔 앞 가로수를 들이받고 멈췄다.

이로 인해 함평경찰서 소속 경찰 4명이 깔려 숨졌다. 100여 명의 군경이 차에 달려들어 차량을 부수고 차 안의 청년 9명에게 개머리판, 곤봉으로 난타하여 실신시킨 뒤, 피를 흘리고 늘어진 이들을 끌고 갔다.

이때부터 군경은 소위 자위권을 발동하여 무차별 사격을 개시, 총을 쏘아댔으나 버스를 앞세운 시위대의 물결을 이기지 못해 사태가 불리해짐을 깨닫고 일부가 헬리콥터로 탈출하기 시작했다. 저녁 8시경부터 데모대의 열기는 더해 시외버스 공용주차장을 점거하여 대형버스들을 앞세우고 '아리랑'을 부르며 도청으로 진출했으며, 또한 소방차로 물을 뿜어 최루탄 가스를 제거하면서 장갑차를 밀어붙였다.

충장로3가에서 경찰과 군과 대치 진행 못하고 있다. 이 같은 사태는 19일 택시운전사 4명이 시민을 실어 나르다 계엄군에게 적발, 군이 "왜 학생들을 태워 주느냐"며 운전사 끌어내리고 구타. 이로 인한 반발. 오전 서로 연락 취해 모인 듯. 광주시민들은 "어저께 계엄군 나오라." 심히 흥분. 데모대 나올 때마다 박수 치고 성금 내고 있다. 사태가 더욱 악화된 듯.

(1980. 5. 20. 19시, 조선일보 취재일지)

📍 광주교도소

광주교도소는 공수부대가 주둔해 있으면서 담양, 순천 방면으로 이동하던 차량과 시민들에게 총격을 가해 많은 양민이 희생당한 곳이다.

계엄군의 이런 행위에 항의하기 위해 달려간 시민에게도 중화기로 무차별 사격을 가하여, 역시 많은 시민이 목숨을 잃었다. 또한 항쟁 기간 중 무고한 시민들이 이곳에 끌려와 무자비한 고문을 받았고, 그 과정에서 사망한 희생자 시신 8구는 인근 야산에 매장되었다가 5월 31일에야 발굴되었다.

📍 국군광주병원

국군광주병원은 당시 계엄사에 연행돼 심문 과정에서 고문과 폭행으로 부상을 당한 시민들이 끌려와 강제 치료를 받았던 곳이다.

광주시내 곳곳에서 계엄군에 체포된 시민들은 상무대에 설치되었던 계엄사령부로 끌려가 갖은 고문과 구타를 당하면서 심문을

병원 이전 후 폐허가 된 국군광주병원 건물

당했다. 그 과정에서 부상당한 시민들은 국군광주병원으로 실려와 엄중한 감시 아래 치료를 받았다. 치료를 하면서도 계엄사 수사관들이 이곳에까지 파견되어 취조를 해, 시민들은 치료 과정에서조차 고초를 겪어야 했다. 이후 병원이 이전하면서 버려졌으며, 보급 창고 등 폐허가 된 건물들이 묘한 분위기를 자아낸다. 현재 기념공원으로 만들기 위한 계획이 진행되고 있다.

📍 5.18 구 묘역

이곳은 5.18 광주민중항쟁 당시 산화한 영령들이 묻혔던 곳으로 '망월동 묘지'라 불려왔다.

가족과 친지들은 항쟁 와중에 공포와 분노에 떨며 처참하게 훼손된 주검을 손수레에 싣고 와 이곳에 묻었고, 연고자가 나타나지 않거나 5월 27일 도청 함락 때 희생된 시신들은 청소차에 실려와 묻혔다.

망월동 묘지에 안치되는
희생자와 가족들

1984년 5월 14일, 민청련은 김근태 의장을 비롯한 집행부와 회원 30여 명이 망월동 묘역을 찾아 추도사를 낭독했는데, 이것이 광주 이외 지역에서 온 사람들이 연 첫 번째 공개 추도회였다.

그 뒤 이곳이 '민주성지'로 세계적으로 조명을 받게 되자, 전두환 일당은 묘를 파내게 하는 등 묘지 자체를 없애려 획책하기도 했다. 1994년부터 묘지성역화 사업을 추진하여 1997년 새로운 5.18 묘지가 완성되자 이곳에 묻혔던 영령들은 치욕의 17년을 뒤로 하고 새 묘역으로 이장되어 비로소 편안히 눈을 감게 되었다. 5.18 당시의 희생자뿐 아니라 김의기 열사, 이한열 열사, 김남주 시인, 김홍일 국회의원, 조성만 열사, 이재호 열사, 백남기 농민, 강병기 선생. 리영희 선생, 송건호 선생 등 수많은 민주화 인사들의 안식처이기도 하며, 영화 「택시운전사」의 주인공 위르겐 힌츠펠트(Jürgen Hinzpeter) 유품이 묻혀 있는 공간이기도 하다.

구 묘역은 당시의 참상을 처절하게 안고 있는 곳인 데다 그동안 수많은 국내외 참배객들이 다녀간 공간이므로 그대로 보존하고 있다.

5.18 그 후의 이야기[*]

진상규명운동과 책임자 처벌

5.18 민주화운동은 결국 전두환 일당에 의해 무자비하게 진압되었다. 그러나 항쟁은 그때부터 다시 시작되었다. 광주시민들은 물론이고, 광주가 고립되도록 내버려두고 그 엄청난 희생자가 나오도록 방치한 셈이 되어 양심에 큰 가책을 받은 전국의 학생과 민주 시민들은 한 해도 거르지 않고 '5.18 진상규명운동'을 전개하였다. 집회는 "광주항쟁 진상규명하라, 살인자 처벌하라"는 구호로 시작되었다. 도청이 함락된 지 사흘 후인 30일, 종로5가 기독교회관에서 산화한 서강대생 김의기를 시작으로 박종철, 이한열, 강경대, 박승희 등 여러 열사들의 희생은 5.18을 다시 세우는 역사적 이정표가 되었다.

전두환 정권조차도 '폭도'로 몰아 사형선고를 내린 정동년 등 광주시민들을 한 명도 죽이지 못했을 뿐 아니라 몇 년 지나지 않아 모두 석방해야만 했다. 이후 유족·구속자·부상자들이 5.18의 진상규명, 책임자 처벌 등을 끊임없이 주장하였다. 5월 광주의 연장선상에서 촉발된 1987년 6월 항쟁은 한국 민주주의 발전의 결정적 전환점이 되었다.

1988년 노태우 정권이 출범하였지만 그해 4월 총선이 만든 여소

---

[*]   5.18민주화운동기록관에서 발간한 『5.18 민주화운동』 116~126쪽을 기본으로 하고 일부 개작하였음을 밝혀둔다.

야대 정국은 12.12 사건과 5.18 민주화운동을 정치·사회적 쟁점으로 부상시켰다. 시민들이 연일 광주 학살의 책임자 처벌과 전두환 일당의 비리 규명을 요구하는 집회와 시위를 벌인 결과 '5.18 광주 민주화운동의 진상규명을 위한 청문회'가 열렸다. 청문회를 통해 5월 광주의 진실이 공중파 TV를 통해 시민들의 안방까지 가감 없이 전달됨으로써 큰 충격을 주었다.

김영삼 문민정부가 출범한 직후인 1993년 5월, 전국적으로 5.18 진상규명운동이 다시 활발해졌다. 그 배경에는 5.18 민주화운동이 광주와 전남지역만의 문제가 아니라는 인식, 책임자들을 처벌할 수 있는 공소시효 만료(1995년 8월 15일)의 임박, 그리고 김영삼 정부의 소극성 등이 작용했다. 1994년 3월, 서울 기독교회관에서 '5.18 진상규명과 광주항쟁정신 계승 국민위원회'가 결성되었다. 이 단체는 '책임자 고소 고발 사업, 광주문제 해결을 위한 특별법 제정 촉구' 등을 목적으로 그해 5월부터 활발하게 활동하기 시작했다.

이들은 1994년 7월, 294명의 연서로 전두환, 노태우 등 35명을 서울지방검찰청에 고소 및 고발했으나 검찰이 성공한 쿠데타는 처벌할 수 없다는 황당한 이유로 '공소권 없음'을 발표하자, 시민사회 단체들과 학생들은 집회와 시위를 벌이는 한편, 헌법소원을 제출하면서 법률적 대응을 병행했다.

책임자 처벌 운동은 더욱 격화되었고, 마침내 1995년 10월 26일 '5.18 학살자처벌 특별법제정 범국민비상대책위원회'가 결성되었다. 이들은 집회와 시위, 농성 등을 지속적으로 전개하면서 전두환 일당의 부정부패 청산도 같이 주장했다. 그리하여 12월 19일 국회에서 여야 합의로 「5.18 민주화운동 등에 관한 특별법」과 「헌정질서파괴범죄의 공소시효 등에 관한 특별법」이 제정되었다. 전두환과 노태우를 비롯한 신군부 세력들이 이 법률에 의해 처벌을 받기에 이르렀다.

피해배상과 기념사업

1988년 4월 1일, 5.18 민주화운동 관련 피해자들에 대한 배·보상을 위한 정부의 공식 대책이 발표되었다. 이것은 노태우 정부의 출범을 준비하면서 구성된 민주화합추진위원회의 견해에 따른 '광주사태 치유방안'이었다. 관련자의 피해 배·보상의 근거가 되는 법률인 「광주민주화운동 관련자 보상 등에 관한 법률」은 1990년 7월에 제정되면서 피해자에 대한 배상이 시작되었다.

현재 5.18 민주화운동 관련 피해자에 대한 6차 배상이 마무리되었으며, 7차 배상을 위한 신청을 받고 있다. 6차까지 인적 피해는 당시 사망자 155명, 부상 악화로 인한 사망 110명, 행방불명 81명, 상이자 3,378명, 기타 910명 등 총 4,634명이다.

그러나 이것은 직접 육체에 상흔을 입은 사람들에 국한된 것이고, 직·간접적 피해와 파생적 피해는 추정조차 불가능하다. 만시지탄이긴 하지만 최근에는 헌법재판소에서 정신적 피해에 대한 배상도 이루어져야 한다고 판결하여, 정신적 피해배상에 대한 물꼬가 트였다.

또한 5.18 민주화운동의 희생자를 추모하고, 생사를 넘나들던 고통을 기억하며, 의의를 내면화하는 장소와 공간이 조성되었다. 희생자들은 대부분 망월묘역에 안장되었고, 1997년에 망월묘역 옆에 국립 5.18 민주묘지가 새로 조성되었다. 아울러 1999년 4월에 5.18 민주화운동에서 연행되어 구금 및 재판을 받았던 계엄군의 지휘본부가 자리잡았던 옛 상무대에 5.18 기념 공간이 조성되어, 1980년에 광주시민들이 보여준 민주화 열기와 정신의 계승 공간이자 전두환 일당의 만행을 증언하는 공간으로 활용되고 있다. 그리고 마지막 항전지였던 옛 전남도청과 그 일대의 공간은 1993년 국가적 약속에 의해 후속 기념사업이 계속 진행되고 있다.

5.18 민주화운동으로 광주와 전남에는 수많은 역사와 기억의 터가 자리잡았다. 5.18 민주화운동이 전개되었던 광주 27개, 전남 73개의 장소에 사적지 안내 표지석과 안내판 등이 설치되었다.

5.18 자료의 세계기록유산 등재

5.18 민주화운동은 아시아 지역뿐만 아니라, 다른 제3세계 국가에서도 독재와 권위주의 체제에 대한 항거로 주목을 받았다. 5.18 민주화운동은 희생과 죽음으로 점철된 과거사의 상흔을 치유하기 위한 방법과 성찰의 대상으로서, 세계적으로 과거청산운동의 모델이 되고 있다.

뿐만 아니라 5.18 민주화운동은 아시아 많은 나라들에서의 민주화와 인권 및 평화운동을 자극하는 훌륭한 선례로 자리 잡고 있다. 그 결과 여러 국가들에서 활동하고 있는 민간단체들 및 사회운동가 등과 교류가 확대되고 있어 그 위상을 새롭게 정립해 나가고 있다.

인류 역사에서 패배한 역사는 승자들에 의해 대부분 없어지기 마련인데, 광주는 전두환 일당의 혹독한 탄압에도 불구하고 자료를 보존한 점에서도 특별한 의의를 가진다. 유엔의 대표 기구인 유네스코가 세계기록유산으로 인정함으로서 5.18 광주항쟁은 정당성과 합법성이 세계적으로 공인되었고, 이를 계기로 광주시민들의 자긍심은 한 차원 높아졌다. 특히 광주광역시는 민주와 인권을 도시의 정체성으로 삼고 인권도시로 발전을 모색하는 등 광주의 역사적 가치를 세계적인 브랜드로 만들기 위해 노력하고 있다.

유네스코 세계기록유산으로 등재된 5.18 기록물은 앞서 이야기했듯이, 가톨릭센터를 활용한 '5.18 민주화운동기록관'에 영구히 보관되고 있다.

5.18 민주화운동의 의의

1980년 5월, 힘차게 타오르던 5.18 민주화운동의 불꽃은 27일 새벽 계엄군의 '충정작전'과 함께 사그라들었다. 그러나 그 뜨거운 불씨마저 짓밟혀 버린 것은 아니었다. 그 불씨는 혹독한 시절에도 꺼지지 않고 더욱 빛을 발하면서 그날 이후 살아남은 모든 사람들의 가슴에 결코 꺼지지 않는 불길로 남았다.

그것은 부끄러움이 아니라 자랑스러운 역사였다. 광주시민들의 긍지는 단순한 향토애나 반항심, 김대중에 대한 지지에서 비롯된 것만은 아니었다. 그것은 항쟁 기간을 뜨겁게 살았던 시민들의 절실한 체험에서 우러나온 것이었고, 권력의 탄압이나 왜곡된 선전에도 지워지지 않는 흔적을 남겼다.

광주시민들이 체험한 '광주의 진실'은 다음과 같은 것들이었다.

우선, 거의 모든 시민들이 자발적으로 공수부대의 야만적인 폭력에 굴하지 않고 하나가 되어 싸웠다는 사실이다.

당시의 상황에서 항쟁에의 참여는 자신의 생명까지 포함한 모든 것을 버릴 각오가 아니면 불가능한 일이었다. 그럼에도 불구하고 광주시민들은 소수의 영웅적인 항쟁이 아닌, 시민 전체의 이름으로 하나가 되어 저항했다. 전두환 일당에 의해 불순분자와 폭도들의 폭동으로 매도되면서도 광주시민들은 비인간적인 폭력에 저항하는 것이 정의라는 신념을 갖고 그 길을 함께 걸어 결국은 역사에서 승리를 거두었다.

다음으로는, 항쟁의 전 기간 동안 광주시는 하나의 공동체를 형성하며, 위기를 가장 인간다운 협동정신으로 대처했다는 사실이다.

광주시가 계엄군에 포위된 채 완전히 고립된 상황에서, 대중매체와 군 정보요원의 교란작전이 난무하는 상황에서, 그리고 이런 상황이 얼마나 지속될지 전혀 알 수 없는 상황에서 광주시민들은 각자가 갖고 있는 것을 서로 나누며, 서로 의지하고 격려하며 버텨냈다. 배고픈 사람에게는 음식을 나누어주었고, 부상자에게는 피를 나누어주었으며, 일손이 필요할 때는 너나없이 달려들어 그 일을 해주었다. 희생자들의 가족과는 슬픔을 나누었다. 지도부가 수습의 방법을 두고 고심할 때 일반 시민들은 하나가 되어 어려움을 이겨나갔던 것이다.

세 번째로, 광주시에서 계엄군이 퇴각하고 시민군이 시내를 장악한 후 다시 계엄군이 진주할 때까지 6일 동안 광주의 시민들은 그야말로 완벽에 가까운 도덕성을 보여 주었다는 사실이다.

그 기간 동안 광주시는 공식적인 치안체계가 완전히 붕괴되어 무정부 상태였음에도 불구하고 거의 완벽한 치안상황을 유지하였다. 그토록 많은 총기류가 시민들의 수중에 있었지만, 그로 인한 불상사는 단 한 건도 발생하지 않았다. 심지어 금융기관이나 금은방 등 평소 범죄자들이 노릴 만한 장소에서도 이 기간 중에는 아무 일도 발생하지 않았다. 5월 22일, 상무대를 방문한 박충훈 국무총리 서리가 계엄군의 입장에서 발표한 담화문에 들어 있는 '은행 약탈 등이 없는 점'이라는 표현이 당시의 상황을 웅변해주고 있다.

이런 사실은 세계 인류 역사상 유례를 찾을 수 없는 것이다. 구미의 선진국에서도 대규모 집회가 열리면 가게들은 약탈을 우려해 문을 닫는 것이 일반적이다. 이에 비해 광주시민들은 성숙한 민주의식과 공동체의식을 유지하였다는 점에서 광주항쟁이 오로지 민주적 공동체 구현을 위한 시민봉기였다는 점을 증명하고도 남는다. 시민들에게 공격을 받은 공공장소는 경찰서나 파출소 같은 억압하는 국가권력기관과 결과적으로 세금을 걷어 시민들을 죽이는데 사용한 셈이 된 세무서, 사실보도를 제대로 하지 않던 방송국 정도였다. 최정운 작가는 당시의 언론과 전화 통제 등 광주의 고립을 이렇게 정리했다.

군부의 언론 통제는 광주시민들을 지원할 타 지역 국민들의 도움을 받지 못하게 했을 뿐 아니라 폭력적 대결 외에 비폭력적 선택의 여지를 없애버렸다. 시민들이 MBC를 세 차례나 공격하고 결국은 불 지르려 하고, KBS에도 방화하게 된 이유는 바로 관객의 배제에 따르는 수많은 덧없는 희생, 그리고 목숨을 걸고 투쟁해야 하는 고뇌와 고독에 따른 좌절감의 표출이었다. 방송국에 방화한 것은 단순히 언론의 자유를 위해 군사독재의 앞잡이 노릇을 하는 못된 방송국을 처벌한다는 추상적 이상을 실현한 것이 아니었다.[*]

시민군과 계엄군의 싸움은 정당성과 도덕성이 아니라 가지고 있는 물리력의 차이로 승부가 결정되었다. 외부의 지원이 전혀 없는 상태에서 예비군과 경찰의 구식 화기로 무장하고 막 조직화되기 시작한 시민군이, 최신식 무기로 무장하고 강력하게 조직화된 계엄군을 이길 수는 없었다. 결국 시민군은 항쟁 기간 품었던 모든 기대가 무너지며 패배하고 수많은 희생자를 내고 말았다. 그러나 '승리'한 계엄군도 광주시민들 마음속에 이미 뿌리 깊게 자리 잡은 긍지는 지울 수 없었다.

1980년 5월, 광주를 중심으로 전남지방에서 일어난 민주주의를 위한 이 항쟁은 엄청난 물리력을 앞세운 전두환 일당의 진압으로 일단 좌절되었지만 실패한 역사로 기억되지 않았다. 오히려 그것은 생생하게 살아 있는 과거로서 오늘의 우리에게 그 교훈과 의미

---

[*] 최정운, 『5월의 사회과학』, 풀빛, 1999, 159쪽.

를 되새기도록 요구하고 있다.

또한 5.18 민주화운동은 한국에서의 미국의 역할에 대한 인식의 변화를 가져온 계기가 되었다는 사실도 빼놓을 수 없다.

한국전쟁 이후 1980년에 이르기까지 대다수의 국민들은 한국과 미국은 혈맹관계이자 '민주주의의 대부'로 인식하고 있었다. 이 책에서 언급한 대로, 4.19 혁명 당시의 미국은 이승만 하야에 결정적인 역할을 했기 때문이다. – 당시 광주시민들은 한국 근해에 출동한 미국 항공모함이 광주를 구하러 오고 있다고 믿었을 정도였고, 실제로 「투사회보」에 이 내용이 실렸다. 하지만 이 항공모함은 혹시 있을지도 모르는 북한의 도발을 대비하기 위한 것이었다. – 그러나 '광주항쟁'이 진행되는 과정에서 미국이 신군부를 직·간접적으로 지원하였다는 사실이 알려지면서 그러한 인식은 빠른 속도로 바뀌었고, 이러한 변화는 반미운동의 고양을 가져온 원인이 되었다.

다음으로 대중민주주의의 진전을 가져왔다는 사실을 들 수 있다. 1980년 봄의 민주화운동과 5월 광주를 짓밟고 제멋대로 세운 제5공화국은 정통성이 없었기에 물리력에 의존할 수밖에 없었다. 그때마다 민주주의를 향한 국민들의 열망이 '5월 투쟁'으로 모여졌다. 1980년 이후 해마다 5월이 되면 광주는 물론 전국의 모든 대도시에서 그날의 의미를 되새기고 독재를 타도하기 위한 국민들의 조직된 움직임이 일어났던 것이다. 1981년 5월 18일, 명동성당에서 박종철고문치사사건 진상이 폭로된 것도 그 연장선이었다. 여기에다 국제사회의 압력이 더해졌기에, 전두환 일당조차도 원하지 않았지만 상당한 양보를 할 수밖에 없었다. 이로써 부족한 수준이지만 대중적이고 제도화된 민주주의의 진전이 이루어진 것이다.

마지막으로 그동안 각 분야에 걸친 독재적 지배구조에 억눌려 있던 일반 시민들에게 주인의식을 고양시키는 계기가 되었다는 점이다.

5.18 민주화운동은 한국현대사의 흐름을 뒤바꾼 전대미문의 시민무장봉기였다. 전두환의 신군부는 1980년 5월, 광주를 짓밟고 권좌를 차지했다. 그러나 20년도 지나기도 전에 전두환과 노태우 일당이 저지른 학살만행과 천문학적인 부정부패가 백일하에 드러나게 되었고, 결국은 '역사와 정의와 법'에 의한 단죄의 행로를 걸었다.

그간 5.18 민주화운동의 역사적 진실을 규명하는 데 많은 어려움이 있었다. 신군부가 권력을 송두리째 장악하던 5공화국 7년 동안 5.18 민주화운동의 실체를 밝혀줄 각종 군 자료와 증거들이 조용히 사라져 갔기 때문이다. 그러나 6공화국 출범 후 광주특위청문회를 통해 당시 광주의 진상이 상당 부분 밝혀졌다. 하지만 당시 정부와 여당은 신군부 등 기득권자들에게 직·간접으로 영향을 미치는 쟁점과 책임자 규명 문제에 있어서는 교묘한 호도책으로 일관하여 완전한 진상규명을 할 수 없게 만들었다.

문민정부 초기에는 '성공한 쿠데타'에 대한 단죄보다는 '역사에 의한 처벌'이 강조되었다. 따라서 전두환은 형사 처벌 대신 백담사에 은거하게 되면서, '헌정을 유린하고 국민을 살육한 전두환 일당'에 대한 전 국민적 처벌 요구가 자칫 영원한 역사적 과제로 미루어질 위기에 직면하였다.

그러나 거세지는 "5.18 민주화운동 책임자 처벌"이라는 국민적 요구에 이기지 못한 검찰은 다시 전면 재수사에 나섰고, 전두환 일당은 '역사에 의한 단죄'가 아닌 '헌법에 명시된 국민의 기본권과 생존권, 저항권을 말살한 헌정 초유의 내란집단'으로 규정되어 전 세계의 관심 속에 "법과 정의의 심판"을 받게 되었다.

그럼에도 진상은 제대로 밝혀지지 않았다. 아직도 수구 세력들이 여전히 힘을 가지고 우리 사회의 각 분야에서 은밀하게 움직이며 저항하고 있기 때문이다. 심지어 북한군의 잠입으로 항쟁이 일어났다는 황당한 억지를 부리고 있을 정도다. 그러나 그들이 아무리 진상을 왜곡하고 은폐하려 해도 진실은 반드시 역사의 흐름에 의해 낱낱이 밝혀질 것이다.

5.18 민주화운동은 어제의 패배에서 벗어나 이 땅의 민주주의를 앞당긴 승리의 항쟁으로 거듭났다. 5.18 민주화운동은 세계사에 유래 없는 초이성적이자 초도덕적 투쟁이었다. 「님을 위한 행진곡」이 한국을 넘어 전 아시아로 퍼져나가고 있는 것이 좋은 증거이다. 그러므로 이제는 새로운 도약을 위한 준비를 시작해야 한다. 미래를 생각하고 준비하는 5.18 민주화운동의 정신 계승 방안을 광주시민은 물론 전 국민이 함께 고민하고 노력해야 할 것이다.

반 년 남짓한 시간을 두고 한반도의 남쪽에서 불타오른 두 항쟁은 어찌 보면 같았지만 여러 모로 다른 양상도 보였다. 무엇이 같고 무엇이 다를까? 이 점을 살펴보는 것도 의미가 있을 것이다.

먼저 유사한 점을 살펴보자. 우선 학생시위가 시발점이 되었다는 점을 들 수 있다. 둘 다 대학생들이 공권력과 충돌하다가 시내로 진출하고, 시민들의 호응을 얻으면서 일이 커지는 양상으로 진행되었기 때문이다. 부산대는 경찰이, 전남대는 공수부대가 막았다는 것과 부산은 항쟁이 시작되고 나서 계엄이 선포되었으며, 광주는 계엄령 자체가 항쟁의 원인이 되었다는 차이는 있지만 기본적인 모습은 같았다고 볼 수 있다.

두 번째 공통점은 둘 다 시작 단계에는 항쟁지도부가 없었다는 사실이다. 물론 부마항쟁은 나흘 만에 끝났기에 지도부를 만들 시간조차 없이 마무리되었지만, 광주는 열흘 동안이나 계속되었기에 항쟁지도부가 생길 수 있었다는 차이는 있지만, 자연발생적이었다는 점에서는 같았다.

세 번째로는 지역의 대표적인 정치지도자가 정권의 탄압을 받아 민심이 크게 흔들렸다는 점이다. 부마항쟁 직전에 벌어진 김영삼 제명과 5월 18일 계엄 확대와 더불어 김대중이 '남산'으로 끌려갔다는 소식은 지역주민들의 반감을 살 수밖에 없었다. 김영삼 제명 철회와 김대중 석방 구호가 자주 들렸던 이유는 이런 주민들의 정서 때문이었다.

이제 차이점을 보도록 하자. 가장 중요한 차이점은 광주에서는 엄청난 희생자가 나왔다는 사실을 들 수밖에 없다. 부마항쟁의 사망자는 한 명이었지만, 광주의 희생자는 지금도 정확하게 몇 명인지 알 수가 없을 정도로 많기 때문이다. 이 때문에 기억도 더욱 강렬할 수밖에 없었고, 그 결과 「님을 위한 행진곡」 같은 '불후의 명곡'이 탄생했던 것이다. 공간적으로도 옛 전남도청이나 망월동 묘역 같은 '성지'가 나올 수밖에 없는 이유도 같은 맥락이다.

두번째로는 광주는 항쟁 중간에 지도부가 생겨났고, 살아남은 이들에 의해 진상규명과 희생자 명예회복 등이 이루어졌다. 하지만 부마항쟁의 경우, 지도부 자체가 없었기에 광주와 같은 과정을 거칠 수 없었던 것이다. 부마항쟁에 대한 정리와 평가가 미진한 가장 큰 이유가 여기에 있다.

어쨌든 두 항쟁은 결과적으로 군사독재 정권의 연장을 막지 못했다. 하지만 그 기억은 살아남은 이들에게 강렬하게 남았고, 결국 7년 후 반년 간 이어지는 대서사시를 쓰게 된다. 두 주인공인 박종철과 이한열이 부산과 광주 출신이라는 것은 운명이자 필연이라고밖에 할 수 없을 듯하다.

6.10 민주올레

민주 인권 평화의
역사적 현장을 따라 걸으며
역사와 정의에 대해
생각하며 묻고 답하는

6.9(일) 오후2시30분

집결장소: YWCA(명동성당 맞은편) 앞

모집인원 30명 / 참가비 무료 ※뒤풀이 참석자 비용 1/N / **길잡이** 한종수작가 (강남의 탄생, 서서울에 가면 우리는 저자)

신청 민주올레 강욱천 010.9871.8279 ※신청인원/참가민수/연락처 순 문자신청   주최: 민주올레 문화예술기획 시선

6.10 민주올레 코스

1987년 6월 항쟁 상황일지

1.14 박종철 고문치사사건 발생

3.3 '고 박종철 군 국민추도회 준비위원회', 전국 주요 도시에서 '고 박 종철 군 49재'와 '고문추방 국민대행진' 진행

4.13 전두환 대통령 "개헌 논의를 유보하고 현행 헌법으로 정부 이양을 한다"는 내용의 '4.13 특별 선언' 발표

5.18 천주교정의구현전국사제단, '박종철 고문치사사건' 진상 폭로

5.27 '민주헌법 쟁취 국민운동본부'(국본)를 발족하고 4.13 호헌조치 철회 및 직선제 개헌 공동쟁취 선언

6.9 연세대생 이한열, 교내 시위 도중 직격 최루탄에 피격

6.10 국본, '박종철 군 고문 살인 은폐 규탄 및 호헌 철폐 국민대회' 개최, 6월 민주대항쟁 시작, 명동성당 농성 투쟁 시작

6.11 도심 곳곳에서 시위

6.15 전국 45개 대학생 68,000여 명 격렬 시위

6.18 국본, 전국 주요 도시에서 '최루탄 추방 결의대회' 개최, 전국 150만 명 참가

6.26 '민주헌법쟁취 국민평화대행진' 전국 33개 지역에서 180여만 명 시위 참가

6.29 노태우 민정당 대표 '6.29 선언' 발표, 대통령 직선제 개헌과 김대중 사면복권, 구속자 석방 등 시국 수습을 위한 8개 항 선언

7.5 이한열 사망

7.9 고 이한열 영결식, 시민·학생 백만여 명 서울시청 앞 운집

6.10 민주올레 코스

📍 을지로 인쇄골목

인쇄업은 지식과 정보를 기록하고 전달하는 수단이라는 특성상 사회운동과 정치 등 현대사의 흐름과 밀접한 관계를 가질 수밖에 없다. 한국의 민주화운동은 을지로-인현동 인쇄골목과 깊은 관련이 있는데, 그중에서도 강은기가 1972년 문을 연 세진인쇄, 그리고 1980년대에 개업한 대동인쇄는 민주화운동과 깊은 인연이 있다. 한때 을지로 인쇄골목은 경찰 등 기관원의 압수수색, 직원이나 활동가 연행 등이 일상화된 공간이었다.

을지로3가역 근처에 있는 을지로 인쇄골목 동판

강은기는 1942년 2월 16일 남원시 쌍교동
에서 아버지 강용갑과 어머니 진차정 슬
하에서 태어났다. 남원초등학교를 거쳐 남
원중학교에 진학했으나 가정 형편이 어려
워 3학년 때 중퇴하고 인쇄소에 취직하였
다. 약 2년 동안 인쇄소에서 일하던 그는
1960년 3월 말에 서울로 올라간다. 4.19
혁명을 앞두고 3.15 부정선거로 온 나라가
한치 앞도 내다볼 수 없는 혼란한 시기였

세진인쇄를 배경으로 찍은
강은기의 사진

다. 김주열 열사의 죽음은 마산의거의 결정적인 원인이 되었는데,
김주열과 강은기는 남원중학교 동기였다.

　4.19 혁명 당시 시위에 적극 참가했던 강은기는 5.16 쿠데타로
4.19 혁명이 좌절되자 절망하여 머리를 깎고 법주사로 들어간다. 2
년 가까이 사찰 생활을 하던 그는 이해학 목사를 만나 속세로 돌아
와 먹고 살기 위해 다시 출판업에 뛰어들었다. 그는 1972년 말 광
주에서 전남대「함성」지를 민주화운동 관련 첫 인쇄물로 만들었고,
서울에서는 1973년 4월 22일, '남산부활절 예배 기독인 신앙선언
문'이 처음이었다. 이후 그는 민주화운동의 지하 유인물을 만들어
공급하였다.

　1974년 11월 11일 박형규 목사의 『해방의 길목에서』를 제작하

다가 경찰서를 드나들게 된 그는 11차례에 걸쳐 경찰서, 중앙정보부에 끌려 다녔고 5차례에 걸쳐 구금되거나 옥살이를 했다.

당시 민주화운동에 참여했던 인사들은 1970~80년대의 민주화운동 과정에서 강은기가 없었다면 그 많은 유인물 제작은 불가능했을 거라고 입을 모은다.

강은기는 췌장암으로 세진인쇄 인근의 백병원에서 60세를 일기로 생애를 마쳤는데, 장례위원회의 고문은 고은, 박형규, 한승헌을 비롯한 10명의 민주인사였고, 공동장례위원장은 김근태, 이부영, 이창복, 이해학, 지선, 함세웅이었다. 장례위원으로 유인태, 정동영, 정대철 등 184명이 참여하였는데, 그의 시신은 동지들이 잠든 마석 모란공원에 묻혔다.

ⓥ 백병원

명동성당에 인접한 백병원은 그 위치로 인해 많은 열사들이 마지막 숨을 거둔 장소가 되었는데, 가장 대표적인 인물이 1988년 산화한 조성만 열사와 1991년 폭력경찰에 의해 희생된 김귀정 열사이다.

1988년 5월 15일 3시, 명동성당 교육관에서 조국통일을 외치며 할복 투신한 조성만은 3시 45분 백병원 응급실로 옮겨졌다. 인공호흡을 통해 겨우 숨을 유지하고 있던 조성만은 중환자실로 옮겨진 후 7시 20분 숨을 거두었다. 이때 백병원 주변에서는 명동성당 청년단체연합회 회원들을 중심으로 경찰의 시신탈취에 대비하여 연좌농성이 벌어지고 있었다. 연락을 받은 열사의 어머니가 전주에서부터 택시를 타고 백병원에 도착한 시간이 9시 20분이었다. 다급하게 명동성당 청년단체연합회와 학생 및 재야단체들을 중심으로 조성만 열사 민주국민장 장례위원회가 만들어지고, 시신은 백병원에서 명동성당 문화관 영안실로 옮겨졌다. 5일장으로 거행된 조성만 열사의 장례식에는 30만 인파가 모여 그의 죽음을 추모했으며, 장례 대열이 시청 앞을 지날 무렵에는 햇무리가 나타났다.

조성만의 죽음 이후 통일운동이 본격적으로 벌어져 문익환 목사, 임수경 전대협 대표의 방북 등으로 이어졌으며, 드디어 2000년 남북 정상의 6.15 공동성명과 2007년 10.4 공동선언 등으로 조금씩이나마 결실을 맺어가기 시작했다.

인물열전 · 심산의 딸 김귀정 열사

김귀정 열사는 1966년 서울 왕십리에서 아버지 김복배와 어머니 김종분의 1남 2녀 중 차녀로 태어났다. 당시 집안 형편은 무척 어려웠다. 부친의 순탄치 못했던 사회생활 때문에 어머니의 노점 수입이 가족의 생계를 좌우했을 정도였다.

하지만 이처럼 어려웠던 가정환경에도 불구하고, 가족들의 회고에 의하면 열사의 유년시절은 구김살이 없었다. 어머니의 노점 행상은 열사가 무학여고를 졸업하고 그해 한국외대 용인캠퍼스 불문과에 입학하기까지 계속되었고, 부친은 잦은 사업 실패로 집에서

김귀정 열사

쉬는 날이 많았다. 결국 학교를 중도에 그만두고 2년여 동안 자동차 정비소에 사무직으로 취직하여 받은 월급과 식당 아르바이트로 가사를 도왔다. 그러면서도 열사는 이듬해 경희대학교에 원서를 제출하고 다시 대학시험을 보았지만 낙방하였고, 다시 도전하여 성균관대 불문과에 합격하였다.

하지만 문과대 불문과에 원서를 내지 않고 야간대학교 불문과에 원서를 냈다. 낮에는 아르바이트를 하면서 어려운 생계에 힘을 보태고 저녁엔 면학의 꿈을 불태우려 했던 것이다. 성균관대학교에 입학하고서도 열사의 생활은 별로 변한 것이 없었다. 그 당시의 생활을 열사는 다음과 같이 일기에 썼다.

몸이 열 개라도 도저히 따라갈 수 없는 대학생활과 아르바이트 생활의 연속 / 공부를 하기 위해 대학을 들어왔는데 그 대학을 다니기 위해서 나는 공부를 제쳐두고 돈을 벌러 다닌다.

그렇게 어렵고 바쁜 대학생활 때문인지, 열사는 자신의 주위에 투쟁하고 있는 선배와 동기들에게 미안한 마음을 가지면서도, 그들을 옆에서 지켜봐주며 도와주는 것이 자신이 할 수 있는 최선이라 생각했다.

오늘 교투가 있었다. 내일 당장 두 과목의 시험이 있고, 그것보다도 더욱 용기가 없었기 때문에 나는 나서질 못했다. …… 불의에 항거하며 자신들의 모든 것까지 버려가며 싸우는 사람들을 위해 기도해 주고 그들 옆에서 작은 힘이 될 수 있도록 노력하는 내가 되고 싶다.

그러나 이즈음 열사의 생각에 큰 변화를 주는 일이 일어난다. 그 당시 학생운동을 하다가 수배자가 된 고등학교 친구를 만나게 된 것이다. 물론 다른 대학에 다녔다. 그 친구의 운동에 대한 신념과 낙관은 생활에 찌들어 있는 열사에게 '지성인이란 무엇인가'에 대한 신선한 충격을 주었다.

열사는 바쁜 생활과 어려운 가정환경 때문이긴 하지만, 도피해 사는 자신의 모습과 대비되는, 민중과 조국의 어려운 현실에 정면으로 맞서는 청년의 얼굴을 어릴 적 친구로부터 발견해 내고, 자신의 모습에 대한 반성을 하기 시작한다. 이렇게 열사는 조금씩 보통 여대생의 얼굴에서 이 땅의 현실을 고민하고 투쟁하는 실천가의 얼굴로 변해 갔다. 열사로부터 청년 운동가의 얼굴을 발견할 수 있는 곳은 대학생활 시절 가장 정열적이고 헌신적인 생활공간이던 '심산연구회'였다.

열사는 남 앞에 나서거나 학습에서 뛰어나거나 하지는 않았다. 그러나 학습 준비에 있어서나 생활에서는 적극적인 모습을 보였다고 동아리 선배들은 말한다. 언제나 묵묵히 생활을 챙기고, 동기들을 챙기는 심산연구회의 살림꾼이었다. 연구회의 회장이 되면서 더욱 책임감을 가지고 자신의 삶의 자세와 운동에 대해서 고민했다.

이러던 중 89년에 아버지가 돌아가시고 더욱 생활에 어려움을 겪게 되었지만 열사의 생활과 투쟁에는 변함이 없었다. '공부하러 대학에 왔는데 대학 다니러 돈을 벌어야 하는' 현실에 더욱 분노하였고, '그 시간에 후배들 더 만나고 투쟁을 더 했으면……' 하고 아쉬워했다. 또한 '생활이 곧 운동이요 투쟁이 될 수 있도록 끊임없이 자신 속의 적들을 하나씩 깨뜨려 나간다면'이라고 생활 속에서 운동과 삶을 고민하였다. 열사가 동아리연합회 부회장으로 출마하였다가 낙선한 후 다시 한 번 '심산연구회'라는 공간에서 활동을 펼쳐 나갈 무렵에는 이미 스스로 운동하는 사람의 삶에 대한 생각이 굳건히 서게 되었다.

운동은 논리가 아니다. 논리는 변할 수 있는 것. 운동이 논리라면, 그 논리가 잘못된 것이다. 언젠가 생각한다면 그 사람의 삶은 180도 변하게 될 것이다. 그러나 운동은 변하지 않는 신념이다. 나에게 중요한 것은 논리적으로 타당한 무엇을 '선택'하는 문제가 아니라 끝까지 운동적 삶을 살아가느냐의 문제다.

그리고 끝까지 실천하고 투쟁하는 삶을 살기 위해 스스로를 강제하고 단련하였다. 그러나 심산의 딸은 결국 1991년 5월 25일, 국가 폭력에 의해 지고 말았다. 열사는 강경대 열사 후 12명의 희생자 중 마지막 희생자이기도 했다.

1991년 5월 25일 오후 5시, 퇴계로의 대한극장 앞. 긴 호루라기 소리와 동시에 "살인정권 폭력정권, 노태우 정권 타도하자!"라는 구호가 울려 퍼졌다. 순간 대한극장 앞 퇴계로는 순식간에 모여든 약 1만여 명의 시위대로 가득 메워졌다.

바로 이날 오후 2시 대학로에서 진행되기로 한 "폭력살인·민생 파탄 노태우 정권 퇴진을 위한 제3차 국민대회"가 공권력의 원천봉쇄로 인해 계획대로 진행되지 못하자, 삼선교에서 1차 시위를 마치고, 서울시내의 각 지역에서 산발적으로 투쟁이 벌어진 것이다. 오후 5시경 퇴계로에서도 시위가 시작됐다. 비는 내리고, 3만여 명의 시위대와 1,800여 명의 경찰이 뒤섞여 퇴계로 일대는 말 그대로 아수라장이었다. 전경과 백골단은 최루가스를 내뿜는 페퍼포그 차량을 앞세워 시위대를 해산, 아니 '공격'하기 시작했다.

불과 25분 동안에 당시 경찰발표에 따른 숫자로도 무려 1,500여 발의 최루탄을 난사하며 시위대를 압박하였으니 공격이라는 표현이 어울렸다. 그날은 비가 내리고 역풍이 불어 효과가 낮았으므로 전경과 백골단은 최루탄을 다량, 근접, 직격 발사하였다. 순식간에 퇴계로 일대는 아수라장이 되었고, 포위된 시위대는 주위의 작은 골목골목으로 피하기 시작하였다. 후미에 위치하고 있던 시위대 중의 일부는 경찰의 공격이 시작되자 물랑루즈 앞의 골목으로 빠져나가려 하였다. 그러나 폭 1.5미터의 골목에 순식간에 200여 명이 몰려들자, 넘어지고 쓰러지면서 아수라장이 벌어졌다. 추격해 들어온 전경과 백골단은 이에 아랑곳하지 않고 골목에 모여 있는 시위대를 U자형으로 포위하고 진압하였다.

경찰의 진압이 어느 정도 끝나갈 즈음 골목길에는 주인 잃은 신발과 안경 등 시위대의 소지품이 하얀 최루탄가루를 뒤집어쓴 채 나뒹굴었다. 김귀정이 그곳에 쓰러져 있었다. 그녀를 발견한 학생들은 「한겨레신문」 취재차의 도움을 받아 백병원으로 이송했다. 김귀정은 몇몇 부위의 피멍과 상처 외에 별다른 외상은 없었지만 영원히 깨어나지 못했다. 시신을 1차 검안한 백병원 측은 "특별한 외상이 없어 압박에 의한 질식사로 보이나 정확한 사인은 부검을 해야 알 수 있을 것"이라고 밝혔다.

그리고 집회와 시위에 지친 몸을 끌고 물러났던 청년심산들은 그날 세 번째 시위장소인 청량리 오스카 극장 앞에서, 혹은 학교에서 비보를 들었다.

"성대 불문과 4학년 김귀정 사망"

강경대 열사가 간 지 한 달밖에 안 되었고, 박창수 열사의 시신을 강제로 탈취해서 부검했던 것처럼 열사의 시신을 탈취할 우려가 컸다.

"가자 백병원으로! 누이를 지켜야 한다."

그렇게 청년심산들은 백병원으로 달려가기 시작했다. 그러나 살인을 저지른 공권력은 이미 약 5,000여 명의 병력을 백병원 주위에 배치하고, 봉쇄는 물론이고 셔터를 부수는 등 시신탈취를 위해 압박해 들어오고 있었다. 그러나 다행히 백병원에는 누이의 죽음을 듣고 먼저 달려와 있던 300여 명의 사수대가 있었기에 막아낼 수 있었다. 백병원에 진입하지 못한 청년심산들은 인근 동국대로 집결하였다.

5월 26일 새벽 2시 30분경, 지도부의 결정이 내려지자 곧 어깨를 걸고 「동지가」를 부르면서 새벽 공기를 가르며 백병원으로 뛰기 시작하였다. 다행히 전경들은 차 안에서 자고 있어 별다른 충돌 없이 백병원 진입에 성공하였다. 이렇게 15일간 벌어진 청년심산의 백병원 투쟁이 시작되었다.

중앙대자보판 앞에 분향소가 설치되고, 열사를 죽인 정권에 대한 청년심산들의 분노가 넘쳐나기 시작하였다. 모든 청년심산은 한마음으로 모든 수업과 시험을 멈추고 학년총회·과총회를 진행하였고, 도서관에서 공부하던 학생들은 책을 덮고 금잔디 광장으로 모여들었다.

성균관은 열사의 죽음을 슬퍼하고, 그 투쟁을 모든 청년심산이 함께 진행하기 위한 공동체로 변하였다. 교수협의회에서는 이 시기에 진행 예정이던 모든 수업과 시험을 연기하기로 결의하였으며, 청년심산은 등교와 동시에 과별·학년별 토론을 진행하고, 누이의 죽음을 서울시민에게 알리기 위한 선전전과 백병원 사수투쟁을 결의하였다.

이러한 결의들을 모아 27일 오후, 금잔디 광장에는 2천5백여 명이. 수원 율전동에서는 1천5백여 명이 모여 결의대회를 진행하였다.

이후 2주 동안 수많은 투쟁이 벌어졌다. 8천여 명이 모인 범성균인 결의대회는 조직적 집회 후 백병원까지 평화행진을 했고, 백병원 옆 4차선 도로에서 시민들의 참여 속에 2만여 명이 규탄집회를 가졌으며, 두 차례에 걸친 병원 난입 시도를 저지했다. 거의 매일 가두 선전전이 벌어졌다. 그러나 외대에서 정원식 총리의 계란 투척 사건이 일어나면서 학생운동권에 대한 여론이 악화되었다. 결국 어머님의 결정으로 부검이 이루어졌지만 이렇다 할 결론은 나오지 않았다. 8차에 걸친 국민대회를 마친 성균인들은 더 이상의 투쟁보다는 열사를 아름답게 보내야 한다는 결론에 이르렀고 12일이 장례일로 결정되었다. 그런데 보름간의 투쟁은 마지막 고비를 남겨두고 있었다. 바로 열사의 시신을 교정에 진입시킬 수 있느냐의 문제였다.

10일 오후 '사단법인 성균관'은 열사의 시신을 성대 안에 옮겨올 수 없다면서 긴급 대책 회의를 열었다. 결국 성균관에서는 "성균관에는 공자와 최치원, 정몽주, 이퇴계 선생 등 성현 39분의 위패가 모셔져 있어 성균관 창립 이래 6백년간 한 번도 시신이 들어온 적이 없다"며 "성균관대의 창립자인 김창숙 선생, 성균관장 재직 때 사망한 이재서 선생의 장례식 때도 영정만 학교 안으로 들어와 영결식을 치른 전례를 학생들도 지켜 달라"고 답했다.

성균관측은 또 "학생들이 시신을 성균관대 안으로 들여올 경우, 전국 2백32개 향교와 2백57개 유림회지부의 1만여 유림을 동원, 실력으로 저지하겠다"고 밝혔다 한편 대책위는 10일 오후 장을병 총장에게 이 문제에 대한 협조를 요청했으나, 장 총장은 "성균관대의 모체인 성균관의 6백년 전통을 깨는 총장이 될 수 없다"며 장례대책위원회가 성균관과 충돌을 빚으며 시신을 성대로 들여올 경우 사표를 낼 수밖에 없다는 입장을 밝혔다.

총학생회도 운구문제로 불행한 일이 벌어져서는 안 된다는 교수들과 도서관에서 공부하고 있던 500여 명의 학우들이 모인 긴급 토론회에서 많은 의견들을 나누었다.

특히 언론에서는 '정원식 총리 계란사건' 이후 또 한 번 학생운동의 도덕성에 치명타를 안겨줄 일이 벌어질 수 있다는 예상을 하면서 이 사건을 매우 관심 있게 다루었다. 그들과 정권은 학생들이 성균관과 폭력적인 몸싸움이라도 벌일 것이라고 판단했으며, 이는 민주화운동 세력을 탄압할 절호의 기회를 줄 것이라고 생각했다.

강주진 성균관이사장 등 성균관 유림 1백여 명은 운구행렬이 오후 5시 10분쯤 교문 앞에 도착하자 교문을 걸어 잠근 뒤 교문 앞에 의자를 놓고 앉아 운구 행렬을 막았다.

결국 학생들의 간청과 긴 협의 끝에 학교측이 "옆문이나 후문을 통해 들어가는 것은 있을 수 있지 않느냐"고 한걸음 양보하는 듯한 반응을 보이자, 오후 6시 40분쯤 정문에서 3백 미터쯤 떨어진 도서관 쪽 옆문을 통해 시신을 학교 안으로 옮겼다.

이렇게 되어 정권과 언론이 그렇게 바라던 불행한 사태는 벌어지지 않았다. 성균인들은 지혜롭고도 예의바른 모습을 보여주었고, 고지식한 유림 어른들까지도 "귀정이가 마지막으로 교정을 볼 수 있게 해주세요"라며 비 오는 날 치마차림으로 무릎을 꿇고 읍소하는 성균인들의 모습에 마음이 움직일 수밖에 없었다.

금잔디 광장에 모인 1만 6천여 명의 학우들과 영결식을 가지고 대학로-종로5가~종로3가를 거쳐 탑골공원 앞에서 1차 노제를 치렀다. 원래 백병원 앞에서 노제를 치르기로 했지만 경찰의 저지로 가지 못하고 장 총장을 비롯한 각계각층 어른들의 노력으로 백병원 대신 탑골공원 앞에서 노제를 치른 것이다. 그날 모든 이들이 슬프고 안타까웠지만 가장 슬픈 사람은 역시 열사의 어머니였다. 어머니는 귀정이의 마지막 가는 길에 오열을 터트렸다.

탑골공원 앞 노제를 치른 후 다시 대한극장 앞에서 2차 노제가 치러졌다. 경찰 추산으로도 4만여 명의 시민들이 열사의 마지막 길에 함께했다. 대한극장 앞 두 번째 노제를 마치고 운구행렬은 그녀의 모교인 무학여고를 거쳐 수많은 민주열사들이 묻혀 있는 모란공원으로 향했다. 현재 열사의 무덤은 이천에 새로 조성된 이천민주화공원으로 이장되었다. 열사의 추모비는 명륜캠퍼스 심산동산 바로 아래에 있다.

📍명동성당

명동성당은 프랑스 신부들에 의해 건립되었는데, 천주교 박해라는 악연 때문에 조·불 통상조약은 일본, 미국, 영국보다 상당히 늦은 1886년에 조인되었다. 가톨릭은 순교자들이 희생된 곳에 성당을 짓는 전통이 있는데, 조선도 예외가 아니었다. 이곳은 조선시대에

1987년 6월 10일 명동성당 농성투쟁이 진행되는 동안 매일 저녁 집회가 열렸다. 이 집회는 민주주의를 공부하는 교실이자 군사독재를 규탄하는 성토장이었다.

'명례방'이라 했는데, 한국 천주교 최초의 순교자 김범우 토마스의 집이 있었고, 한국에서 처음 천주교 전례가 거행된 장소였다.

프랑스 신부들은 먼저 명동성당 사제관을 1890년에 준공했다. 명동성당은 사제관 준공 2년 뒤인 1892년 8월 5일 착공하여 1898년 5월 29일에야 준공했다. 조선정부는 궁전과 역대 왕들의 어전을 모시는 영희전을 굽어본다는 이유로 명동성당 건축을 반대했지만 결국 약화되는 조선정부의 힘으로는 막지 못하였다.

명동성당은 준공 이후, 그 규모와 언덕 위에 있는 위치 때문에 서울의 대표적인 근대건축물로 자리 잡았지만, 1909년 12월 22일 성당 입구에서 벌어진 이재명 열사의 이완용 공격을 제외하고는 독립운동이나 민주화운동의 공간으로서는 별다른 역할을 하지 못했다.

그러나 김수환 스테파노 마산교구장이 1968년 4월 서울대교구장이 되고, 다음해 3월 28일 한국 최초의 추기경에 서임되면서 상황은 완전히 달라졌다.

김수환 추기경은 1971년 성탄 자정미사 강론에서 유신체제를 비판하였고, 1974년에 일어난 지학순 주교의 구속과 양심선언 발표, 정의구현전국사제단의 탄생이 명동성당과 바로 붙어 있는 성모병원과 샤르트르 수녀원에서 일어났다.

1976년에는 이 성당에서 김대중, 윤보선, 문익환 등이 앞장선 3.1 민주구국선언이 발표되었다. 이 선언의 내용은 "민주주의는 대한민국의 국시이고, 승공의 길이며, 민족통일의 첩경은 민주역량을 기르는 일이며, 3.1 운동과 4.19 때 쳐들었던 아시아의 횃불을 다시 쳐드는 일이다" 정도의 내용이었지만, 정적 김대중이 서명했다는 소식에 대노한 박정희가 김대중과 문익환을 비롯한 11명을 구속하면서 사태가 확대되었다.

이 사건은 해외에서도 큰 주목을 받으면서, 유신체제의 위상과 입지에 적지 않은 타격을 주었다.

이와는 별개로 3.1 혁명은 70년대에 민주화운동 세력에 의해 다시 소환되었고, 1977년과 1978년에도 선언문이 발표되었다. 이와 대조적으로 박정희 정권은 3.1 기념식을 계속 축소했고, 결국 유신체제 이후에는 실내 행사로 격하시켰다.

1980년대에 들어서 명동성당은 5월이면 광주항쟁 추모 미사가 열리는 등 민주화운동의 중심이자 상징이 되었다. 1987년 1월 14일에 박종철 열사 고문치사사건이 일어난 이후, 1월 26일 저녁 명동성당에서 '박종철 군 추도 및 고문 근절을 위한 인권회복 미사'가 거행되면서부터 명동성당은 87년 6월 항쟁의 중심지로서 부상하고 있었는데, 그 절정은 5월 18일 사제단의 '박종철 군 고문치사사건의 진상이 조작되었다'라는 성명서 발표였다. 그 경과는 아래와 같다.

1987년 1월 18일, 영등포교도소 격리사동에 갇혀 있던 이부영은 간밤에 들어온 두 명이 박종철 고문치사사건과 관련된 치안본부 대공수사단 경찰관이라는 얘기를 들었다. 이부영은 당시 0.72평짜리 작은 방에 수감되어 있었는데, 이들 고문 경찰관은 멀찌감치 떨어진 4평이 넘는 큰 방에 따로따로 수감되었다. 그들 방 옆에는 별도의 교도관이 배치되어 특별감시를 했다.

그런데 교도관을 통해 이상한 소문이 들려오기 시작했다. 그들은 가족들이 면회 왔을 때 억울하다는 말을 했으며, 특히 강진규 경사는 시멘트 바닥에 엎드려 엉엉 울면서 칠순의 아버지에게 불효 자식을 용서하라고 하소연했다는 것이다. 그리고는 이내 그들의 가족 면회가 금지되었으며, 곧이어 대공수사단의 간부진들이 찾아와 그들 사이에 언쟁이 벌어지고 회유와 협박이 있었다는 얘기가 속속 전해져 왔다. 내용인즉, 이들 두 사람 말고도 고문 경찰관이 세 명이 더 있으며, 조직의 보호를 위해 두 사람만이 희생양이 되어 '고문살인 경관'이라는 오명을 쓰고 감옥에 들어왔다는 것이었다.

대공수사단 간부들은 두 경찰관에게 '일 년만 참아라', '곧 꺼내주겠다', '가족의 생계를 돌봐주겠다', '입을 다물고 있으면 이 통장을 넘겨주겠다'면서 1억 원짜리 은행통장을 보여주고 회유했으며, 또한 침묵하지 않으면 밖에 나와서 제대로 살 수 없다고 협박했다는 것이다. 이부영은 기자 출신답게 감옥 안에서 나름대로 취재한 박종철 고문치사사건의 축소, 조작의 상세한 전모를 세 차례에 걸쳐 정리하여 그와 오래 전부터 알고 지내던 교도관 한재동을 통해 전병용에게 전달했다. 5.3 인천시위로 수배 중이었던 장기표를 숨겨주었다는 이유로 수배 중이었던 전병용은 상당한 시일이 걸려 다시 최종 수신자인 김정남에게 편지 3통을 전달했다. 전병용은 김정남에게 편지를 전달한 이틀 후 경찰에 체포되었다. 하늘이 도운 것이다. 역시 수배 중이었던 김정남은 편지 3통과 박종철에 대한 신문 기사 스크랩을 참조하여 문건을 만들었다.

이 엄청난 사실을 어떻게 국민들에게 알릴 것인가를 두고 김정남은 처음에 임시국회에서 야당의원의 본회의 대정부 질의를 통해 공개하는 방법을 타진했지만, 질의자로 선정된 야당의원들은 자신을 시험에 들지 않게 해달라고 거꾸로 사정해 왔다. 5.18이 다가오고 있었다. 마지막 남은 방법은 사제단을 통해 발표하는 길이었다. 그때 김정남은 고영구 변호사 집에 피신 중이었는데 독실한 가톨릭 신자였던 고 변호사 부인과 딸을 통해 편지를 함세웅 신부에게 전했다. 고영구 변호사 부인과 딸을 통해 김정남과 사제단 사이에 여러 차례 편지가 오고 갔다. 김수환 추기경도 발표에 신중을 기할 것을 사제단에 당부하였다.

사제, 수녀님들의 보호 속에서 명동성당은 시위대의 성지가 되어갔다.(출처: 박용수 사진집, 『민중의 길』)

고심 끝에 5월 18일 사제단은 '5.18 광주민주항쟁 7주기 미사'를 봉헌하는 자리에서 '박종철 군 고문치사사건의 진상이 조작되었다'는 성명을 발표하기로 최종적으로 결정했다. 발표는 김승훈 신부가 맡았다. 여담이지만 영화 「1987」은 사상 첫 번째로 명동성당 내부 촬영이 허용된 첫 상업영화이기도 하다.

사제단 발표가 있고 나서 3일째 되던 5월 21일 오후 6시, 검찰은 기자회견을 통하여 범인 3명이 더 있다는 사실을 인정했다. 그리고 5월 29일에는 사건의 축소, 조작을 주도한 대공수사 2단 단장 박처원, 5과장 유정방, 5과 2계장 박원택을 범인 도피죄로 구속 수감했다.

5월 23일 '박종철 군 국민추도위원회'는 '박종철 군 고문살인 은폐조작 규탄 범국민대회 준비위원회'로 확대 발족하고, 6월 10일에 범국민 규탄대회를 갖기로 하였다. 드디어 6.10 민주항쟁의 서막이 열린 것이다.

전국 24개 지역 50여만 명의 분노한 시민들은 5만여 경찰의 원천봉쇄에도 불구하고 민주헌법쟁취국민운동본부가 주최한 '박종철 군 고문치사 조작은폐규탄 및 호헌철폐 6.10 국민대회'에 대거 참여하여 대규모 가두규탄대회를 개최했다.

오후 10시경 경찰이 명동 일대의 교통을 전면 차단하자 근처 퇴계로, 을지로, 종로 일대에서 경찰과 접전을 벌이던 시위대 일부가 자정에는 명동성당 안으로 몰려 들어왔고, 먼저 들어온 학생·시민들과 합류하여 명동성당 안의 시위대 수가 한때 1천여 명을 넘기도 했다.

이렇게 명동성당으로 모인 시위대는 "투쟁열기를 명동으로 한정지을 것이 아니라 밖으로 나가 국민과 함께할 방법을 찾자"는 즉각 해산론과 "6.10 국민대회의 열기를 지속하기 위해 투쟁본부로서 명동성당을 거점화해야 한다"는 계속 투쟁론이 팽팽하게 맞섰다. 이에 임시집행부는 격렬한 내부 논의를 거쳐 농성의 해산이든 지속투쟁이든 일단 6월 12일 정오까지는 농성을 계속한다는 데에 잠정 합의했다. 이렇게 우연치 않게 명동성당에 모이게 된 농성시위대는 자연스럽게 의도하지 않은 철야농성을 감행하게 되었다. 그 누구도 그 위대한 6.10 항쟁의 서막이 전개될 역사의 현장이 될 줄 꿈에도 몰랐다.

6.10 대회 다음날부터 신문은 "명동성당 천여 명 이틀째 시위"(동아일보) 등처럼 명동성당 농성을 대대적으로 보도하기 시작

했다. 6.10 대회의 열기가 식지 않고 더 뜨거워지는 중심지로서 명동성당이 급격하게 부각되기 시작한 것이다.

시민들은 담벼락 위로, 혹은 계성여고를 통해 음식물과 속옷, 현금 등을 시위대에 전달하였다. 5월 광주의 아름다운 공동체가 서울 한복판에서 재현된 것이다. 6일 농성이 명동성당에서 진행되면서 명동성당은 모든 뉴스의 초점이 되었다. 명동성당은 자연히 시민들의 눈과 귀가 모아지는 민주화 성지로서의 장소로 확실하게 자리잡게 되었다.

이에 감동한 사람들은 수없이 많았지만 가장 큰 영향을 받은 이는 서울대생 조성만 열사였다.

인물열전　　　명동의 꽃 조성만 열사

1964년 12월 13일(음력) 전북 김제군 용지면 용암리 모산마을에서 조찬배, 김복성의 4남 중 둘째로 태어났다.

전주 해성고에 입학한 해에 5.18 광주민중항쟁을 겪으며 사회적 자아를 만났고, 고교 시절 중앙성당에서 만난 문정현 신부의 삶에서 큰 영향을 받았다. 이때 가슴에 품은 신부의 꿈은 죽는 날까지 변하지 않았다. 그의 인생은 사제의 길을 향한 '순례자'의 삶이기도 했는데, 신앙에 대한 깊은 고민 끝에 가톨릭 사제가 되고자 했지만 집안의 반대로 재수 끝에 일단 서울대 화학과에 입학했다.

입학한 이후 서울대 자연과학대 이념서클에 가입하면서 학생운동에 발을 딛게 되었다. 그렇지만 사제의 길을 원하던 열사는 휴학을 했고, 끈질기게 부모님을 설득하여 서울대 졸업 이후 신학교에 입학해도 좋다는 부모님의 허락을 얻었다.

학생운동을 하면서 치열한 토론, 뒤풀이로 갖는 술자리, 가두 투쟁 등 이 모든 일상들 속에서 그는 온화하고 어머니 같은 역할을 하던 동료로 친구들은 기억하고 있다. 이 시기 열사는 명동성당의 '가톨릭민속연구회'라는 단체 활동을 함께하면서 가톨릭 청년운동을 병행했다.

2학년으로 올라가던 해인 1985년 초 영장이 나와 논산훈련소에서의 훈련을 마치고 의정부 한미연합사에 배치되었다. 이 군 생활에서 열사는 이 땅의 민주화와 통일에 과연 미국은 어떤 존재인가를 깊이 고민했다. 군 생활을 하던 1986년 5월, 대학생 전방부대 입소 군사훈련을 거부하던 서울대 학생들의 시위 도중 김세진·이재호 두 학생이 분신하는 사건이 일어났다. 이 두 학생 중 김세진은 바로 열사가 학생운동의 첫 발을 내디뎠던 이념서클의 1년 선배였다. 김세진의 죽음은 군 생활을 하던 열사에게 한반도에서 우리 민족을 위한 삶이란 어떤 것인가 하는 존재론적 고민을 던졌다.

1987년 5월 제대한 열사는 곧바로 87년 6월 항쟁이라는 거대한 민주화의 소용돌이를 맞이하였다. 온 국민의 민주화 투쟁으로 쟁취한 직선제 대통령 선거가 그해 12월 실시되면서 열사는 관악구 공정선거 감시활동을 하였으며, 대통령 선거에서 각종 부정에 항의하는 구로구청 농성 사건으로 구류에 처해졌다.

이 사건 이후 열사는 부쩍 나약한 지식인의 모습에 대해 반성하는 언행을 많이 했지만, 그 누구도 이러한 반성에서 열사의 죽음을 떠올리지 못했다. 1988년이 되자, 서울대학교 총학생회 선거에서 한 후보 진영이 '남북학생회담'을 공약으로 걸고 통일운동의 불을 당겼다. 그러나 통일에 대한 고민은 아직 학생운동 내에서의 일이었다. 바로 이러한 점이 열사에게 자신의 삶을 온전히 우리 민족의 제단에 바칠 것을 결심하게 만든 것인지도 모른다. 88년 5월, 서울대 오월제에 친구들을 초대했던 열사는 김세진 열사의 추모비를 지나면서, "올해 5월도 그냥 행사처럼 지나가 버리지 않을지. 누군가 또 죽어야만 광주의 원혼들을 조금이라도 달랠 수 있는 상황이 만들어질까?" 하는 말을 했다고 한다. 나중에서야 알려진 것이지만 이전 열사의 일기와 편지 등에서는 '의로운 죽음'을 묵상한 대목들이 많이 눈에 띄었다.

1988년 5월 14일은 명동성당 청년단체연합회 주최인 오월제 행사 개막 전날이었다. 밤늦게까지 행사 준비를 하고 나서 동료들과 술자리를 갖던 열사는 만나는 사람마다 손을 내밀어 악수를 청했고, 함께 자취하던 후배가 술에 취하자 업고 자취방까지 올라간 후, 그 후배가 잠든 사이 유서를 썼다. 다음 날인 5월 15일 아침. 후배에게 밖에서 기다려 달라고 한 후, 후배가 나가자 새 옷으로 갈아입고 나와 후배와 함께 명동성당으로 향했다.

성당으로 가던 지하철에서 「한겨레신문」 창간호를 받아 들고 감개무량해 하던 열사는 성당에 도착하자 후배를 먼저 성당으로 올라가라고 하고 자신은 가톨릭회관으로 들어가 유서를 복사하였다. 그리고 명동성당에서 모든 회원들이 오월제 개막식을 위한 출정식

할복 투신을 앞둔 시각, 성모 동산에서 정의채 신부의
말씀을 들으며 환하게 웃고 있다

교육관 옥상 위에서 몸을 투신하는 조성만. 뒤로 최효성의 모습이
보인다. 현장에 있던 서강대 학보사 기자 최순호가 찍은 것

조성만 열사

을 갖던 도중, 회원들의 눈앞에는 성당 교육관 건물 옥상에서 하얀
농민복을 입고 선 열사의 모습이 나타났다. 열사는 성당 벗들의 모
습을 마지막으로 바라본 후 할복 투신했다. 스물넷 짧은 삶이었다.
"한반도 통일, 미군 철수, 군사정권 반대, 올림픽 남북 공동 개최"
등을 외치며 투신 전에 뿌린 유서는 80년대 청년들의 심금을 울
렸다.

그가 온몸을 던진 자리에는 명동성당과 가톨릭 주교단의 거부로
작은 표지석 하나 남아 있지 않다.

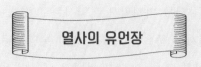

성부와 성자와 성신의 이름으로 아멘.

척박한 땅 한반도에서 태어나 인간을 사랑하고자 했던 한 인간이 조국 통일을 염원하며 이 글을 드립니다.

…(중략)…

이루 헤아릴 수 없는 무수한 문제를 쌓아 놓고 있는 현실 속에서 지금 이 순간에도 무수한 우리의 형제들이 고통받고 있다는 현실은 차분히 삶을 살고자 하는 인간에게 더 이상의 자책만을 계속하게 할 수는 없었으며, 기성세대에 대한 처절한 반항과, 우리 후손에게 자랑스러운 조국을 남겨 주어야 한다는 의무감을 깊이 간직하게 했습니다.

지금 이 순간에도 떠오르는 아버님, 어머님 얼굴, 차마 떠날 수 없는 길을 떠나고자 하는 순간에 척박한 팔레스티나에 목수의 아들로 태어난 한 인간이 고행 전에 느낀 마음을 알 것 같습니다.

- 분단조국 44년

이런 내용의 유서를 마지막으로 열사는 그렇게 우리 곁을 떠나 갔다. 그러나 열사의 죽음은 이후 거대한 통일운동의 물결로 되살 아나, 89년 문익환 목사, 임수경 전대협 대표의 방북으로 분단의 장벽을 일부나마 허물었고, 2000년의 6.15 남북공동선언을 낳았던 것이다.

📍 옛 성모병원(현 가톨릭회관)

전태일 열사가 숨을 거둔 명동 성모병원은 1961년 12월 1일 완공 되었다. 당시 기준으로는 아주 현대적인 양식이어서 명동성당과의 조화가 염려되었지만, 60년이 지난 지금에는 이 건물도 고전이 되 어서 명동성당과 잘 조화를 이루고 있다. 1970년 11월 13일, 전태 일 열사가 이곳에서 숨을 거두었다. 1986년 7월 12일 여의도 병원 이 완공되면서 이전하여, 옛 병원 건물은 가톨릭 관계 단체들이 입 주하는 가톨릭회관으로 변경되었다. 6월 항쟁 때 고문치사사건 축 소은폐를 폭로하여 항쟁 승리에 결정적인 역할을 한 정의구현사제 단의 사무실도 당시 이곳에 있었다.

인물
열전　　　　영원한 노동자의 벗 전태일 열사

전태일은 지금의 대구광역시 중구 남산동의 가난한 노동자의 맏아 들로 태어났으며, 재봉사였던 아버지 전상수가 사기를 당하는 바람에 1954년 서울로 올라와서 생활전선에 뛰어들었다. 초등학교와 고등공민학교를 자퇴하는 등 정규교육을 거의 받지 못하고, 거리에서 삼발이를 만들어서 파는 각종 행상을 하며 생계를 이어가는 불우한 유년기를 보냈다.

1965년 아버지에게 배운 재봉 기술로 서울 청계천 평화시장의 피복점 보조로 취업해 14시간 노동을 하며 당시 차 한 잔 값이던 50원을 일당으로 받았다. 이듬해 직장을 미싱사로 옮겨 재봉사로 일하며 어린 여공들이 적은 월급과 열악한 환경, 과중한 노동에 시달리는 것을 보며 노동운동에 관심을 가지기 시작했고, 특히 함께 일하던 한 여공이 가혹한 노동환경으로 인한 직업병인 폐렴으로 강제 해고되는 옳지 못한 일을 보고 충격을 받았다. 그러나 자신도 여공을 도왔다는 이유로 밉보여서 해고된다. 이후 재단보조로 취직하여 재단사가 사장과의 갈등으로 해고당한 뒤 새로 재단사 자리에 올랐다.

1968년에 우연히 노동자의 인권을 보호하는 법인 근로기준법의 존재를 알게 되었다. 그 뒤 해설서를 구입해 그 내용을 공부하면서 법에 규정되어 있는 최소한의 근로조건조차 지켜지지 않는 현실에 의로운 분노를 느끼고, 1969년 6월 평화시장 최초의 노동운동 조직인 바보회를 창립하였다. 그리고 평화시장 노동자들에게 근로기준법의 내용과 현재 근로조건의 부당성을 알리기 시작하고, 설문을 통해 현재의 근로실태를 조사하였다. 그러나 이조차도 자본가들의 탄압으로 실패로 끝나고, 더 이상 평화시장에서 일할 수 없게 된 전태일은 한동안 공사장에서 막노동을 하며 지냈다.

1970년 9월 평화시장으로 돌아온 전태일은 재봉사보다 지위가 높은 재단사로 일하며 이전의 바보회를 발전시킨 삼동친목회를 조직하였다. 그 뒤 다시 노동실태 조사 설문지를 돌려 126장의 설문지와 90명의 서명을 받아 노동청에 진정서를 제출하였다. 이 내용이 경향신문에 실려 주목을 받자, 전태일 등 삼동회 회원들은 본격적으로 임금, 노동시간, 노동환경의 개선과 노동조합 결성 등을 위해 사업주 대표들과 협의를 벌였으나, 이를 무마하려는 정부의 약속 위반으로 인해 번번이 무위로 돌아갔다. 자본가들도 삼동회는 사회주의 조직이라고 헐뜯음으로써 노동자들이 노동운동에 참여하지 못하도록 방해하였다.

이에 따라 전태일과 삼동회 회원들은 11월 13일, 근로기준법은 노동자들의 인권을 보호하지 못하는 무능한 법이라고 고발하는 뜻에서 근로기준법 화형식을 하기로 결의하고 플래카드 등을 준비해 평화시장 앞에서 노동환경 개선을 요구하는 시위를 벌였다.

1970년 11월 13일. 낮 1시.

평화시장 일대에는 많은 경찰이 깔려 있었고 경비원들의 숫자도 평소보다 많았다. 500여 명의 노동자들이 모여 있었고, 전태일은 "우리는 기계가 아니다"라고 쓰인 플래카드를 옷 속에 감추고 3층에서 내려왔다.

종이로 만든 플래카드는 저지하려는 자들에 의해 쉽게 찢어졌고, 500여 명의 노동자들은 경비원과 경찰의 몽둥이 앞에 밀려 우왕좌왕하고 있었다. 이때 열사의 몸에 불이 솟아올랐다.

"근로기준법을 준수하라!"

"우리는 기계가 아니다! 일요일은 쉬게 하라!"

"노동자들을 혹사하지 말라!"

그리고 열사는 메디컬 센터로 옮겨져 응급치료를 받았다. 이 소식을 듣고 급히 달려온 어머니 이소선에게 전태일은 "어머니, 내가 못다 이룬 일을 어머니가 대신 이뤄 주세요"라는 말을 남겼다.

그 이상의 치료를 위해 성모병원으로 옮겨졌지만 그곳에서도 열사를 회생시킬 방법은 없었다. 근로감독관이 앰뷸런스에 동승했는데, 그 안에서도 열사는 "죽어서라도 근로기준법이 준수되나 안 되나 지켜볼 것이오"라고 울부짖었다.

저녁이 되자 혼수상태에 빠져들었고, 결국 밤 10시 조금 지나 간호원이 침대를 옮기려는 순간, 그는 고개에 힘을 주려고 하다가 숨이 막혀 운명하였다. 열사는 모란공원에 묻혔고, 이후로 그곳은 수많은 열사들의 안식처가 되었다. 아들의 뒤를 이어 40년이 넘도록 길거리에서 투쟁한 이소선 여사도 이곳에 영면해 있다.[*]

♀ YWCA : YWCA 위장결혼 사건의 무대

1979년 10.26 이후의 사태를 지켜보던 학생과 재야는 최규하 대통

---

[*] 이소선 여사는 1929년 생으로, 1970년 당시 만 41세였다. 이후 정확하게 41년을 투쟁하고, 2011년 9월 세상을 떠났다.

령 권한대행 정부의 유화조치의 본질을 정확하게 꿰뚫고 있었다. 11월 10일 최규하 대통령 권한대행은 "대통령이 궐위된 때에는 통일주체국민회의는 3월 이내에 후임자를 선거한다."는 유신헌법 제45조에 따라 통일주체국민회의에서 대통령을 선출한 이후 민의를 수렴해 개헌을 하겠다는 담화문을 발표했다. 민주화를 기대하고 있던 국민의 기대에 찬물을 끼얹는 내용이었다.

11월 24일 토요일 오후 5시, 명동성당 앞 YWCA 강당에 1천여 명의 결혼식 하객이 모였다. 희고 고운 미남인 홍성엽(연세대 제적생)이 입장했지만 청첩장에 적힌 신부 윤정민은 나타나지 않은 채 3백 석 남짓한 강당과 복도를 가득 메운 하객들은 긴장된 몸짓으로 유인물을 빠르게 손에서 손으로 건네주었다. 이렇게 '통대 대의원에 의한 대통령 보궐선거 저지를 위한 국민대회' 집회는 진행되었다.

김종필, 최규하 등 유신세력 퇴진, 공화당과 유정회, 통대의 해산, 외세개입 거부 등을 선언하는 집회장을 뒤늦게 덮친 계엄사는 현장에서 96명을 체포했다. 한편 집회장을 빠져나간 참가자들은 유신철폐와 거국내각 구성을 외치며 인근 코스모스백화점에서 대기 중이던 민청협의 양관수, 이상익 등과 합류해 무교동까지 진출해 시위를 벌이다가 또 44명이 연행되었다. 계엄사가 이 사건으로 연행한 연행자 140명을 12월 27일까지 한 달간 불법 감금한 상태에서 저지른 고문과 폭력만행은 상상을 초월한 것이었다. 해직교수 김병걸은 고문으로 인해 정신착란을 일으켜 실려 나왔으며, 백기완은 수개월 동안 병원에 입원해야 했다. 신랑 역을 자임한 홍성

엽은 군인들의 처참한 고문에 맞서 체포되지 않은 조성우 등의 동지를 지켜냈다. 그러나 그는 이후 고문 후유증으로 인해 정상적인 사회활동을 하지 못하고 병마로 신음하다가 2005년 52세로 타계했다.(『6월 항쟁을 기록하다』중에서 발췌)

📍 향린교회 : 민주헌법쟁취국민운동본부 결성 장소

1987년 4.13 호헌조치 이후 주요 민주화 인사에 대한 감시·미행·도청은 일상화되어 있고, 수시로 그들을 가택 연금하는 상황에서 조직 작업이 누설되면 조직화는 불가능했다. 다행히 고문공대위 활동과 성공적인 2.7 국민추도회준비위 활동 등으로 각 세력 간에는 효과적인 연계망과 상당한 신뢰가 형성되어 있었다. 보안 유지를 위해 소수의 실무대표들이 은밀히 만나 각 세력 간의 입장을 조율하고, 각자 자신들의 지도부에 그 내용을 보고하여 승인받는 식으로 합의를 이루어 나갔다.

맨 먼저 제기된 쟁점은 조직의 포괄범위 문제였다. 개신교 측은 민주당과는 투쟁과정에서 협력관계를 유지하되 정당인까지 한 조직 틀 안에 포괄하는 것은 통일성의 측면에서나 재야운동의 순수성 유지 차원에서 피하자는 의견이었지만, 민통련은 국민대중의 참여를 실제로 끌어내기 위해서는 야당의 책임 있는 연합전선 참여가 꼭 필요하다는 입장을 가지고 있었다. 이 문제는 모든 민주세력을 실질적으로 망라하자는 가톨릭의 주장이 받아들여져 정치인 참여로 결론이 났다. 다음으로 조직의 명칭 문제와 관련해서는 '위

향린교회

원회'나 '연합'이 아닌 '운동본부'로 하자는 개신교 측 제안에 동의
가 이루어졌다.

　5.18 사제단의 박종철 군 고문치사에 대한 경찰의 은폐조작 폭
로 성명이 전국을 강타한 후인 5월 20일, 15명 내외의 실무대표자
들이 우이동 음식점인 '개나리산장'에 비밀리에 모였다. 여기서 조
직의 명칭은 "호헌철폐 및 민주헌법쟁취국민운동본부"로 합의되
었다. 그리고 발기인대회와 결성대회는 5월 27일과 28일로 합의하
였다. 발기선언문 등 문건 작성과 발기인 명단 취합 등 일체의 준비
사항은 성유보, 황인성, 이명준, 김도현 등 4인의 준비팀에게 위임
했고, 장소 물색과 결정은 개신교 측에 위임했다. 발기인 대회장소
는 오충일 목사가 박종기 신부가 주임인 성공회대성당, 홍근수 목
사가 시무하는 명동의 향린교회, 종로5가에 있는 복음교회를 비밀
리에 알아보고 있었는데, 이 사실은 오충일 목사와 황인성만 알고
있었다. 5월 27일 전경과 형사들이 지키고 있는 상태를 다 파악하
고 나서 오후 7시 오충일 목사와 황인성은 발기인대회 장소로 향린

교회를 최종 낙점했다. 이 시각쯤 발기인대회에 참석할 사람들은 정보기관의 추적을 따돌리고 단체별로 각기 중간 집결지로 모이고 있었다.

놀랍게도 불과 30여 분만에 경찰이 지키고 있는 명동성당 코밑의 향린교회로 전국 2,191명의 발기인을 대표하는 계훈제, 박형규, 김상근, 최형우, 김동영, 양순직 등 150여 명의 각계 인사들이 소리 없이 모여들었다. 발기인대회는 매우 흥분된 분위기 속에서 계훈제 민통련 의장대행의 사회로 진행되었다. 조직의 명칭은 너무 길고 의미가 중복된다며, '호헌철폐'를 빼고 '민주헌법쟁취국민운동본부'로 확정하고, 공동대표, 집행위원 등 임원 선출에 이어 김승훈 신부의 결성선언문 낭독, 만세삼창 순으로 결성대회를 마쳤다. '민주헌법쟁취국민운동본부'의 약칭은 '국본'이었다. 경찰은 발기인들이 모두 모여 기자들에게 발기인대회 개최 사실을 알릴 때까지 모르고 있다가 나중에야 헐레벌떡 쫓아왔다.

이 글은 『6월 항쟁을 기록하다』를 인용하고 정리한 것인데, 국본의 결성문에도 3.1 운동이 등장한다.

우리 국민은 온갖 외세의 침략과 독재적 억압의 현대사 가운데서도 갑오농민전쟁, 3.1 독립운동, 4월 혁명, 부마항쟁, 광주민주항쟁의 빛나는 전통을 이어받아 민족의 자존을 수호하고 민주주의 대동 세상을 건설하기 위한 투쟁을 전개해 왔다.(일부 발췌)

향기로운 이웃이 되자는 의미의 향린교회는 이렇게 역사적 공간이 되었지만, 재개발로 인해 얼마 후에 그 모습이 사라질 것이다. 안타까운 일이 아닐 수 없다.

옛 미문화원

전국적인 학생조직의 건설과 더불어 학생운동 세력은 5월 들어 '광주학살 진상규명 및 책임자 처단투쟁'을 전개하였고, 이 투쟁의 연장선에서 1985년 5월 23일 서울 미문화원 점거농성 사건이 일어났다. 5월 23일 12시 고려대, 서강대, 서울대, 성균관대, 연세대의 삼민투 소속 학생 73명이 일시에 미문화원 2층 도서관을 점거한 것이다. 미문화원을 점거한 학생들은 "우리는 왜 미문화원에 들어가야만 했나"라는 성명서를 발표하면서 광주민중항쟁 당시 미국이 미군 지휘하의 4개 대대를 광주 진압을 목적으로 풀어주어 신군부를 지원한 것에 대한 해명과 공개사과, 그리고 이후 군사독재에 대한 지원을 중단할 것을 주장하는 한편, 워커 주한 미 대사와의 면담을 요구하며 단식농성에 돌입하였다.

농성장에는 미국 측의 '선 농성해제, 후 대화'의 입장과 학생 측의 '공식문서화와 학살동조 책임인정 및 공개사과' 요구가 팽팽히 맞서 있었다.

그러나 학생들은 72시간의 농성 과정에서 "미국 측의 미온적인 태도에 한계가 있음을 인식하고…… 5월 27일에 있을 남북적십자회담을 고려하여 농성을 풀기로 하고…… 농성해제가 문제의 해결이 아닌 보다 효과적인 싸움을 위한 재출발"임을 밝히고 5월 26일

평화적으로 농성을 풀었다. 이후 함운경 등
25명의 학생이 구속되고, 43명 구류, 5명 훈
방으로 이 사건은 마무리되었다.

한편 전두환 정권은 이 사건과 관련하여
전학련과 삼민투를 좌경용공으로 매도하
다가 나중에는 폭력 사대주의로 규정하였
다. 또한 5월 27일에 있을 남북적십자회담
을 겨냥하여 북한을 이롭게 하려는 행위라
는 식으로 국민의식에 깊이 뿌리박힌 반공
이데올로기를 자극하고 위기의식을 조장하

1985년 5월 23일, 미 문화
원 점거농성

여 문제의 확산을 최소화하려고 노력하였다. 이에 비해 미국은 이
사건을 통해 한국에서 가시화된 반미감정을 누그러뜨리는 데 역점
을 두고 광주항쟁에 대한 책임을 전두환 정권에 전가하기에 급급
했다.

당시 학생들은 반미를 좌경용공으로 매도하는 정권의 시도에 대
해 "반미는 아니다"는 수세적 입장을 취했다는 사실에서 보듯이 일
정한 한계점을 드러내기도 하였다. 그러나 이 사건이 언론에 대대
적으로 보도됨으로써 전 국민과 세계 여론의 관심을 크게 끌었으
며, 이로 인해 미국이 한국의 영원한 우방이 아닐 수 있다는 사실을
국민들에게 광범위하게 인식시키는 계기가 되었다. 이로써 이 사
건은 1980년대 반독재 민주화운동사에서 '민족의 자존을 일깨운
중요한 계기'로 기록되었으며, 점거농성이라는 새로운 투쟁 방식
을 유행시키는 시발점이 되었다. 같은 해에만도 새마을운동 중앙

1987년 7월 9일. 일찍이 없었던 서울 중심부의 백만 군중. 이 군중의 숙연한 운집은 살인정권에 대한 중엄한 경고이기도 했다.(출처: 박용수 사진집,『민중의 길』)

본부, 주한 미상공회의소, 가락동 민정당 중앙연수원이 잇따라 점거되었다.

📍 서울시청 광장: 6.18 최루탄 추방대회와 이한열 노제

계획한 것은 아니었지만, 6월 10일 밤부터 6일간의 명동성당 농성은 6월 민주항쟁의 열기를 전국적으로 확대시켰다. 민주헌법쟁취국민운동본부는 6월 18일을 기해 전국 16개 도시 247개 장소에서 일제히 최루탄 추방을 위한 범국민대회를 진행했다.

서울을 비롯하여 전국적으로 150여만 명이 참가한 이날의 대회는 전반적으로 6.10 국민대회에 비해 참여 도시의 수가 조금 줄어든 양상을 보였으나, 6월 15일 이래 확산일로를 치달려 온 부산지역 시민들의 투쟁이 정점에 이름으로써 정국은 극도의 긴장 국면으로 빠져들었다. 그리고 이날을 기점으로 광주지역의 투쟁이 새롭게 확대 전개되기 시작했다.

서울역에서는 6.10 국민대회 때와는 달리 최루탄 추방대회 장소가 종로5가 연동교회로 결정됨으로써 처음에는 시위의 중심 대열이 종로5가~동대문 일대, 명동 일대, 남대문~서울역 일대로 나누어지는 양상을 보였으나, 각 시위대열이 진압경찰과 치열한 공방전을 벌이면서 명동지역을 향한 진출을 시도하면서 저녁 8시경부터는 서울시청과 신세계백화점 주변에서 대규모의 가두시위가 전개되었다.

전국적으로 진행된 이 대회에서 경찰력이 상당히 무력화되었으나 밤이 깊어지고 시위대의 수가 줄어들면서 인천, 대전, 수원 등지에서는 경찰의 무자비한 구타·연행이 벌어지기도 하였다. 이날 시위로 전국 16개 도시에서 총 1,487명이 연행되었고 수십여 명이 중경상을 입었다. 반면 시위대들이 던진 화염병에 의해 파출소 21개소, 경찰 차량 13대가 연소되거나 파손되었다.

📍 성공회 대성당

커다란 십자가를 눕혀놓은 형상의 성공회 대성당은 6.10 민주항쟁의 진원지였다. 하지만 이 성당이 어떻게 건설되었는지 아는 이는 많지 않다. 민주화의 성지인 명동성당은 순수한 고딕 양식으로 서울 시내를 내려다보는 위치에 지어졌다. 성공회 성당은 마치 덕수궁의 일부인 것처럼 눈에 뜨이지는 않지만 조화를 잘 이루고 있다. 자세히 보면 이 성당은 기본적으로 비잔틴-로마네스크 양식임에도 한국적 요소가 많이 가미되어 있는데, 이것은 다 이유가 있다.

성공회는 1890년 9월 조선에 진출했지만, 그들은 처음부터 서울에 성당을 짓지 않고 강화나 음성 같은 농촌에 한옥 성당을 지으면서 선교를 시작했다. 이런 전통으로 인하여 1922년에 착공되어 1926년에 '완공'된 서울 성공회 대성당은 사진에서 보듯이 기와를 사용하는 등 한국적 요소가 들어가 있다. 하지만 완공이라는 단어에 따옴표를 붙인 이유는 건축자재 부족과 이런저런 사정으로 계획했던 300평 중 173평만이 완성되었기 때문이다. 성공회 측은 반세기가 지난 1974년이 되어서야 증축에 착수했고, 영국 버밍엄 박물관이 소장하고 있던 기본 도면을 기적적으로 입수하여 재계획하였는데, 진짜 완공은 1996년 5월에야 이루어졌다. 70년 이상 걸린 건축 기간도 우리나라 근현대 건축에서 정말 드문 일이지만 성공회가 교회의 대형화, 물질화 풍조에서 벗어나 있다는 좋은 증거이기도 하다. 성공회 대학이 조용하게 이 나라의 진보를 위해 일하고 있는 것도 이러한 문화 덕분이지 않을까?

6.10 대회 장소인 성공회 서울대성당 주변에서 경계태세를 갖추고 있는 경찰병력

대성당 뒤의 주교관도 지붕은 기와, 벽은 벽돌인 동서양의 퓨전 양식이라는 것이 흥미롭다. 1987년 6월 10일, 이렇게 저렇게 힘들게 '민주헌법쟁취국민운동본부'(약칭 '국본') 관계자 50여 명이 모인 가운데 대성당과 주교관 사이의 마당에서 '고문살인 은폐규탄 및 호헌철폐 국민대회'가 열렸다. 그중 박형규와 오충일 목사, 김명윤 변호사, 양순직 전 의원 등 20명은 성당 측의 적극적인 협조로 이미 사흘 전 성당 사제관에 도착해 머물면서 6월 10일 6시를 기다리고 있었다. 9일 오전에는 한영애가 민추협 양순직 고문과 함께 역시 수녀원 담장을 넘었다. 당일 오전에는 빈민운동가 제정구, 농민운동가 서경원 등이 박종기 신부가 제공한 성당 차로 보좌신부와 함께 진입에 성공했다. 하지만 김대중, 김영삼, 문익환, 함세웅 등 '거물' 인사들은 경찰의 철저한 '마크'로 성당에 들어올 수 없었다.

태풍의 힘은 무시무시하지만 정작 중심인 태풍의 눈은 조용한 것처럼, 전국을 20여 일간 달구었던 6월 항쟁의 시작을 알린 대회장은 아름다운 녹음 속에 너무나 조용했다. 6시를 알리는 종소리가 정적을 깨뜨렸다. 유시춘과 지선 스님이 종루에 올라 분단 42

년을 끝장내자는 의미로 42번 종을 울렸다. 주위에 비둘기와 새들이 종소리에 놀라 하늘로 날아올랐다. 마치 거사를 전국에 알리듯이…… 많은 성당과 교회에서도 거의 동시에 종을 울리며 호응했고 주위의 거의 모든 차량이 경적을 울렸다. 여담이지만 스님과 여성이 대성당의 종루에 올라가 종을 친 것은 처음이자 마지막이었다고 한다. 그들의 목소리가 울려퍼졌다.

"여러분! 우리는 박종철 고인살인 은폐조작 규탄 및 호헌철폐 범국민대회를 주최하기 위해 모인 민주쟁취국민운동본부입니다. 우리는 민주주의를 갈망하는 온 국민의 이름으로 지금 이 시각 진행되고 있는 민정당의 대통령 후보 지명이 무효임을 선언한다." 한옥 주교관 앞에는 그날의 그 일을 기념하는 표지석이 세워져 있다.

이렇게 성공회 대성당은 자신이 맡은 역사적 역할을 해냈지만 명동성당과는 달리 그 후 시위대나 억울한 이들이 몰려들지는 않았다. 아무래도 '교세'의 차이, 김수환 추기경의 이름과 권위, 언덕 위라는 '지리적 강점' 등이 작용했으리라……

그 외 장소들

📍 연세대학교 정문과 한열동산

1987년 6월 9일 오후 2시, 1천여 명의 연세대생들이 총학생회가
주최한 '구출학우 환영 및 6.10 대회 출정을 위한 연세인 결의대회'
에 참가하기 위해 도서관 앞 민주광장에 모였다. 학생들은 집회를
마친 뒤 교문 앞으로 구호를 외치며 행진했고, 교문 밖에서 대기 중
이던 전투경찰과 부딪혔다. 그리고 늘 그렇듯이 학생들을 향해 수
많은 최루탄이 발사되었다. 최루탄은 사람이 아닌 공중을 향해 발
사되어야 하는데, 탄이 허공에서 터지거나 포물선을 그리며 떨어
져야 사람들이 피할 수 있기 때문이다. 그러나 그날은 어느 전투경
찰이 최루탄을 직접 쏘았다. 그리고 그 탄은 직선으로 날아가 한 학
생의 머리를 맞고 터지고 말았다. 시간으로는 오후 5시였고, 쓰러
진 장소는 연세대학교 오른쪽 교문(교정에서 교문을 향한 방향)에서
학교 안으로 50센티미터~1미터 가량 떨어진 지점이다. 이곳에는
기념 동판이 설치되어 있다.

이한열 열사는 1966년 8월 29일 전남 화순군에서 농협 직원이던
아버지 이병섭 씨(작고)와 어머니 배은심 씨 사이의 2남 3녀 중 장
남으로 태어났다. 광주 동성중학교와 진흥고등학교 재학시절 성적
이 뛰어났을 뿐 아니라 지도력과 친화력도 인정받아 고교 3학년 때

는 총학생회장을 맡기도 했다. 예술과 문학을 사랑해 많은 시와 일기를 썼던 그는, 전문경영인의 꿈을 지닌 평범한 젊은이였다. 그러나 재수를 거쳐 1986년 연세대학교 경영학과에 입학하고, 사진과 비디오를 통해 80년 광주항쟁을 알게 되면서 생각이 바뀌었다. 광주항쟁 당시 중학교 2학년이었던 그는 부모님이 막아 집 마당에조차 나가보지 못했다. 광주에 있었지만, 대학에 들어올 때까지 광주항쟁에 대해 제대로 보거나 들은 적이 없었던 것이다.

광주의 진상을 알게 된 후 큰 충격을 받은 그는 사회에 대해 고민하기 시작했다. 그리고 '민족주의연구회'라는 동아리(나중에 '우리경제연구회'와 합쳐져 '만화사랑'이 됨)에 가입해 본격적으로 사회과학 공부를 하면서 학생운동에 발을 내딛게 되었다. 2학년이 되어서는 동아리 활동뿐 아니라 경영학회 일에도 적극적으로 참여했다. 주위에서는 "평소에는 말수가 적어 과묵한 편이었지만, 한번 입을 열면 자신의 주장을 논리적으로 뚜렷하게 전개해 토론을 이끌곤 했다"고 회고했다.

6월 10일은 민정당의 전당대회, 즉 노태우의 대통령 후보 지명을 규탄하고 저지하기 위한 '고문살인 은폐규탄 및 호헌철폐 국민대회'가 열리는 날로서 연세대의 집회는 그 전초전 격이었다. 그날 오후에 열릴 집회를 앞두고, 이한열은 학생회관 3층에 있는 만화사랑 동아리방에 운명처럼 다음과 같은 메모를 남겼다.

피로 얼룩진 땅. 차라리 내가 제물이 되어 최루탄 가스로 얼룩진
저 하늘 위로 날아오르고 싶다.

운명처럼 그리고 4.19의 진영숙 열사처럼 그는 그 글을 쓴 후 몇 시간 만에 머리에 최루탄을 맞고 쓰러졌다. 몸에 최루탄 가루를 뒤집어 쓴 채 몸을 발작하듯 떨었고, 뒷머리에서는 피가 흘러 내렸다. 즉시 동료 학생들에 의해 교문 옆 세브란스 병원으로 옮겨졌다. 자신을 업고 가는 동료들이 땀을 비오듯 쏟아내자 잠시 쉬었다 가자고 하는 여유를 부릴 정도로 의식이 또렷했지만, 30분쯤 뒤에는 호흡장애를 일으키고 온몸의 신경이 마비되면서 신경외과 중환자실로 옮겨졌다. 그가 마지막으로 남긴 말은 "내일 시청에 나가야 하는데……"였고, 그 후로는 완전히 의식을 잃고 말았다.

학교에서는 이한열 군 대책위원회를 구성해 내과·외과·신경외과 등 전문의 12명으로 종합 의료진을 구성했고, 학생들은 수십 명씩 경비조를 짜서 경찰의 병실 접근을 감시하며 병상을 지켰다. 87년 1월에 고문으로 숨진 박종철 열사의 경우, 경찰이 고문 사실을 숨기기 위해 화장을 한 뒤 뼛가루만 그 아버지에게 전했던 것처럼 이한열도 숨을 거두면 시신을 빼앗길지도 모른다고 생각했기 때문이다. 경비조에는 놀랍게도 일반 학생들과는 거리가 있었던 축구부원들도 참가했고, 100킬로그램이 넘는 거구의 아이스하키 부원 백성기가 이한열 부모님의 경호를 맡기도 했다.

87년을 여는 1월에 산화한 박종철 열사가 6월 항쟁의 문을 열었다면 이한열의 피격은 거대한 도화선이 되었다. 다음날 그가 가고자 하는 시청으로 수십만의 학생과 시민들이 몰려들었고, 서울을 비롯한 전국 14개 도시에서 '최루탄 추방대회'가 열렸다. 전국 각지에서 이한열의 회생을 기원하는 기도회와 집회가 개최되었고, 사건의 진상규명과 책임자의 공개사과와 처벌을 요구하는 목소리가 이어졌다.

이 같은 열기가 모여 헌법쟁취국민운동본부, 민주당, 민추협, 종교계 등이 주도한 '6.26 국민평화대행진'으로 이어졌다. 이날 130여만 명의 많은 시민들의 참여 속에 민주화를 요구하는 함성이 전국을 뒤덮었다. 결국 정권은 호헌을 철회하고 대통령 직선제를 수용하는 이른바 '6.29 선언'을 발표하기에 이르렀다.

그동안 이한열은 이 열기를 직접 몸으로 느끼지는 못하지만 뇌사 상태에서나마 이 나라의 민주화에 힘을 보태려는 듯 6월 항쟁을 끝까지 지켜보면서, 피격 27일 째인 7월 5일까지 버티다가 오전 2시 5분 세상을 뜨고 말았다. 그는 자신의 메모처럼 '최루탄 가스로 얼룩진 하늘 위로 날아오른' 것이다. 22세였다.

장례가 열리기까지 나흘 동안 전국에서 8만여 명의 조문객이 연세대 교정을 찾아와 애도했다. 7월 9일, 연세대 교정에는 '애국학생 고 이한열 열사 민주국민장'에 참석하기 위해 시민, 정치인과 재야단체 회원 등 7만여 명이 모였으며 만장은 숲을 이루었다. 김대중을 비롯한 많은 저명인사들의 추도사가 있었지만, 가장 압권은 바로 전날 진주교도소에서 출감한 문익환 목사였다. 그가 정문에 들어서자 '모세의 기적'처럼 군중들은 갈라져 길을 내주었다. 하늘을 향해 두 팔을 벌리고 "전태일 열사여!"로부터 시작되어 박종철과 이한열로 끝난 그의 처절한 연호는 한국 대중연설 중 최고의 순간 중 하나로 꼽힌다. 어느 시인의 표현에 의하면 당시 군중들은 숨을 쉴 수 없을 정도였다고 한다.

그 유명한 사진을 바탕으로 제작된 새로운 조형물

열사의 운구행렬은 연세대에서 시청 앞까지 이어졌고, 백만 명
이 넘는 추도행렬이 그가 가는 길을 배웅했다. 6월 10일, 시청 앞으
로 가고자 했던 이한열은 그렇게 그곳으로 갔고, 세 살 때부터 자라
난 광주 망월동의 5.18 묘역에 묻혔다.

이한열 열사가 쓰러지고 1년 뒤인 1988년 9월 14일, 연세대학교
총학생회는 뜻있는 이들의 성금을 모아 이한열 열사를 추모하는
기념비를 세웠다. 위치는 학생회관 남쪽의 작은 동산, 지금은 '한열
동산'이라 불리는 곳인데, 그가 활동했던 상경관, 중앙도서관, 학생
회관, 그리고 그가 쓰러진 정문이 모두 한눈에 들어오는 곳이다. 추
모비에는 "여기 통일 염원 43년 6월 9일 본교 정문에서 민주화를
부르짖다 최루탄에 쓰러진 이한열 님을 추모하고자 비를 세운다"
라는 취지문과 함께 조각가 김봉조의 '솟구치는 유월'이라는 작품

6.10 민주올레

이 조각되었다. 이한열 열사가 남긴 시도 새겨졌다.

> 그대 가는가
> 어딜 가는가
> 그대 등 뒤에 내려 깔린
> 쇠사슬을
> 마저 손에 들고
> 어딜 가는가
> 이끌려 먼저 간
> 그대 뒤를 따라
> 사천만 형제가 함께
> 가야 하는가
> 아니다
> 억압의 사슬은 두 손으로 뿌리치고
> 짐승의 철퇴는 두 발로 차버리자
> 그대 끌려간 그 자리 위에
> 민중의 웃음을 드리우자

매해 어김없이 6월 9일을 맞이하여 연세대학교에서 이한열 열사 추모제가 열렸지만 2015년은 특별할 수밖에 없었다. 앞서 말한 추모비가 보존 작업을 거쳐 연세대 박물관으로 자리를 옮기고, 추모비가 아닌 기념비가 세워졌기 때문이다. 그런데 이한열 추모비는 왜 기념비로 바뀌게 된 것일까?

가장 먼저 들어야 할 이유는, 27년 동안 비바람을 맞으며 자리를 지켰던 이한열 추모비 자체의 내구성이 한계에 다다랐기 때문이다. 1988년 당시에는 여러 사정으로 인해 인조대리석으로 만들었는데, 이는 태생적으로 실외공간에서 오랜 세월을 버티기에 적합하지 않았던 것이다.

두 번째 이유는, 이한열기념사업회에서 새로운 비가 이한열 개인에 대한 추모를 넘어 87년 6월 민주항쟁 과정의 헌신과 희생들을 기억하자는 의미로 확대하기 위해 기념비로 명칭을 바꾸었다고 한다. 즉 이한열 열사에 대한 기억을 보다 보편적인 가치로 승화하겠다는 의미일 것이다.

새로운 이한열기념비는 충남 보령에서 가져온 육중한 오석烏石을 높이 약 1.4미터, 길이 약 4.5미터로 다듬어 만든 데다가, 세로로 만든 추모비와 다르게 가로로 넓고 길게 뻗어 있다. 시대의 변화를 상징하듯 현대 미술의 영향이 강하게 반영되었다. 기념비 앞의 표석에 내장된 전자시계 역시 마찬가지다. 기념비 전면에는 '198769757922'라는 숫자와 의미를 설명한 문구들이 새겨져 있다.

이 숫자는 열사가 최루탄에 맞아 쓰러진 1987년 6월 9일, 사망일인 7월 5일, 국민장이 치러진 7월 9일, 당시 그의 나이 22살을 의미한다. 개인적으로는 열사의 추모비와 기념비가 한열동산에 함께 있는 것이 더 좋지 않을까 싶지만 물리적인 어려움을 알고 있는 이상 아쉬움으로 남길 수밖에 없다. 그래도 예전 추모비에 비해 한열동산에서의 존재감은 강해졌으나 위압감은 없으니 다행이라는 생각이 든다.

📍 한국은행 앞 분수대

6월 항쟁 당시, 한국은행 앞은 시민·학생들과 경찰의 공방전이 가장 치열하게 벌어진 곳 중 하나였다. 그중에서 6월 18일, 시위대에 완전히 포위된 전투경찰 300여 명이 무장을 해제당하고, 분수대에 들어가 "민주주의 만세"를 외친 일화는 유명하다.

6월 10일 한국은행 앞 진압경찰들

분수대에 빠진 시위진압 전경을 학생들과 시민이 끌어내고 있다.(신세계백화점 앞, 1987.6.18)

민주주의를 걷다

관악 민주올레

함께 걷는 민주올레길

관악 민주올레 코스

구 신림2동 파출서 터
(한국원 발포장소)

한국원 동판

녹두거리

그날이오면
옛터

박종철거리

서울대 정문

김태훈, 우종원
김성수 추모비

4.19공원
4월학생혁명기념탑

조영래 홀과 유민 홀
이준 열사 동상

규장각

자하연

박혜정
추모비

이재호, 김세진
박종철, 최우혁
추모비

학생회관

중앙도서관

황정하

조정식 조성만
추모비

김상진
이동수 추모비

서울대의 관악 이전

한국 사람이라면 관악산을 등지고 있는 아름다운 캠퍼스의 서울대학교를 모를 리 없을 것이다. 누가 뭐라고 해도 모든 학부모와 입시생들이 선망하는 우리나라 최고의 대학이기 때문이다. 또 관악산 입구에 위치해 있기에 산을 사랑하는 수많은 서울시민들이 지나쳐 가는 곳이기도 하다.

하지만 이 학교 학생들이 우리 사회의 민주화를 위해 얼마나 많은 희생을 치렀고, 그래서 이곳에 민주화의 길이 조성되어 있다는 사실을 아는 사람은 얼마나 될까? 그리고 그 분위기가 캠퍼스 안에 머물지 않고 녹두거리와 주변으로 퍼져 결국 한국을 바꾸게 되었다는 사실을 아는 이는 얼마나 될까? 관악 민주올레는 이 사실을 보다 많은 이들에게 알리기 위해 만든 것이다.

서울대학교는 1975년 이전에는 동숭동의 문리대와 의대를 중심으로 을지로6가의 음대, 공릉동의 공대, 월곡동의 사범대, 소공동의 치대 등 캠퍼스가 분리되어 있었고, 그 공간들은 포화상태였다. 따라서 관악으로의 이전은 통합 캠퍼스 조성과 새로운 공간 확보라는 명분이 있었다. 하지만 당시는 4.19 혁명과 6.3 학생운동의 기억이 생생할 때였고, 학생들의 힘을 잘 알고 있는 권력집단들에게 청와대와 중앙부처에 가까운 위치에 있는 서울대학교는 신경 쓰이는 존재가 아닐 수 없었다. 그래서 가장 강력한 반체제 세력인 대학생, 그것도 가장 상징성이 큰 서울대를 외진 곳으로 이전하여 위력을 반감시키려는 의도가 크게 작용했다. 대학 이전과 함께 '동양 최대 규모의 파출소'를 정문 앞에 세운 것이 좋은 증거이다.

또한 신도시가 건설될 강남이 아닌 관악으로 이전한 이유도 대학생들의 데모를 신시가지가 아닌 외진 관악산 기슭에서 차단하기 위해서였던 것이다. 어쨌든 서울대 관악캠퍼스는 이렇게 시작되었고, 관악구의 문화에 결정적인 영향을 미치게 된다.

서울대 관악캠퍼스의 규모는 엄청나다. 그래서 예전에는 서울대학교를 가는데 서울대입구역에서 내리는 친구를 바보라고 불렀는데, 요즘은 서울대입구역에서 택시를 타고 정문에서 내리면 바보라고 할 정도다.

📍 서울대 4.19 기념탑

서울대학교 민주화의 길은 관악캠퍼스 규장각한국학연구원 앞 4.19 공원에서 시작된다. 이곳에는 1960년 4.19 혁명 과정에서 경찰의 발포로 희생된 서울대생 6명의 추모비와 동상이 세워져 있다. 이 탑은 동숭동 캠퍼스 시절인 1961년 4월 19일에 세워졌으니 캠퍼스 자체보다도 더 오래되었다. 사실 거의 한 갑자 전에 세워진 것이라, 탑도 그렇고 유재신 열사와 손중근 열사를 기념하는 나신의 동상도 솔직히 지금 기준으로는 상당히 촌스러워 보인다. 하지만 역설적으로 당시의 숨결을 느낄 수 있는 '작품'이기도 하다.

기념탑 옆에는 경무대 앞에서 경찰의 총에 쓰러진 안승준 열사의 추모비가 서 있고, 역시 같이 희생된 고순자, 김치호, 박동훈 열사의 추모비도 어깨를 나란히 하고 있다. 1975년 유신정권은 4.19 기념탑과 추모동상을 서울대학교 교정 맨 안쪽의 구석진 곳(공대폭포 위쪽), 지금의 신공학관 쪽에 방치하듯 옮겨놓았다. 이곳의 위치는 학생회관 쪽에서 출발해도 10분 이상 걸어가야 되고 주변에 건물도 없어서 학생들도 자주 찾지 않는 한적한 곳이었다. 학생들이 4.19 정신을 잊게 만들려는 독재정권의 의도가 읽히는 대목이다. 그러나 4.19 탑의 한적함이 오히려 일부 학생들에겐 많은 학생

4월학생 혁명 기념탑

들로 붐비는 캠퍼스에서 그나마 홀로 마음을 달랠 수 있는 '나만의 공간'으로 애용되는 매력 포인트가 되기도 하였다.

서울대의 열사들도 인문대와 사회대에서 출발하여 사범대를 거쳐 버들골을 지나 캠퍼스 위쪽의 순환도로를 따라 조용한 그 길을 걸어갔다. 한참을 걸어가도 학생들을 마주칠 일은 거의 없고, 새의 지저귐도 듣고 주위의 풍경도 둘러보며 혼잣말을 하거나 노래를 흥얼거리기도 했을 것이다.

이미 몇 번을 보았겠지만 괜히 또 한 번 기념탑 추모글도 읽어보고 한두 바퀴 돌기도 했을 것이다. 또 앞쪽에 걸터앉아 건너편 관악산과 지는 노을을 바라보았을 것이다. 때로는 우렁차게 노래도 불러보았을 것이다. 이곳에 들르는 학생들은 왔다가 그냥 가지 않고 보통 30분에서 한 시간 가량 혼자만의 시간을 가졌다. 이러한 혼자만의 시간은 울적하고 답답하고 방황하는 마음을 정리할 수 있게 해준다. 4.19 탑은 1980년대 당시 학생들의 아픔과 고민을 느껴볼 수 있는 공간이기도 하다.

민주화의 길

서울대학교 학생들은 우리 사회가 민주주의를 쟁취하는 과정에서 주도적인 역할을 하고 기꺼이 자신을 희생해 왔다. 그리고 이들을 기리는 추모기념비가 관악캠퍼스 곳곳에 설치되어 있다. 서울대학교는 6월 항쟁 22주년이 되는 2009년 11월 17일, 방치된 기념물들을 정비하고 안내표지판을 세워 이들을 하나의 길로 연결하는 '민주화의 길'을 만들었다. 서울대학교 민주화의 길은 '4.19공원 – 사회과학대학 – 인문대학 – 자연과학대학과 공과대학 – 농업생명과학대학'으로 총 1.2킬로미터를 이어준다.

♀ 이준 열사 동상

이준 열사는 1895년 11월 막 세워진 법관양성소를 1기로 졸업한 뒤 현재 검사에 해당하는 한성재판소 검사시보(당시 검사는 재판소 소속)로 임명되었다. 서울대 법대의 전신인 법관양성소는 일제강점기인 1920년 '경성법학전문학교'로 이름이 바뀌었다. 1926년에 설립된 경성제대 법학과와 양립하다, 1946년 서울대가 세워지면서 서울대 법대로 통합됐다. 법대 관계자는 "이 열사는 법률가를 넘어 특사로 활동하며 국가의 지도자 역할까지 했다는 점에서 학생들에게 귀감이 되리라 본다"라고 말했다.

이준 열사 동상

　1907년 고종 황제의 특명을 받은 이 열사는 네덜란드 헤이그 만국평화회의에 참석하여 을사늑약의 부당함을 호소하려다가 일본의 방해로 뜻을 이루지 못하고, 같은 해 7월 순국했다.

서울대 법대는 근대법학교육 100주년 기념관을 세운 데 이어 그 앞에 이준 열사의 동상을 세웠다. 참고로 100주년 기념관 안에는 유신 때 희생된 서울대 법대 최종길 교수를 기념하는 홀이 있다.

♀ 조영래 홀과 유민 홀

조영래 변호사는 1947년 3월 26일 대구에서 태어났다. 정확히 1년 5개월 후인 8월 26일, 같은 땅에서 전태일이 태어난다. 당시 최고의 명문 경기고등학교에 진학한 조영래는 3학년이 된 1964년 자신의 생일날 한일회담 반대 시위를 주도하여 정학처분을 받았다. 그럼에도 그는 압도적인 성적으로 서울대 법대를 수석으로 합격하여 주위의 시선을 한 데 모았다. 이런 천재였지만 입학하자마자 한일회담 반대 시위에 다시 참가하여 3개월 근신처분을 받았다. 점차 서울법대 학생운동의 중심인물로 부상하면서 6.7 부정선거 규탄, 3선개헌 반대운동 등을 주도적으로 이끌어 나갔다.

1969년 대학을 졸업하고 대학원에 진학하면서 사법시험을 준비하던 중 그의 일생, 아니 수많은 한국 청년들의 일생을 바꾼 사건이 벌어졌다. 바로 전태일 열사의 죽음이었다. 전태일의 '대학생 친구'가 되기로 결심한 그는 열사의 시신을 인수받아 서울법대 학생장을 주선하고 시국선언문의 초안을 썼다. 그때부터 그의 일생은 전태일과 하나였다.

조영래는 1971년 10월, 사법연수원 재학 중 '서울대생 내란음모 사건'이라는 '엄청난' 사건의 주범, 즉 '국사범'이 되었지만 1년 6개월 만에 풀려나왔다. 하지만 이는 예고편에 불과했다. 1974년 4월에 '민청학련' 사건으로 수배되어 무려 6년 동안, 그의 인생의 7분의 1이 넘는 긴 도피 생활이 시작되었다. 물론 그는 이 기간을 헛되이 보내지 않았다. 바로 '전태일 평전'의 집필이었다. 전태일 열사 주변에 있던 사람들의 인터뷰를 기초로 원고는 1976년 가을에 완성되었다. 한국 현대사의 고전이자 수많은 대학생들을 노동현장으로 가게 만든 이 책의 저자는 조영래가 아닌 '전태일기념관건립위원회'였다. 이 책은 원고지 형태로 가제본되어 노동현장에서 교재로 쓰이다가 1983년이 되어서야 『어느 청년노동자의 삶과 죽음』이라는 제목으로 출판되었다. 그리고 1990년에 비로소 『전태일 평전』이라는 제대로 된 이름을 가지게 되었고, 당연하게도 조영래의 이름을 밝히려 했지만 책이 나오기 한 달 전에 그는 세상을 뜨고 말았다.

그의 활동은 거기서 멈추지 않았다. 1975년에는 김지하의 '양심선언'을 성사시켜 유신독재의 정당성에 큰 타격을 가했다. 1979년 10월 26일, 박정희가 비명에 가자 유신체제는 무너졌다. 그는 1980년 1월, 옥인동 대공분실에 스스로 출두하였고, 3월에 사법연수원에 재입소하여 1982년 2월 수료, 정식 변호사가 되었다.

변호사가 되고 난 후 그의 활약은 그야말로 초인적이었다. 1984년 10월, '망원동 수재 사건'을 사실상 원고를 만들어내다시피 하여 6년간의 법정공방 끝에 사상 최초의 대규모 집단소송을 승리로 이끌었다. 1985년에는 '여성조기정년제' 사건을 물고 늘어져 또 다른 역사적 승리를 이끌어 냈다. 1986년에는 일생일대의 변론이었던 '부천서 성고문 사건'에서 승리해 문귀동을 법정에 세워 정권의 부도덕성을 만천하에 밝혔다. 뿐만 아니라 1987년에는 '상봉동 진폐증 환자 사건'까지 승리로 이끌어 '환경권'을 최초로 법적으로 현실화하였다.

그렇게 많은 이들의 삶을 변호하고 지켜주기 위해 경기고, 서울대 출신 변호사라는 기득권을 버리고 철저하게 민중들과 함께 불편하지만 아름답고 정의로운 삶을 살았던 조영래는 1990년 폐암으로 성모병원에서 갑자기 세상을 떠났다.

서울대 법대 15동에 있는 조영래 변호사의 기념시설

서울대 법대에는 '유민 홍진기'가 지은 15동이 있고, 그 건물에는 두 개의 기념홀이 있다. 하나는 너무나 당연하게도 '유민 홀'이다. 홍진기는 경성제대 법학과를 졸업, 창씨개명을 하고 일제하에서 판사 노릇을 했다. 해방 직후에는 미군정청 법제관으로 일했고, 이승만 정권 하에서 3.15 부정선거를 총괄하다가 4.19로 쫓겨난 뒤 사면되어 동양방송과 중앙일보 사장을 지냈다. 2004년 4월 19일, 그 건물 5층에 '조영래 홀'이 조촐하게 조성되었다. 지금 서울대 법대생들이 닮고 싶은 사람 1위가 바로 조영래 변호사다. 유민 홀과 조영래 홀의 공존은 한국 현대사를 상징하기도 하지만, 서울법대생들의 갈 길을 상징하는 것이기도 하다. 서초동 변호사 회관에는 조영래 변호사의 흉상이 서 있는데, 흉상 아래에 새겨져 있는 명문 중 "그가 보여준 인간에 대한 깊은 사랑과 일을 성사시키는 탁월함은 오늘날 변호사들의 귀감이 되고 있다"라는 구절이 인상적이다.

2020년 6월 10일, 문재인 대통령은 남영동 대공분실 자리에서 열린 제33주년 6.10 민주항쟁 기념식에서 조영래 변호사를 비롯한 민주주의 발전 유공자 12명에게 국민훈장 모란장을 직접 수여했다. 정부가 6.10 기념식에서 훈장을 수여한 것은 그때가 처음인데, 12명 중 이 책에 등장하는 인물은 조영래 외에 이소선, 박정기, 조비오, 박형규, 배은심, 지학순이다. 2021년에는 계훈제를 비롯한 25명에게 국민훈장 모란장이 수여되었다. 그중 이 책에 나오는 인물은 박관현, 김근태, 강경대, 김상진, 김의기, 명노근, 조성만, 홍성엽이다.

♀ 자하연

"관악산 자락에서 대학 시절을 보낸 학생치고 이곳에서 사색에 한번 잠겨 보지 않은 이가 있을까요." 서울대 인문대 앞에 자리 잡은 자하연紫霞淵은 '자주빛 안개가 내리는 연못'이란 뜻처럼 자타가 공인하는 학내 최고의 명소다. 연못 속 비단 잉어들과 그 위로 떨어지

자하연

는 나뭇잎을 바라보며 학자들은 학문적 명상에 빠져들고, 남녀 학생들은 저마다의 연애담에 시간 가는 줄 모른다.

자하연의 유래는 조선시대로 거슬러 올라간다. 18세기 조선 후기의 유명한 학자였던 신위申緯의 호가 '자하'였고, 과천에서 성장한 그는 계곡이었던 이곳 일대를 '자하동천紫霞洞天'이라 했다.

조선시대에는 관악산의 불기운이 세다 하여 산 주변 곳곳에 못을 팠는데 자하연이 그중 하나라는 설도 있다. 2008년 서울대학은 연못 앞에 신위 선생의 시비를 세웠다.

자하연은 1975년 서울대가 관악캠퍼스로 이전할 당시 있었던 골프장 내 연못이었고, 하늘색 시멘트 다리가 놓여 있었다. 인문대 교수들은 이 다리를 '자하교'로 지칭했고 학생들은 '오작교'라 불렀다. 하지만 '연인 남녀가 이 다리를 함께 지나가면 1년 안에 헤어진다'는 속설 때문인지 다리를 건너는 사람은 그리 많지 않았다.

단풍나무와 플라타너스로 뒤덮여 아름다운 공간이지만 쓰라린 기억도 있다. 95년 5월 학내 모동아리 회원 20여 명이 다리 위에서 만취한 신임회장 신모(당시 20세) 씨를 연못 속에 던져 넣는 통과의례를 벌이다가 신 씨 등 두 공대생이 익사하는 사고가 발생했던 것이다. 이 참사로 자하연은 한동안 대학생들의 그릇된 음주문화를 상징하는 불명예스런 장소로 회자되기도 했다.

이후 자하연 다리는 강제 철거되어 추억 속으로 사라졌다. 주변 경관과 사고예방 등을 고려한 대학본부 측의 조치였다. 서울대 관계자는 "다리를 없앤 뒤 연못이 커 보이고 전경이 확 트여 한결 보기 좋다는 얘기를 많이 듣는다"고 말했다.

📍 박혜정, 이재호, 김세진 열사 추모비

인문대학 건물 옆에는 작은 박혜정 추모비가 서 있다. 그녀의 죽음은 다른 열사들의 죽음과는 달랐다. 경찰의 폭력과 최루탄이 일상화되다시피 하고, 마음으로밖에 참여하지 못하는 이들에게는 민주화를 외치다가 죽어가고 감옥에 가는 학우들을 보는 것만으로도 괴로운 날들이었다. 그런 이들 중 한 명인 그녀는 이런 유서를 남기고 한남대교에 몸을 던져 세상을 떠났다.

더 이상 죄지음의 빚짐을 감당할 수 없다
아름답게 살아가는 모든 이들에게 부끄럽다

사랑으로 못했던 빚 갚음일 뿐이다

앞으로도 사랑할 수 없기에, 욕해 주기를

모든 관계의 방기의 죄를 제발 나를 욕해 주기를, 욕하고 있기를

(서울대 국문과 84학번 박혜정의 한강 투신 유서 중 일부. 1986)

박혜정 추모비에는 유일하게 열사가 아닌 박혜정 학형이라고 새겨져 있어 가슴을 아리게 만든다.

바로 위에는 김세진 열사(미생물학과 83학번)와 이재호 열사(정치학과 83학번)의 추모비가 있다. 추모비에는 '조국해방열사'라는 호칭이 새겨져 있다. 1986년 4월 28일 신림사거리 보라매 방향 도

로에서 전방입소 훈련 거부 연좌농성을 지휘하다가 희생되었다. 앞서 다룬 이한열 열사 장례식에서 26명의 열사를 목 놓아 부른 문익환 목사의 연설 아닌 연설은 아주 유명하다. 그중 서울대 출신 열사는 모두 8명이다. 김상진. 황정하, 김세진·이재호, 이동수, 박혜정, 박종철, 우종원이 그들이다.

김세진, 이재호 열사 추모비

📍 박종철, 최우혁, 조성만, 황정하, 조정식 열사 추모비

김세진. 이재호 열사 추모비 위쪽에는
'유명한' 박종철 열사의 추모비가 있고,
인근 중앙도서관 옆에는 민주열사 황
정하, 산재로 세상을 떠난 노동해방열
사 조정식, 명동성당에서 할복 투신한
조국통일열사 조성만 열사의 추모비
가 있다. 열사들의 호칭이 다른 것만 봐
도 우리나라 민주화운동이 얼마나 여
러 '분야'에서 싸워야 했는지를 알 수
있다.

박종철 열사 추모비는 유일하게 흉
상까지 세워져 있다.

　박종철 열사의 죽음 이후 1991년 조
그마한 돌과 나무 한 그루로 추모비를
대신했다가, 1997년 물고문 장면을 형상화한 지금의 추모비가 만
들어졌다.

　최우혁 열사는 1986년 5월 이동수 열사의 분신을 목격한 후 학
내에 진입한 경찰과 싸우던 중 최루탄 직격탄을 맞고 전치 10주의
부상을 당했다. 이후 자식의 민주화 활동을 걱정하던 부모님의 강
권으로 1987년 군에 입대했다. 그러나 재학 중 민주화운동 경력을
빌미로 보안사의 관찰대상이 되어 이들의 공작과 가혹행위에 맞서
최후의 항거수단으로 분신에 이르게 되었다. 당시 자식의 안위를
위해 열사를 군에 입대시켰던 어머니는 자신이 자식을 죽음으로

이끌었다는 죄책감에 실명하기까지 하는 등 고통을 겪다가 1991년 한강에 몸을 던지고 말았다.

희생된 서울대 출신 열사는 모두 19명. 730명이 제명되었고 그 대부분이 구속되었다. 무기정학을 받은 학생은 681명, 유기정학 496명, 근신 886명, 경고 1,579명, 지도휴학 206명. 징계자의 총수는 4,578명에 달한다. 민주주의는 정말 피를 먹고 자란다는 것을 보여주는 생생한 증거가 아닐 수 없다.

📍 아크로폴리스 광장

서울대학교를 상징하는 대표적인 조형물이 정문이라면 서울대학교 민주화운동을 상징하는 대표적 공간으로는 아크로폴리스(이하 '아크로')를 들 수 있다.

아크로는 1970년대와 1980년대 서울대학교 학생들의 학생자치 실현 공간이자 민주화운동을 벌인 핵심 장소로서 학생들이 가장 애정을 갖는 상징적 공간이다.

아크로는 서울대학교 중심부에 위치하며 대학본부(현재 '행정관')와 중앙도서관, 학생회관, 1동 인문대학 건물 사이에 있는 2,000평방미터 넓이의 광장을 일컫는다. 아크로는 경사진 지형으로 중앙에 계단과 평지가 함께 있어 본부 건물 뒤쪽 도로, 즉 아래쪽에 연단을 설치하면 경사진 아크로 광장에 모인 학생들이 모두 한눈에 들어오는 훌륭한 집회 장소였다. 더구나 아크로에서 집회나 토론회, 공연 등을 할 경우 아크로뿐 아니라 도서관 쪽 계단이나 학생회관, 도서관에서도 집회를 보고 들을 수 있고 인문대와 사회대, 법대, 자연대, 공대 등 각 단과 대학 학생들이 빠르게 집결할 수 있는 중심부에 위치하고 있어 학생운동의 중심지 역할을 하였다.

아크로는 관악캠퍼스가 문을 열자마자 그 역할을 해냈다. 1975년 3월 14일 관악캠퍼스 이전 후 첫 개강일부터 자연계열 학생 300여 명이 학원민주화를 요구하며 집회를 열었고, 24일에는 아크로에 학생 1천여 명이 모여 '학원민주화를 위한 자유 성토대회'를 열고 '고문정치 원흉 색출처단', '학생에 대한 모든 정치적 징계 백지화' 등을 요구했기 때문이다. 1975년 4월 11일 농과대학 시국성토대회에서 김상진 열사가 할복으로 자결하자, 박정희 정권은 장례식도 없이 열사의 시신을 화장하고 모든 집회를 전면 금지했다. 그러나 학생들은 5월 22일 아크로에 4천여 명이 모여 김상진 열사의 장례식을 거행하고 교문에서 경찰과 투쟁을 벌이기도 하였다. 이때 구속된 인물이 박원순 전 서울시장이다.

이후 이곳에서 김세진, 이재호, 박종철 열사의 장례식이 열렸고, 박 열사의 죽음을 애도한 이애주 교수의 '바람맞이' 한판춤의 무대가 되기도 했다. 하지만 가장 충격적인 사건은 1986년 5월 20일에 일어났다. 오월제 행사가 한창인 오후 3시 30분경 문익환 목사의 연설 중 학생회관 4층 옥상 난간에서 구호 소리가 들리기 시작했다. "파쇼의 선봉 전두환을 처단하자", "폭력경찰 물러가라", "미제 국주의 물러가라", "어용교수 물러가라" 등을 외치며 원예학과 이동수가 불덩어리가 되어 떨어진 것이다. 아크로폴리스에 모여 있던 학생들은 예기치 못했던 상황에 극도의 놀람과 흥분에 휩싸였다. 7미터 아래로 떨어져서도 한동안 불길이 오르다가 더 이상 움직이지 않았다. 그 위에 쏟아지는 최루탄의 매운 연기, 폭발음, 비명소리가 들리면서 아크로폴리스를 향한 곳곳의 통로에서 색색의 헬멧을 쓴 사복 기관원들과 중무장한 전경들이 들이닥쳤다. 극도의 슬픔에 빠진 학생들은 다시 열을 지어 전경들과 싸웠고, 그들은 최루탄이 매서워서가 아니라 현실이 가슴 아파 진한 눈물을 흘렸다. 열사는 한강성심병원으로 옮겨지던 중 오후 4시쯤 운명했다.

⦿ 학생회관: 2층 라운지와 대자보

학생회관은 대학본부, 중앙도서관 건물과 함께 서울대학교의 심장부를 이루는 가장 대표적인 공간이다. 서울대학교 캠퍼스 내의 다른 건물들과 달리 학생회관은 건물 내 상당 부분이 총학생회와 각종 동아리 사무실이어서 학생 자치의 대표적인 공간이라고 할 수 있다.

학생회관 1층에는 학생식당과 음악감상실, 매점, 문구점 등 판매 시설이 위치하고, 2층에는 라운지와 동아리 사무실, 3층에는 총학생회와 산하기구, 보건진료소 등이 자리하고 있었다. 학생회관은 학생들이 가장 즐겨 찾는 약속 장소이자 휴식 공간이었고, 학생운동의 베이스캠프 역할을 했다.

총학생회 사무실에서는 넓은 창문으로 아크로와 도서관 계단 쪽이 훤히 보이기에 아크로의 집회 상황, 학생과 대학본부의 움직임 등을 신속히 파악하여 대처하기가 용이했다. 이 공간은 항상 총학

서울대 학생회관

생회 집행부와 각 단과대학 학생회 간부들로 붐볐고 회의들이 끊임없이 이어졌다. 학생회 사무실 안과 바깥 복도에는 집회 관련 용품들이 넘쳐났고, 각종 플래카드들도 많았다. 당시 예산이 풍족하지 못한 상황에서 집회에 필요한 플래카드는 총학생회 간부들이 시장에 가서 광목천을 사오고 래커 스프레이를 이용해 직접 만들었다. 광목천을 넓게 펼쳐 놓고 글을 쓰려니 넓고 긴 공간이 필요했고, 그런 점에서 총학생회 앞 복도는 좋은 작업 공간이었다. 총학생회 사무실과 그 앞 복도는 항상 래커 스프레이의 강한 휘발유 냄새가 코를 찌르곤 했다.

1987년 6월 항쟁 이전까지 학생회관의 2층 라운지는 민주화운동 과정에서 중요한 공간으로 이용되었다. 아크로가 주로 집회와 공연 장소로 많이 이용되었다면, 라운지는 대부분 토론의 장소였다. 그런데 이곳에서 1987년 1월 20일 오후 1시 40분 학생 1천5백여 명과 민주화실천가족운동협의회 회원 등이 함께한 박종철 열사의 추모식이 거행되었다. 유명한 추모시 「우리는 너를 빼앗길 수 없다」가 처음으로 낭독된 장소이기도 하다.

1980년대 초반 경찰 병력이 학내에서 물러나자 학내 곳곳에는 대자보가 붙기 시작했다. 그 가운데 학생들이 가장 많이 찾는 학생회관 1층 벽면은 대자보를 붙이기에 최적의 장소였다. 초기에는 총학생회 부활과 학내 민주화에 대한 주장을 담은 대자보가 붙었고, 점차 광주항쟁의 진실을 알리기 위한 내용과 사진들이 주를 이뤘다. 이후에는 학생운동의 방향과 방법을 둘러싸고 서로의 주장을 알리기 위한 수단으로 대자보가 많이 이용되었다. 당시는 각 진영마다 깊이 있는 학습을 진행하고 주장을 체계화하던 시기였기에 대자보는 단순히 대중을 선동하는 차원을 넘어 치밀하고 논리적으로 역사적인 고찰과 학문적인 논쟁까지 담아내고 있었다. 학생들은 대자보를 통해 우리 사회가 나아갈 방향과 방법론에 대해 고민하고 정리할 수 있었다.

대자보는 초기에 전지 1장에 핵심적인 주장과 구호를 담았으나 점차 길이가 길어져 3장에서 6장까지 늘어나곤 했다. 1987년 6월 항쟁을 앞두고는 NL과 PD 진영의 주장과 공방을 담은 대자보 논쟁이 벌어져 이를 이해하려는 학생들로 학생회관 앞은 장사진을 이루기도 했고, 많은 학생들은 대자보 내용을 노트에 옮겨 적느라 수십 분간 자리를 지키기도 하였다. 현재 학생회장실에는 조영래와 박종철 두 자랑스러운 선배의 사진이 걸려 있다.

📍 중앙도서관

1980년대 초반에는 학내 집회를 열고자 하여도 사복경찰 및 기관원들이 학교에 상주하며 감시하고 강경 진압에 나섰기 때문에 모이는 것 자체가 쉽지 않았다. 이에 학생들은 시위 주동자에 대한 체포를 막고 성명서를 낭독하기 위한 시간을 벌기 위해 쉽게 접근하기 어려운 장소와 잡기 어려운 시위 방법들을 찾아 나섰다. 그래서 나타난 시위 방법이 건물 옥상이나 난간을 이용하는 방식이었고, 특히 아크로 위쪽에 위치하는 도서관은 학생들이 공부하는 공간이기에 경찰이 상주하지 않았으므로 '고공시위'를 벌이기에는 최적의 장소였다.

1981년 5월 27일, 아크로에서 열릴 예정이던 '광주민주화항쟁 희생자 위령제'를 경찰이 봉쇄하자 1천여 명이 침묵시위를 벌였고, 오후 3시 20분쯤 김태훈 열사(경제학과 78학번)가 도서관 6층 창문을 열고, '전두환은 물러가라'는 구호를 세 번 외치고 아래로 투신해 사망했다. 1983년 11월 8일에는 황정하 열사(도시공학과 80학번)가 전두환 정권의 폭력성과 미국 레이건 대통령의 방한을 규탄하는 시위를 주도하기 위해 도서관 6층에서 창문을 통해 밧줄을 타고 5층 난간으로 내려오던 도중 경찰에 쫓겨 15미터 아래로 떨어져 숨지기도 하였다. 김태훈 열사의 투신 이후 대학 당국이 도서관 창문을 쇠창살로 굳게 막았음에도 민주주의를 향한 서울대학교 학생들의 열기를 꺾을 수는 없었고, 1981년부터 1983년까지 모두 8차례에 걸쳐 도서관 3층과 4층, 5층, 6층 난간에 매달려 목숨을 건 투쟁을 계속하였다.

1983년 학원자율화 조치 이후 학내에서 사복경찰이 철수하면 서 더 이상 이런 투쟁 방식은 필요 없게 되었다. 그러나 1984년 이 후에도 경찰력은 지속적으로 학내에 진입하여 강경진압에 나섰 고, 대학 당국은 정권의 눈치를 보며 학생운동을 방해하고 탄압했 다. 이에 맞서 학생들은 아크로 집회를 마친 뒤, 혹은 아크로 집회 가 봉쇄되었을 때 중앙도서관에서 농성하는 투쟁 방식을 택하였 다. 1984년 4월 10일 대학 당국에 학원자율화를 요구하는 16개 항 의 요구사항을 제시하며 학생 1천여 명이 이틀간 도서관 철야 농성 을 벌였다. 이후에도 도서관 농성은 학생들의 학내 민주화와 사회 민주화를 위한 주요한 투쟁 방식으로 이용되었다.

♀ 서울대 규장각

서울대학교 규장각한국학연구원의 역사적 기원은 조선 후기의 왕 립 학술기관이던 규장각으로 거슬러 올라간다. '규장각奎章閣'의 '奎' 자는 천체天體 이십팔수二十八宿 중의 하나로 '문장을 주관하는 별자리'의 이름이다. 고대 중국에서 제왕帝王의 글을 '규장奎章'이라 불렀기에, 조선왕조는 왕의 초상화·친필·저술·인장 등을 보관하 는 건물을 규장각이라 이름 지었다.

1776년 정조正祖가 제22대 군주로 즉위한 직후 규장각은 정식 국가기관으로 발족했다. 이후 규장각은 보관 기능뿐만 아니라 당 시 당리당략黨利黨略에 몰두하는 조정 신하들의 풍조를 일신하고 국정을 바로잡아 나가기 위한 목적에서, 유능한 선비를 발탁 임명하여 경사經史를 논하고 정사政事의 자문에 응하는 기능을 담당하였다. 하지만 정조가 승하한 후 규장각은 그전의 보관 기능으로 돌아갔고, 국권을 잃은 후에는 14만 권에 달하는 자료가 경성제국대학의 손으로 넘어갔다.

1945년 8월 광복 후 1년이 지난 1946년 10월에 서울대학교가 개교하였다. 그 과정에서 구 경성제국대학이 보관해온 규장각 도서도 규모나 보관 장소의 변경 없이 소관처만 서울대학교 부속도서관으로 바뀌었다.

1975년 서울대학교가 관악캠퍼스로 이전하면서 서울대학교 부속도서관이 확대 개편되어 명칭이 서울대학교 도서관으로 바뀌었고, 1975년부터는 소장도서의 마이크로필름화 작업을 시작하였으며, 『규장각도서한국본종합목록奎章閣圖書韓國本綜合目錄』과 학술지 『규장각奎章閣』을 발간하기 시작하였다.

1989년에 규장각 전용 건물이 준공되어 1990년 6월에 새 건물로 이사하고 9월에 개관식을 거행함으로써 규장각이 중앙도서관에서 독립하여 독자적으로 발전할 터전이 마련되었다. 즉 독립기관으로 기구가 정해지면서 사서와 상근 연구직 학예연구사가 임용되어 자체적인 연구 기능을 갖추게 되었다. 사업비가 크게 늘어남에 따라 소장 도서의 보급과 보존 사업을 대폭 확대할 수 있게 되었고, 다수의 전문가를 동원하여 개별 도서에 대한 해제사업을 추진할 수 있었다.

컴퓨터와 인터넷의 대중화에 따라 규장각도 전산화 사업을 추진하였다. 규장각의 제1차 전산화 대상은 당연히 소장 도서의 목록이었다. 1997년 5월에 소장 도서 목록의 전산화를 완료하였고, 10월에는 데이터베이스를 완성하였다. 그해 11월에는 전산망(LAN) 공사가 이루어졌고, 자체 전산실을 운영하기 시작하였다.

2000년부터 규장각은 국사편찬위원회, 한국정신문화연구원(현 한국학중앙연구원), 민족문화추진회(현 한국고전번역원)와 더불어 정보통신부가 한국전산원에 의뢰하여 추진하는 한국역사 정보통합 시스템 구축 사업에 참여하였다. 이 사업은 관련기관이 소장하고 있는 전적을 영상(이미지) 형태로 전산화(디지털화)하고 데이터베이스를 구축하여 전산망에 공유함으로써, 연구자들이 인터넷으로 고古 전적典籍에 접근하고 검색하도록 한 것이다.

규장각의 사업이 대폭 확대되고 인원이 증가함에 따라 기존 건물에서 업무를 수행하기가 어려워졌다. 2003년 5월에 규장각 건물을 2배 이상으로 확장하는 공사를 착공하여 2004년 12월에 완공하였다. 입구 로비의 옛 한양 지도가 볼 만하다.

♀ 서울대 정문

서울대의 가장 상징적인 조형물은 역시 독특한 모습의 정문이라 할 수 있다.

신림동이나 봉천동에서 오다 멀리서도 보이는 정문의 조형물을 보면 서울대학교에 이르렀음을 알게 된다.

정문은 오늘날 서울대학교를 찾는 일반 시민이나 중고등학생들에게 가장 인기 있는 포토 존이자 졸업생들이 마지막 기념사진을 남기는 공간이다. '국립서울대학교'의 머리글자인 'ㄱ, ㅅ, ㄷ'의 형상을 본떠 만든 정문은 전체적으로 열쇠의 모습을 하고 있어, 서울대학교 교훈인 '진리는 나의 빛(라틴어 원문은 Veritas lux mea)'의 '진리'를 찾기 위한 열쇠를 상징한다고 알려져 있다. 정문의 모습은 이젠 익숙해져 누구나 서울대학교의 상징으로 자연스럽게 받아들이지만, 처음 세워질 당시에는 아주 파격적인 디자인이었기에 많은 논란을 빚기도 하였다.

하지만 1970년대와 80년대, 정문의 의미는 학생들이 독재정권에 맞서 온몸으로 항거하던 장소로 단순히 대학의 출입구나 미적 조형물 이상의 의미를 지닌다. 당시 학생들은 정문을 사이에 두고, 최루탄을 쏘며 진압하는 경찰과 대치하며 '독재타도 민주쟁취'의 구호를 외치고 돌과 화염병을 던지며 물리적으로 충돌하던 장소였

서울대 정문

기에 정문은 민주화 투쟁의 최전선이었다. 당시 서울대학교 정문 앞의 일상적인 풍경은 학생들과 경찰의 대치, 투석전, 최루탄과 지랄탄의 매캐한 연기, 시위 도중 다친 학생들이 부축을 받고 학내 보건소로 바삐 후송되는 모습들로 이루어져 있었다.

그중에서도 1985년 5월 17일이 압권이었다. 이 날 전국의 모든 대학이 '학살 원흉 처단'의 깃발을 들고 나섰다. 서울대생 1만여 명은 '오월제'의 마지막인 대동제를 마치고 교문을 나서 광화문에 합류하려 했다. 당연히 경찰은 많은 병력을 동원하여 가로막았고, 학생들은 밤 10시가 넘도록 6시간 동안이나 지칠 줄 모르고 싸웠다. 결국 교문 돌파는 성공하지 못했고 광화문 투쟁은 학생회관에서의 밤샘 농성으로 대신했지만, 학생들의 투쟁 의지는 정말 대단했다. 그날 교문에서 방패를 들고 돌과 화염병 세례를 받았던 어느 전경은 기억하기도 싫은 지옥 같은 날이었다고 회고할 정도였다. 이 날 박종철 열사는 최루가루를 뒤집어쓰는 바람에 얼굴과 목에 수포가 생겨 농성에 참여할 수 없었다고 한다.

📍 한국원 동판

1991년 9월 17일 밤, 서울대학교 학생들이 당시 신림2동 파출소를 표적으로 기습시위를 시작했다. 갑작스러운 시위에 미처 대비를 못하고 있다가 당황한 경찰은 실탄과 공포탄을 쏘며 맞섰다. 당시 총 10발의 총탄이 발사되었는데, 당시 파출소장이던 조 모 경위의 총에서 실탄 5발과 공포탄 2발이, 그리고 변 모 경장의 총에서 공포탄 2발과 실탄 1발이 발사되었다.

이 과정에서 길 건너편, 현재 서울산업정보학교 앞에 서 있던 스물일곱 살의 한국원 씨가 경찰이 쏜 총탄에 맞아 병원으로 옮기던 도중 사망하고 말았다. 당시 그는 서울대 공업화학과 박사과정에 재학 중이었으며, 갓 결혼한 부인과 함께 아르바이트 자리를 알아보고 귀가하던 중에 잠시 시위 장면을 바라보고 있다가 변을 당한 것이었다.

1980년 광주 이후 경찰이 시위대를 향한 실탄 발사는 이 날이 처음이었다. 그 이전에도 격렬한 시위는 자주 있었고, 사과탄·지랄탄이 대량으로 사용되고, 백골단 등 정권의 사냥개들이 시위 현장을 진압하기 위해 날뛰었지만 시위대를 향해 실탄을 발사하는 일은 없었다. 하지만 당시의 시국상황은 이런 일이 벌어질 만한 분위기였다.

잎서 다루었지만 같은 해 4월 시위 중이던 명지대생 강경대 열사가 소위 백골단의 집단구타로 숨졌고, 5월에는 서울구치소에 수감 중이던 한진중공업 박창수 노조위원장이 안양병원 앞마당에서 숨진 채 발견되었으며, 6월에는 김귀정 열사가 역시 경찰의 시위진압 과정에서 목숨을 잃었다. 그 와중에 노태우 정권의 폭력에 항거하는 분신이 전국에서 잇달아 일어났다. 불과 열흘 사이에 4명의 젊은 목숨이 정권의 폭력 살인에 항거하기 위해 무엇보다 소중한 목숨을 버렸던 것이다. 급기야 당시 재야 원로들이 아까운 희생을 막기 위해 분신의 자제를 호소할 정도였다. 민주주의를 요구하는 국민들에게 더 가혹한 탄압으로 맞선 정권은 끝까지 가기로 작정을 한 것 같았다. 그래서 대학생들은 절망과 절규를 넘어 공권력을 향한 직접적인 공격을 시작했다. 한국원 씨의 비극에는 이런 시대적, 사회적 원인이 있었다.

한국원 씨는 지도교수로부터 큰 기대를 받던 재원으로, 그렇게 허망하게 죽지 않았다면 과학 발전을 위해 중요한 역할을 할 수 있었던 청년 연구자였다. 그러나 끝내 꽃봉오리를 피워보지도 못한 채 고향인 전남 구례에 묻히게 되었다.

부도덕한 정권의 강압적인 공안 통치는 이렇게 시위의 현장에서 한 발 물러서 있던 과학도의 미래마저 앗아가 버렸다. 이 사건에 대한 국민의 관심과 분노를 형식적으로나마 달래려고 정권은 당시 실탄을 발사한 두 경찰을 직위해제하고 검찰이 수사를 시작했지만 둘은 재판부의 공식판결이 나기도 전인 92년 1월 다시 복직했고, 두 달 후 재판부는 기소유예처분으로 복직을 축하해 주었다. 경찰은 당시 상황에서 총기사용이 불가피했고, 고의성이 없었던 점 등을 고려해서 형사처벌을 하지 않고 마무리했다고 발표했다.

📍 '그날이 오면' 옛터

1980년대에 일어난 역사의 진보와 사회 변혁을 위한 강한 열망은 활발한 출판문화운동의 고양으로 이어졌다. 인류역사의 진보를 위한 수많은 실천적 경험과 이론적 축적을 번역하고 정리하였으며, 자연스럽게 많은 인문사회과학 출판사들이 탄생했다. 또한 이런 책들을 유통할 수 있는 인문사회과학 전문서점들도 등장하였다.

이들 서점은 책뿐만 아니라 다양한 형태의 선전물, 민중가요 음반 등의 유통 경로 역할도 맡았다. 이 서점들은 더 나아가 사회 변혁을 위한 투쟁의 이론적 토대를 제공하고, 일상적 생활영역에서부터 투쟁의 후방보급기지에 이르는 운동권의 사랑방 기능까지 함께 하는 공간이 되었다.

대부분의 대학들 주변에는 이런 서점들이 있었지만, 특히 서울대 주변에는 모두 7곳이나 되는 인문사회과학 서점이 있었다. 그중 늦게 나타났지만 지금까지 존재하는 서점은 '그날이 오면'이다.

당시 서울대생들의 주된 활동영역이었던 녹두거리(현 대학동, 서림동) 주변에는 80년대 초반 광장서점을 시작으로 80년대 중반 전야서점, 열린글방이 문을 열었고, 1988년 초에는 '그날이 오면'이 설립되었다. 그때 학생들은 다양한 정치적 경향성에 따라 각자의 서점을 주로 이용하는 경향이 있었다. 전야서점은 주로 NL(민족해방민중민주주의) 성향의 학생들이, 열린글방은 PD(민중민주주의) 성향의 학생들이 이용하는 서점이었다.

'그날이 오면'은 정치적 편향성이 덜했고, 녹두거리와 가장 가까운 지리적 조건으로 인한 편리함 때문에 다양한 성향의 학생들이 모두 이용하는 서점이 되었다. 서점주는 다양한 성향의 사람들이 서로 만나 어울리기도 하고, 또한 공동의 투쟁과 소통을 통해 단결의 기운을 높이는 데 간접적으로라도 기여해야 할 서점이 편향적으로 운영되어서는 안 된다는 생각을 가지고 서점을 운영하려 했다. 전체적인 인문사회과학 서점 이용자들의 감소 속에서 서울대의 서점가는 '그날이 오면'으로 중심이 이동하였고, 1996년 2월, 전야서점을 인수하고 2배 이상 넓은 공간으로 이사하기에 이른다.

이러던 중, 1997년 4월 당시 서울의 대표적 인문사회과학 서점인 '그날이 오면'과 고려대 앞의 '장백', 성균관대 앞의 '풀무질'에 대한 국가보안법 위반 혐의의 탄압이 자행되었다. 당국은 서점 대표들을 남영동 대공분실로 연행하고 각종 서적과 기관지들을 압수해 갔다. 이에 서울대 학생 400여 명은 '그날이 오면' 앞 도로를 가득 메우고 침탈을 규탄하는 집회를 열었다. 집회 후 150여 명은 남영동 대공분실로 몰려가 구속된 유정희 대표를 석방하라는 시위를 벌였다. 이 사건은 '그날이 오면'은 어떤 어려움 속에서도 지켜가야 할 가치가 있는 공간임을 재확인하는 계기가 되었다.

하지만 2000년대에 들어서 안팎의 상황은 갈수록 어려워졌다. 대부분의 학생들이 보다 나은 사회로의 변화에 주체로 나서려고 하기보다 기성사회에 편입하는 데 필요한 스펙과 학점에 매달리는 수동적인 존재가 되어갔다. 이러한 흐름 속에서의 여러 노력들은 한계에 부딪혀 더 이상 나갈 수 없는 상황으로 흘러갔다. 또한 재정상태도 극도로 어려워졌다.

2006년, '그날이 오면'의 의미를 너무나 잘 아는 졸업생들을 중심으로 후원회가 만들어졌다. 거기에는 진보적인 학술활동을 하던 교수들과 재학생들, 그리고 일반 시민들도 함께 참여하였다.

그 이후 지속적인 경영적자로 인한 어려움 속에서도 서점의 운영이 가능했던 것은 후원회의 역할이 절대적이었다. 후원회 이름으로 지속적인 강연회와 서평대회, 그리고 학회와 독서모임들을 운영하며 가능한 역할을 해왔다.

'그날이 오면'은 현판을 써준 신영복 선생님의 '씨과일은 먹지 않고 남긴다'는 석과불식碩果不食, '낙엽이 떨어져 뿌리를 키우는 거름이 된다'는 엽락분본葉落濆本의 교훈에 따라 우리 사회의 씨과일과 뿌리라고 할 수 있는 인간적 가치, 인문학적 가치가 교류되고 소통되는 공간으로 끝까지 남아 있기를 기대한다.

📍 녹두거리 : 암울한 시대, 민주주의와 민중 지향적 저항 문화의 현장

1970년대와 1980년대 군사독재 정권의 서슬이 퍼런 시절, 우리 사회에는 명동성당이나 기독교회관 같은 종교시설이나 대학 캠퍼스를 제외하면 자유롭게 민주주의를 외칠 공간이 거의 없었다. 그러나 대학 캠퍼스 바깥에 있으면서도 거리낌 없이 반독재, 반외세를 외칠 수 있고 민중 지향적인 문화가 넘쳐나던 공간이 바로 서울대학교 앞의 '녹두거리'였다.

녹두거리에는 서울대학교 학생들이 넘쳐났다. 최고의 엘리트 집단으로 조용히 공부하여 무사히 졸업한다면 창창한 앞날, 권력과 명예, 부가 뒤따를 수 있는 위치에 있었지만 이들은 자신의 기득권, 출세가도의 보증수표를 과감히 내던졌다. 그리고 민중들과 함께하고자 했다. 소비적 대중문화를 거부하고 소박하지만 함께 어울리는 공동체적 문화를 추구했다. 서울대생들은 이 거리에서 막걸리와 소주를 마시고 유행가 대신 민중가요를 목청껏 외쳐 부르며 광주의 아픔과 노동 현장의 부당한 현실에 대해 밤새워 토론하였다. 하숙집과 자취방에 함께 모여 감시를 피해 스터디를 하고 독재정권을 비판하는 유인물을 제작하였다.

하지만 녹두거리는 학생들만의 공간은 아니었다. 이곳의 주점과 서점, 하숙집과 자취방의 주인들도 학생들과 함께 시대의 아픔을 나누고 학생들을 보호하며 녹두거리의 문화를 만들어 간 또 다른 주체였다. 이 거리 전체가 독재정권에 맞서는 민주주의의 실천 공간이자 민중 지향적 문화를 꽃피운 문화의 공간이기도 했던 것이다.

이전 당시 관악캠퍼스는 서울 외곽에 위치하고 있는 데다 시내까지 나가는 통근버스가 오후 5시 반이면 끊겼고, 도서관과 연구실도 오후 6시면 문을 닫았다. 당연히 학교 바깥은 더욱 황량했다. 그저 봉천동 쪽에 약간의 주점과 하숙집이 있을 뿐이었다.

1980년에 와서야 도림천을 복개하고 길을 놓으면서 녹두거리 쪽에도 상가가 들어서기 시작했다. 그러면서 제법 규모를 갖춘 하숙촌으로 성장하였고 인근에 주점들이 등장하기 시작했다. 1981년 서울대 학생들의 단골 주점인 '일미집'이 봉천동에서 옛 289번 버스 종점 옆으로 옮겨오고, 곧바로 학사주점의 대표격인 '녹두집'이 문을 열었다. 또한 광장서점과 녹두서점이 문을 열고 식당도 여럿 생겨나면서 서울대 학생들의 생활반경이 봉천동에서 신림동 쪽으로 옮겨오게 된다.

일미집과 녹두집은 음식 값도 싸고 양도 풍부하며, 한 방에 20~30명씩 들어갈 수 있는 넓은 공간을 갖추고 있어 동문회나 학과 모임, 서클 모임 등 각종 모임을 개최하기에 적합하였으므로 서울대 학생들이 가장 즐겨 찾게 되었다. 특히 함께 노래를 부르고 목청껏 토론하며 세미나 등 잦은 모임의 뒤풀이 장소를 찾던 운동권 학생들에게는 최적의 장소가 나타난 셈이었다.

누가 먼저 그렇게 부르기 시작했는지 이때 녹두거리라는 이름이 생겼고, 85년 녹두집이 문을 닫고 그 자리에 청벽집이 들어선 후에도 거리 이름은 바뀌지 않았다. 녹두거리는 화랑교를 건너 시작하는 신림로11길로 대학5길과 만나는 지점까지를 가리킨다. 즉 오늘날 롯데리아와 피에스 몽떼 사이에서 시작하여 약 200미터 위 왕약국까지를 지칭하는 것이다.

녹두거리에는 이후 80년대 중후반까지 녹두집과 청벽집, 탈, 한마당, 달구지, 스페이스 등의 주점과 회빈루, 중국관 등의 중국집이 있었고, 대로변으로 '광장서적'과 '열린글방', '전야', '그날이 오면' 등의 사회과학 서점과 '집현전', '관악사'라는 이름의 인쇄소가 위치하고 있었다.

1984년 학원자율화 조치, 총학생회의 부활과 맞물려 학생운동이 대중화되면서 각종 모임이 활기를 띠자 녹두거리도 함께 학생들로 넘쳐나고 특유의 문화가 꽃피우게 된다. 신입생 환영회가 열리는 3월이면 대규모 좌석을 갖춘 중국집에 학생들이 넘쳐나고 각 주점마다 빈자리가 없이 여기저기서 민중가요와 구호 제창, 열띤 논쟁에 옆 사람 소리가 잘 들리지 않을 지경이었다. 오늘날에 비해 유난히 지방 학생들의 비율이 높았던 터라 하숙이나 자취를 하는 학생들은 밤새워 녹두거리를 떠날 줄 몰랐다. 4월과 5월에 접어들어 학내 집회가 있거나 가투(가두투쟁의 약어)가 있는 날이면 모두 녹두거리에 모여 그날의 투쟁에 대한 이야기꽃을 피웠고, 혹시라도 다치거나 잡힌 친구가 있는 경우에는 모두가 안타까움과 분노로 독재정권에 대한 투쟁 의지를 불태우느라 녹두거리는 조용할 날이 없었다.

학생들의 딱한 사정을 잘 아는 녹두거리 주점 주인들은 쉽게 외상을 해줬고 카운터 서랍마다 학생증과 시계가 넘쳐 났다. 어느 주점마다 외상장부 책이 2~3권은 기본이었어도 학생들을 원망하지 않았고, 학생들도 그런 주점 주인들에 대해 미안함과 고마움, 깊은 연대감을 갖고 있었다. 2017년 겨울 서울대 노래패 '메아리'의 40주년 기념 공연에 작고한 '탈' 주인의 부인 허혜숙 씨를 초청했을 정도였다. 이러한 모습이 바로 학생과 주민들이 함께 만들어갔던 녹두거리만의 문화였던 것이다.

서울대 학생들은 이 거리를 '서울대 제2 캠퍼스'라고 불렀다. 강의실에서 교수들에게 배우는 것보다 오히려 녹두거리의 서점과 주점들에서 동료, 선후배들과 만나 함께 고민하고 토론하면서 우리 사회와 역사, 삶에 대해 더 많은 것을 배웠기에 말 그대로 '제2 캠퍼스'였던 것이다. 더구나 서울대 내에서는 보직교수와 교직원들이 집회 장소에 나와 감시하고 심지어 경찰에 강제연행되는 것을 돕기까지 하는 반면, 녹두거리의 가게 주인들은 학생들이 가투를 나가고 또 돌아오면 함께 걱정해 주고 돈이 없을 때는 외상을 너그러이 받아주었기에 학생들이 이 거리에 깊은 애정을 갖는 것은 너무도 자연스러웠다. 1989년 4월 28일 '고 김세진·이재호 열사 3주기 추모식'이 교내에서 열려 교투(교문투쟁)가 있었다. 이 날 저녁 녹두거리에선 사복경찰 50여 명이 주점을 돌며 학생들을 곤봉으로 내리치고 방패로 내리찍으며 강제로 연행해 갔다. 이때 학생뿐 아니라 주민들이 함께 경찰에 항의하며 맞서기도 하였다.

하지만 이런 분위기는 1990년대 들어서면서 변화를 겪게 된다. 87년 6월 항쟁 이후 형식적이나마 민주주의 조치가 취해지면서 학생운동의 열기가 주춤해졌다. 더구나 80년대 후반의 경기활성화와 89년 과외금지 해제 조치로 대학생들의 소비수준이 상승되고 상권이 발달하면서 높아진 임대료에 기존의 주점들이 하나둘씩 문을 닫고 장사가 잘 되는 업종, 학생들의 변화된 소비 성향에 맞춘 상가들이 하나둘씩 들어서게 된다.

1989년에는 학생들 사이에서도 녹두거리에 대한 문제제기가 이어졌고, 94년부터는 서울대학교 10월 대동제와 함께 제1회 녹두문화제가 열렸다. 비록 서울대 정문 앞에서 녹두문화제가 열렸지만 학생들과 상인, 하숙집 주인들까지 함께하는 축제의 형식으로 진행되었다. 95년부터는 녹두거리 앞 화랑교와 도림천변에서 제2회 녹두문화제가 열렸다. 이밖에도 97년과 99년에는 신입생 환영회를 녹두거리에서 개최하여 단과대학 풍물패와 교내 동아리들의 공연이 열리기도 하였다. 그러나 그 이후 서울대 학생들이 주관하는 녹두문화제는 더 이상 열리지 못했다.

비록 이런 노력이 녹두거리를 다시 서울대생들이 즐겨 찾는 거리로 활성화시키지는 못했지만 여전히 서울대와는 뗄 수 없는 관계이다. 80년대 그 암울했던 시절에 함께 울고 웃으며 끈끈한 유대관계를 맺었고, 대한민국 그 어디에서도 찾아볼 수 없는 저항과 비판의 문화, 민중 지향적 문화를 꽃피웠던 녹두거리는 여전히 우리 가슴 속에 바람직한 공동체 문화의 길을 제시해 주고 있다.

📍 박종철 거리

박종철 열사는 녹두거리의 '전성기 시절'에 대학을 다녔다. 거리의 주점에서는 열띤 토론과 구호, 경찰에 연행된 동료에 대한 걱정과 탄식, 청년의 염원을 담은 노래가 들려왔을 것이고, 학생들의 가방 속에는 근처의 그날이 오면, 전야, 열린글방, 광장서점 등에서 구입한 사회과학 서적 등이 들어 있었을 것이다. 박종철 열사도 그들 중 하나였다.

박종철 열사가 남영동 대공분실로 잡혀갈 때 마지막으로 살던 집이 현재 행정구역 상 주소로는 대학5길 10-7이다. 하숙집을 나가서 바로 오른쪽으로 방향을 틀면 녹두거리의 위쪽 입구 왕약국 간판이 보이는 곳이었다.

그전 하숙집도 현재 관악산지구대 대학동 파출소대학길 48 근처였는데, 역시 5분 거리에 녹두거리가 있다.

「관악, 민주주의의 길을 걷다」 사업추진단이 2017년 시작되면서, 가장 중요한 사업으로 왕약국과 강원약국 사이 약 100미터 정도의 거리를 '박종철 거리'로 조성한 이유도 서울대에 입학한 이후 언제나 그 거리를 오갔을 열사를 되살리고자 했기 때문이다. 그 길을 걸으면서 열사를 떠올리고 나라와 이웃에 대한 정의감과 열정, 공동체를 향한 헌신 같은 가치를 이 시대에 드러내고자 한 것이다. 2020년 6월 10일에는 사진에서 보는 바와 같이 기념 동상과 벤치가 만들어졌고, 2022년 1월을 목표로 기념관 조성 사업이 한창이다.

440

박종철 열사의 동상. 염상섭 작가와 장면 전 총리의 동상처럼 편안하게
접근할 수 있다.

박종철 열사 고문치사사건

이 관악구 하숙방에 서울대 민추위 사건으로 수배를 받아 쫓기는
선배가 찾아온 날은 1987년 1월 8일이었다. 1월 14일 새벽, 박종
철은 귀가하다가 잠복 중이던 경찰에 강제 연행되어 남영동 대공
분실 5층 9호실로 끌려갔다. 그는 피의자가 아니라 참고인의 신분
이었지만 경찰은 물고문을 가했고, 다음 날 오전 11시 20분 숨지고
말았다.

한편 1월 말부터 영등포교도소에서 또 다른 드라마가 시작되었
다. 이곳에 갇혀 있던 이부영은 이 사건과 관련된 경찰관이 수감되
었다는 소식, 그리고 그들은 가족 면회 때 억울하다는 말을 했으며,
고문 경관 셋이 더 있는데 조직 보호를 위해 둘만 감옥에 들어왔다
는 이야기를 들었다. 기자 출신 이부영은 옥중에서 취재한 축소·

조작의 전모를 정리하여 친한 교도관 한재동을 통해 김정남에게 전달했다. 수배 중인 김정남은 이 편지와 신문 기사를 참조하여 문건을 만들었다.

그는 문건을 함세웅 신부에게 전했고, 고심 끝에 정의구현사제단은 '5.18 광주민주항쟁 7주기 미사' 자리에서 '박종철 군 고문치사사건의 진상 조작' 성명을 발표하기로 결정하였다. 발표는 김승훈 신부가 맡았다. 21일 검찰은 축소·조작 사실을 인정하였고, 29일에는 이를 주도한 대공수사 2단 단장 박처원 등이 범인 도피죄로 구속 수감되었다. '박종철 군 국민추도위원회'는 '박종철 군 고문살인 은폐조작 규탄 범국민대회 준비위원회'로 확대하고, 6월 10일에 범국민 규탄대회를 열기로 하면서 6월 민주항쟁의 서막이 열렸다.

1월 14일, 박종철 열사 사망 경위

박종철이 숨겨준 서클 선배를 처음 만난 시기는 1985년 1월이었다. 얼마 후 그 선배는 민주화추진위원회(민추위) 사건으로 지명수배를 받아 쫓기는 몸이 되었다. 1986년 11월 박종철 하숙방에 그 선배가 찾아왔다. 그때 그 선배는 호구조사 때 동사무소 직원에게 신분이 노출되어 자신이 기거하던 집을 포기하고 이집 저집을 전전하고 있는 중이었다. 그 선배가 다시 찾아온 날은 1987년 1월 8일이었다. 선배가 찾아온 이유는 한 차례 구속사태가 몰고 간 뒤 연락이 끊긴 사람들과의 연결을 후배 박종철에게 부탁하기 위해서였다. 1987년 1월 14일 새벽 박종철은 하숙집으로 귀가하다가 잠복 중이던 경찰에 강제 연행되었다. 그들은 박종철을 억지로 차에 밀어 넣었고 남영동 대공수사 2단 수사관들에 의해 5층 9호실로 끌려 갔다. 어디까지나 박종철은 피의자가 아니라 참고인이었다. 그러나 특진에 미쳐 있던 경찰은 박종철에게 물고문을 가하였고, 열사는 14일 오전 11시 20분 경 숨지고 말았던 것이다.

1월 15일, 박종철 열사 고문치사 첫 보도

1987년 1월 15일 오전, 중앙일보 검찰청 출입기자 신선호는 흔히 그랬듯이 검찰 간부들의 방을 한 바퀴 돌다가 우연히 "경찰 참 큰 일났어!"라고 말하는 한 간부의 소리를 들었다. 그는 그것이 결코 예사롭지 않은 일이라는 것을 직감했다.

이로부터 숨 가쁜 취재와 신문사 데스크와의 피 말리는 신경전 끝에 그날 중앙일보 석간의 1.5판에는 2단짜리 기사 하나가 실렸다. '보도지침'이 엄존하던 시대로 기사 하나를 쓰고 싣는 것이 결코 만만치 않았기 때문이다. '경찰에서 조사받던 대학생 쇼크사'라는 제목 아래 이제는 이 세상 사람이 아닌 박종철의 이름과 그 죽음이 세상에 알려지는 순간이었다. 그리고 그것은 그 청년의 죽음에 대한 의혹을 불러일으키기에 충분하였다.

> 14일 상오 11시 20분쯤, 서울 남영동 치안본부 수사실에서 조사받던 서울대생 박종철 군이 조사도중 갑자기 쓰러져 숨졌다. 경찰은 박 군의 사인을 쇼크사라고 발표했으나, 검찰은 박 군이 수사관의 가혹행위로 인해 숨졌을 가능성에 대해 수사 중이다.
>
> (중앙일보 1987.1.15)

1월 15일, 치안본부 첫 사인 발표

치안본부는 박 군이 연행된 뒤 오전 9시 16분경 경찰이 제공한
밥과 콩나물국으로 아침식사를 조금 하다가 "전날 술을 마셔 갈
증이 난다"고 말해 조사관이 갖다 준 냉수를 몇 컵 마신 뒤 오전
10시 50분부터 취조실에서 조사에 들어갔는데, 조사가 시작된
지 30분만인 오전 11시 20분경 수사관이 주먹으로 책상을 치며
혐의사실을 추궁하자 갑자기 "억"하며 책상 위에 쓰러졌다고
밝혔다.

(동아일보 1987.1.16)

1월 16일, 박종철 군 유골가루 임진강변에 뿌려져

16일 오전 8시 25분 박 군의 사체는 영안실을 떠나 벽제화장장
으로 옮겨져 오전 9시 10분 화장됐다. 두 시간여 화장이 계속되
는 동안 아버지 박 씨(57)는 박 군의 영정 앞에서 정신 나간 듯
혼자 말을 계속했고 어머니 정차순 씨(54)는 실신, 병원으로 옮
겨졌다.

화장이 끝난 박 군의 유골은 분골실로 옮겨졌고 잠시 뒤 하얀 잿
가루로 변해 박 군의 형 종부 씨(29)의 가슴에 안겨졌다. 종부 씨
는 아무 말 없이 박 군의 유해를 가슴에 꼭 끌어안은 채 경찰이
마련한 검은색 승용차에 올랐다. 잠시 후 일행은 화장장 근처의
임진강 지류에 도착했다. 아버지 박 씨는 아들의 유골 가루를 싼

흰 종이를 풀고 잿빛 가루를 한 줌 한 줌 쥐어 하염없이 샛강 위로 뿌렸다. "철아, 잘 가그래이." 아버지 박 씨는 가슴 속에서 쥐어짜는 듯한 목소리로 말했다. 아버지 박 씨는 끝으로 흰 종이를 강물 위에 띄우며 "철아, 잘 가그래이. 이 아부지는 아무 할 말이 없데이"라고 통곡을 삼키며 허공을 향해 외쳤다. 이를 지켜보는 주위 사람들은 흐느끼거나 눈시울을 붉혔다.

(1987.1.17 동아일보 창)

김광석의 노래로 유명한 「부치지 않은 편지」는 정호승 시인이 이 기사를 보고 영감이 떠올라 쓴 시에 곡을 붙인 것이다.

풀잎은 쓰러져도 하늘을 보고
꽃 피기는 쉬워도 아름답긴 어려워라
시대의 새벽길 홀로 걷다가
사랑과 죽음의 자유를 만나
언 강 바람 속으로 무덤도 없이
세찬 눈보라 속으로 노래도 없이
꽃잎처럼 흘러 흘러 그대 잘 가라
그대 눈물 이제 곧 강물 되리니
그대 사랑 이제 곧 노래 되리니
산을 입에 물고 나는
눈물의 작은 새여
뒤돌아보지 말고 그대 잘 가라

관악 민주올레

1월 19일, 치안본부 2차 사인 결과 발표

당국으로서도 더 이상 고문 사실을 숨길 수 없었다. 전두환 정권의 고위 관계자들은 1월 16일 관계부처 장관과 유관기관 책임자가 참석한 정부대책회의, 이른바 관계기관 대책회의라는 것을 서린호텔*에서 열었다. 그러나 결론은 경찰로 하여금 자체조사토록 한다는 것이었다. 경찰 자체조사에 의해 1월 19일 발표된 박종철 군 고문치사의 사인은 다음과 같았다.

조한경 경위와 강진규 경사는 박종철 군이 '서울대 민주화추진위원회' 사건 주요 수배자인 박종운 군의 소재를 알고 있음이 확실함에도 진술을 거부하자, 사실을 알아내기 위해 위협수단으로 대공수사 2단 5층 9호 조사실에서 박 군의 머리를 욕조 물에 한 차례 잠시 집어넣었다가 내 놓았으나 계속 진술을 거부하면서 완강히 반항하여 다시 머리를 욕조 물에 넣는 과정에서 급소인 목 부위가 욕조 턱에 눌려 질식 사망한 것으로 밝혀졌다. 연행 시간은 8시 10분, 사망 시간은 11시 20분경. 사망원인은 경부 압박에 의한 질식사……

19일 오후 5시 30분경 서울 형사지방법원에서 이들 경관 2명에

대한 구속영장이 발부되었다. 치안본부 특수수사대에 연행되어 있던 두 경관은 저녁 9시 40분경 미니버스 2대에 똑같은 점퍼를 입은 20여 명 속에 숨어 서대문경찰서 유치장에 수감되었다.

1월 20일, 추모제

20일 낮 1시 40분, 서울대 학생회관 2층에서 박종철 열사의 추모제가 거행되었다. 방학 중임에도 1천 5백여 명이나 되는 학생들이 모여 고인의 죽음을 애도했다. 이 추모제에서 언어학과 학생들의 추도시 「우리는 결코 너를 빼앗길 수 없다」가 한 여학생에 의해 낭독되었다.

우리는 결코 너를 빼앗길 수 없다

오늘 우리는 뜨거운 눈물을 삼키며
솟아오르는 분노의 주먹을 쥔다

차가운 날
한 뼘의 무덤조차 없이
언 강 눈바람 속으로 날려진
너의 죽음을 마주하고
죽지 않고 살아남아 우리 곁에 맴돌
빼앗긴 형제의 넋을 앞에 하고
우리는 입술을 깨문다

누가 너를 앗아갔는가

감히 누가 너를 죽였는가

눈물조차 흘릴 수 없는 우리

그러나 모두가 알고 있다

너는 밟힌 자가 될 수 없음을

끝까지 살아남아 목청 터지도록 해방을 외칠

그리하여 이 땅의 사슬을 끊고 앞서 나아갈 너는

결코 묶인 몸이 될 수 없음을

…(중략)…

철아

결코 누구에게도 빼앗길 수 없는 우리의 동지여

마침내 그날

우리 모두가 해방춤을 추게 될 그날

척박한 이 땅 마른 줄기에서 피어나는

눈물뿐인 이날의 꽃이 되어라

그리하여 무진벌에서 북만주에서 그리고 무등산에서 배어난

너의 목소리를 듣는 우리는

그날

비로소 그날에야

6월항쟁의 도화선이 된 박종철의 죽음은 민주화를 열망하는 국민들의 투쟁으로 부활했다. 87년 초 추모제를 마친 서울대 학생들이 박종철 군의 영정을 들고 교문으로 나오고 있다.

뜨거운 눈물을 네게 보내주리라

1월 19일 함석헌, 홍남순, 김영삼, 김대중 등 전국에서 각계 대표 9천 782명으로 '박종철 군 국민추도회 준비위원회'가 발족되었고, 1월 26일 저녁 명동성당에서 '박종철 군 추도 및 고문근절을 위한 인권회복 미사'가 거행되었다.

3월 3일 박종철 49재와 '고문추방 민주화 대행진'이 서울을 비롯하여 부산, 대구, 광주, 대전, 전주 등 주요 도시에서 추진되면서 6월 항쟁의 막이 올라갔다.

📍 김상진, 이동수 열사 추모비

1987년 이후 대학을 다녔던 이들의 마음에 박종철, 이한열 열사
가 있었다면, 1975년 이후 대학을 다녔던 이들에게는 김상진 열사
가 있었다. 김상진 열사는 문익환 목사의 연설에서 전태일 열사 다
음으로 등장할 정도로 민주화운동사에서 비중이 높은 인물이다.
1975년 봄 동아일보 광고탄압이 일어났고, 4월 9일 인혁당 사건 관
계자 사형이 집행되자, 분노한 서울대 김상진은 수원 서울대 농대
캠퍼스에서 할복으로 유신정권에 항의한다. 그의 자결은 서울대는

김상진 추모비

물론 전국을 뒤흔들었고, 이때 시위
로 구속된 인물 중에는 문재인 대통
령도 있었다. 그의 추모비는 수원 캠
퍼스에 있었지만 농대의 관악캠퍼스
이전으로 같이 옮겨졌다.

앞서 아크로폴리스 편에서 이야기
한 이동수 열사가 원예학과 출신이
기에 그의 추모비도 김상진 열사의
추모비 옆에 서 있다. 이동수 열사는
뒤늦게 서울대학교에 입학한 다음

바로 입대하였다. 복학 후 주로 86학번들과 어울렸던 열사는 학생 운동 조직에 속하지는 않았지만 혼자서 군사정권에 반대하는 유인물을 배포하다가 경찰에 잡혀가는 등 나름의 방식으로 민주화운동에 동참하였다. 1986년 암울했던 현실과 많은 학우들의 죽음 앞에 열사의 번뇌는 깊어져 갔던 것이리라.

📍 김태훈, 우종원, 김성수 열사 추모비

사회과학대학 건물 주변 다소 외진 곳에 사회과학대학 출신 열사 3명의 추모비가 있다. 전두환이 정권을 탈취한 이후 서울대학교 학생 중 첫 희생자는 김태훈 열사(경제학과 78학번)였다. 1981년 5월 27일 중앙도서관 6층에서 공부하고 있던 열사는 창 너머 아크로에서 광주항쟁 1주기를 맞아 흰 마스크를 쓴 채 침묵시위를 벌이던 학우들이 사복경찰과 전경들에 의해 구타를 당하며 끌려가는 모습을 목격하고, 도서관 창문의 모기장을 뜯어낸 뒤 상체를 창밖으로 내밀어 '전두환은 물러가라'고 큰 소리로 세 번 외친 뒤 아크로 광장을 향해 몸을 내던졌다. 이를 계기로 아크로는 서울대학교 민주화운동의 구심점으로 학생들에게 각인되었다.

그 옆으로는 의문사를 당한 우종원 열사와 김성수 열사의 추모비가 있다. 우종원 열사(사회복지학과 81학번)는 1983년 학외 유인물 배포 사건으로 구속되어 모진 고문을 당한 뒤 3년형을 선고받았다가 1984년 특사로 풀려났다. 이후 1985년 미문화원 점거농성의 배후로 지목된 민추위 사건으로 수배되었다가 10월 12일 경부선

철로변에서 변사체로 발견되었다. 경찰은 열사가 투신자살했고 유서도 발견되었다고 밝혔으나, 자살을 할 특별한 이유가 없고 유서의 필적도 달랐으며 신고 있던 신발도 맞지 않는 등 여러 의혹들이 제기되었다. 이후 의문사진상규명위원회의 노력에도 국정원과 검찰, 경찰의 비협조로 진상규명이 이뤄지지 못했다.

김성수 열사(지리학과 86학번)는 대학 입학 초기부터 학과 동아리와 총학생회 연극부에서 활동하였으며, 1학기에만 시위 도중 두 차례나 연행되어 훈방되었다. 86년 6월 18일 오전 자취방에 걸려온 정체불명의 전화를 받고 교련복 차림으로 집을 나간 뒤 행방불명되었다가 3일 뒤 부산 송도 매립지 앞바다에서 변사체로 발견되었다. 경찰은 열사가 성적 불량 때문에 비관자살을 한 것이라고 처리했으나, 1학년 1학기가 끝나지도 않은 상황에서 성적을 비관할 리가 없고 당시 시험 기간 중에 전혀 연고가 없는 부산까지 갈 이유도 없었다. 더구나 발견 당시 나일론 밧줄로 세 개의 시멘트 덩어리를 매달고 있었으며, 교련복이 아닌 검정색 군복 바지와 검정색 군용 허리띠 차림에 머리에 정교하게 가격당한 상처까지 있었던 점에서 기관에 의한 타살이라는 의심을 받았다.

📍 김세진, 이재호 열사의 마지막 숨결을 품은 서광빌딩

1986년 4월 28일 오전 9시, 400여 명의 학생들이 신림역 사거리 도로에 뛰어들어 스크럼을 짜고 연좌를 시작하며 구호를 따라 외쳤다. 그때 머리 위로 유인물이 뿌려졌다. 길거리에 연좌하고 있던 학생들의 시선이 근처의 3층짜리 서광빌딩 옥상으로 향했다. 옥상 위에는 연좌 학생들의 선배 두 명이 핸드 마이크를 들고 시위를 주도하고 있었다. 대부분 당일 아침 전방입소 훈련이 예정되어 있던 서울대 2학년 남학생들이었다. 그들은 문무대 학생병영훈련과 전방부대 입소교육을 대학의 비판의식을 말살하기 위한 독재정권의 억압 장치로밖에 여기지 않았다.

연좌시위가 시작되고 얼마 지나지 않아 경찰이 들이닥쳤다. 무차별 구타와 연행이 시작되었고 일부는 현장을 지휘하고 있던 김세진과 이재호가 있는 빌딩 옥상으로 향했다. 둘은 준비한 시너를 온몸에 쏟아 붓고 라이터를 켜며 "시위대에서 떨어져라. 우리에게 다가오지 마라, 다가오면 분신하겠다"고 저항했다. 그러나 당시 시위 주동학생을 놓칠 경우 돌아올 문책과 실적 쌓기에 급급한 경찰이 달려들었고, 결국 두 사람은 몸에 불을 붙이고 말았다. 후배들은 끌려가면서도 저항했고, 구호를 쉬지 않고 외쳤다. "세진이 형!", "재호 형!"하는 후배들의 절규가 곳곳에서 터져 나왔다.

김세진 이제호 열사 추모 동판

"저 죽는 건가요? 후회하지 않아요. 친구는 어떻게 됐습니까?"
두 열사는 한강성심병원으로 이송되어 병상에 있으면서도 의연함을 잃지 않았고, 결국 김 열사는 5월 3일, 이 열사는 5월 26일 세상을 떠났다. 유명한 민중가요 「벗이여, 해방이 온다」는 두 열사를 위해 작곡된 것이다. 2019년 11월 23일, 그 건물 앞 도로에 두 열사의 죽음을 기리는 동판이 세워졌다.

📍 김대중과 노무현 두 대통령의 마지막 유세 장소: 봉림교

도림천 위에 걸려 있는 봉림교는 1997년 김대중과 2002년 노무현 두 대통령의 마지막 유세 장소였다. 당시 노무현 선대본에서는 1997년 12월, 김대중 대통령이 이곳에서 마지막 유세를 하고 승리했다는 사실을 기억하고는, 지지자가 많이 사는 관악의 특성도 감안하여 이곳을 마지막 유세 장소로 정했던 것이다. 투표 전날인 12월 18일 저녁 8시, 수천 명의 지지자가 몰려들어 축제가 벌어졌지만, 직후 정몽준의 지지철회 선언이 터졌고, 그로 인한 엄청난 드라마가 펼쳐지면서 더 극적인 장소가 되었다. 어쨌든 김대중과 노무현, 민주진영에서 배출한 두 전직 대통령은 정치인으로서의 마지막 유세를 관악에서 행한 셈인데, 이는 관악의 민주주의 역사에 큰 자부심으로 영원히 남을 것이다.

프리덤 트레일(Freedom Trail)과 '민주올레'

미국 보스턴에는 약 4킬로미터에 걸친 붉은 벽돌길을 따라 걷는 프리덤 트레일이 있다. 미국 독립전쟁과 연관된 16개의 역사유적을 연결하는 이 도보길은 미국에서 가장 오래된 국립공원인 보스턴 커먼(Boston Common)이 기점이고 벙커힐 기념탑이 종점이다. 각각의 유적들에는 미국 독립전쟁의 역사와 유물들이 잘 보존되어 있는데, 기점인 보스턴 커먼은 영국군의 주둔지였으며, 벙커힐 기념탑은 영국군과의 전투에서 사망한 병사들을 위해 세워졌다고 한다.

　1829년 윌리엄 개리슨이 미국에서 최초로 노예제도에 반대하는 연설을 했다는 파크 스트리트 교회, 1776년 미국의 독립이 선포된 옛 주의회의사당 등 붉은 벽돌길을 따라가는 것만으로도 미국 독립의 역사를 한눈에 알 수 있다. 프리덤 트레일은 1958년 윌리엄 스코필드라는 저널리스트의 제안에 의해 조성되어 현재 매년 3백만여 명의 관광객이 트레일을 걷고, 2만여 명의 학생들이 현장학습을 진행하며, 3만여 명이 각종 프로그램과 워킹투어에 참가하고 있다.

프리덤 트레일

　이러한 트레일의 조성을 통한 역

사·문화·경관자원의 활용은 선진 각국에서는 이미 오래전부터 이루어져 왔다. 영국은 1967년에 트레일에의 접근을 보장하기 위한 '길의 권리(Right of Way)'의 법제화에 나섰으며, 미국은 1970년대에 경관과 역사자원 보전을 위한 국립트레일시스템법을 제정하여 시행하였다. 일본 또한 1970년대에 토카이 자연보도를 시작으로 이러한 트레일 시스템의 구축에 나섰다.

이는 트레일의 조성이 경관과 역사·문화자원의 보전과 활용의 양 측면을 효과적으로 조화시킬 수 있는 방안이기 때문이다. 민주 올레가 도심 재개발로 사라져가는 역사유적의 가치를 재발견하고 보전에 나서는 소중한 기회가 되기를 바란다.

이 책과 함께한 사람들

유광석, 강경만, 장윤경, 박기례, 고현주, 김종분, 임선숙, 김은하,
박세은, 이보현, 박준환, 양선, 강현용, 이숙명, 이성진, 하운용,
김규직, 정경숙, 장인숙, 남명진, 신진영, 김원식, 김재석, 조성훈,
윤봉수, 최종호, 부금희, 김현선, 박영희, 최전. 박홍신, 이희종,
김덕철, 강봉구, 정종훈, 장대섭, 권영석, 김상주, 김현주, 최종철,
금수래, 심순희, 박혜정, 손순남, 남명진, 강남이, 유희경, 남기천,
박재심, 이상빈, 이인숙, 주정자, 이재영, 전선예, 정진희, 김학기,
이복실, 선우경, 박진, 이희숙, 장형석, 정원숙, 이철행, 김종곤,
정숙항, 박선희, 박영채, 이지환, 백수영, 이선원, 김영덕, 박이병,
박은규, 남금순, 김형진, 이상용, 서백석, 김기동, 이진혁, 문재춘,
김은숙, 엄덕수, 김신아, 김진희, 고시종, 홍진희, 이범준, 정창일,
하도겸, 천희진, 김순화, 김미연, 김은식, 이가경
나마스떼 코리아

후기

돌이켜보면 이 책은 10여 년 전, 3.1민주올레를 시작하며 소책자를 만들면서 시작되었습니다. 이후 4.19, 5.18, 6.10, 부마항쟁 등의 민주올레를 진행하면서 자료가 쌓였고, 이를 묶어내고 보충하면서 한 권의 책으로 나오기에 이른 것입니다.

책이 나올 때마다 느끼는 것이지만, 이 책에서는 더욱 아쉬운 부분이 많다고 느껴집니다. 3.1혁명은 서울에만 한정되었고, 4.19혁명은 발원지인 마산이 빠졌으며, 5.18민주화운동도 전남지역이 모두 누락되었습니다. 6월항쟁도 부산만 일부 포함되었을 뿐 서울 중심이라는 한계를 벗어날 수 없었습니다. 광주도 다 쓰고 나서야 홍남순 변호사 자택 등 적지 않은 장소들이 빠졌다는 사실을 알게 되었습니다. 지면의 한계 때문이라는 뻔한 핑계를 댈 수밖에 없는데, 독자님들께서 이해해 주시기를 바랄 뿐입니다.

시간까지는 약속할 수는 없지만 언젠가는 별도의 책으로 인천이나 성남, 수원, 대전, 대구, 마산, 원주 등 다른 도시들의 독립운동과 민주화운동 공간에 대해서도 비슷한 방식으로 소개를 하려고 합니다.

책을 보기 좋게 만들어준 김시열 대표님과 편집자님, 10년 전 소책자를 내고 민주올레를 진행하면서 시작을 열어준 홍기원 전 도봉문화원장님, 그리고 책 발간에 참여해준 민주역사올레 회원님들, 박종철기념사업회와 민주화운동기념사업회, 관악구 관계자 분들께 감사를 드리지 않을 수 없습니다.

대한민국의 민주화를 위해 희생하신 모든 분들께 다시 한 번 경의를 표하며 이 책을 마무리합니다.

한종수

참고서적

고려대학교 출판부, 『고려대학교 4.18의거 실록』, 2012

권보드래, 『3월 1일의 밤』, 돌베개, 2019.

권형택·김성환·임경석, 『청년들, 1980년대에 맞서다』, 푸른역사, 2019.

김상윤·정현애·김상집, 『녹두서점의 오월』, 한겨레출판, 2019.

김상집, 『윤상원 평전』, 동녘, 2021

김영일, 『인쇄인 강은기 평전 – 민주화운동의숨은 지사』, 자유문고, 2014

노영기, 『그들의 5.18』, 푸른역사, 2020.

민주화운동기념사업회, 『남영동 대공분실 고문실태조사 연구』, 진실의 힘, 2018.

박경목, 『식민지 근대감옥 서대문형무소』, 일빛, 2019.

박찬승, 『1919 대한민국의 첫 번째 봄』, 다산초당, 2019.

서울역사편찬원, 『1919년 3월 1일 그날을 걷다』, 서울책방, 2019.

송우혜, 『왕세자 혼혈 결혼의 비밀』, 푸른역사, 2010.

오승훈, 엄지원, 최하얀, 『백 투더 1919』, 철수와 영희, 2020

5.18 민주화운동 기록관, 『5.18 민주화운동』.

5.18민주화운동기록관, 『5.18 민주화운동』, 2019.

유시민·이해찬, 『기억하는 자의 광주』, 돌베개, 1990.

6월항쟁을 기록하다 편집위원회, 『6월 항쟁을 기록하다-한국 민주화 대장정-』, 민주화운동기념사업회, 2007.

이기훈(기획), 『촛불의 눈으로 3.1 운동을 보다』, 창비, 2019.

전남대학교 문화융합연구원, 5.18기념재단, 『광주의 오월을 걷다』, 2016

전남대학교병원 5.18민주화운동 의료활동집, 『5.18 10일간의 야전병원』, 전남대학교병원, 2017

정운현, 『3.1 혁명을 이끈 민족대표 33인』, 역사인, 2019.

조한성, 『만세열전』, 생각정원, 2019.

차성환, 『최성묵 평전』, 산지니, 2014.

최준식, 『동북촌이야기』, 주류성, 2018.

한종수, 『서서울에 가면 우리는』, 프시케의 숲, 2018.

홍기원, 『성곽을 거닐며 역사를 읽다』, 살림, 2010.

홍순권 외, 『부마항쟁의 진실을 찾아서』, 도서출판 선인, 2016.

황석영·이재의·전용호, 『죽음을 넘어 시대의 어둠을 넘어』, 창비, 2017.

황호택, 『박종철 탐사보도와 6월 항쟁』, 블루엘리펀트, 2017.

민주역사올레모임 대표저자 **한종수**

서울에서 태어나 고려대학교 중어중문학과를 졸업하고, 공기업과 사기업
등에서 근무하였다. 어릴 때부터 다양한 분야의 역사에 관심을 가지고 그
현장을 돌아다니며 책을 읽고 의미를 되새겨보는 작업을 해왔다. 이 책은
그 결과물인 셈이다.

지은 책으로는 첫 작품인 『세상을 만든 여행자』(2010)와 대표작 『강남의 탄
생』(2016)을 비롯하여 『2차대전의 마이너리그』, 『서서울에 가면 우리는』,
『라면의 재발견』, 『미 해병대 이야기』 등이, 옮긴 책으로는 『영락제, 화이질
서의 완성』, 『환관이야기』, 『제국은 어떻게 망가지는가』 등이 있다.

민주주의를 걷다

초판 1쇄 인쇄 2021년 9월 17일 | **초판 1쇄 발행** 2021년 9월 29일
저자 한종수 | **펴낸이** 김시열
펴낸곳 도서출판 자유문고

(02832) 서울시 성북구 동소문로 67-1 성심빌딩 3층

전화 (02) 2637-8988 | 팩스 (02) 2676-9759

ISBN 978-89-7030-156-3　03910　값 23,800원

http://cafe.daum.net/jayumungo